HEYNE BÜCHER SACHBUCH

D1867751

Joseph Kardinal Ratzinger

SALZ DER ERDE

Christentum und katholische Kirche an der Jahrtausendwende

Ein Gespräch mit Peter Seewald

WILHELM HEYNE VERLAG
MÜNCHEN

HEYNE SACHBUCH
19/624

Besuchen Sie uns im Internet:
http://www.heyne.de

Umwelthinweis:
Dieses Buch wurde auf chlor- und säurefreiem
Papier gedruckt.

Ungekürzte Taschenbuchausgabe im
Wilhelm Heyne Verlag GmbH & Co. KG, München

Printed in Germany 1998
Umschlagillustration: Deutsche Presse-Agentur, Frankfurt
Umschlaggestaltung: Atelier Bachmann & Seidel, Reischach
Druck und Verarbeitung: Ebner Ulm

ISBN 3-453-14845-2

Inhalt

Vorwort 7

Der katholische Glauben: Zeichen und Worte 9

KAPITEL I
Zur Person

Herkunft und Berufung 43
Der junge Professor 62
Bischof und Kardinal 86
Der Präfekt und sein Papst 94
Resümee 119

KAPITEL II
Probleme der katholischen Kirche

Rom in Bedrängnis 129
Vom Zustand der Kirche 138
Die Lage in Deutschland 164
Ursachen für den Niedergang 174
Die Fehler der Kirche 181
Der Kanon der Kritik 193

Kapitel III
An der Schwelle der neuen Zeit

Zweitausend Jahre Heilsgeschichte –
und keine Erlösung? 231
Katharsis – Die Zeitenwende und ihre Zerreißproben . 243
Ein »neuer Frühling des menschlichen Geistes«
für das 3. Jahrtausend 248
Schwerpunkte kirchlicher Entwicklung 254
Zukunft der Kirche – Kirche der Zukunft 270
Die wahre Geschichte der Welt 294

Vorwort

Rom im Winter. Die Leute auf dem Petersplatz trugen Mäntel und hielten sich an ihren Schirmen fest. In den Cafés trank man Tee, und als ich auf dem Campo Santo noch ein Grab besuchte, klagten selbst die Katzen.

Der Kardinal hatte wie gewöhnlich am Samstag noch in seinem Offizium zu arbeiten. Wir wollten anschließend hinausfahren in die Gegend von Frascati, in ein ehemaliges Jesuitenkolleg, die Villa Cavalletti. An der Straße wartete der Chauffeur in einem Mercedes, den die Kongregation für die Glaubenslehre sich vor einigen Jahren gebraucht in Deutschland gekauft hatte. Ich stand da mit einem riesigen Koffer, als müßte ich eine Weltreise machen. Schließlich ging die Türe auf, und ein bescheidener, sehr weißhaariger und leicht zerbrechlich wirkender Mann trat in kleinen Schritten heraus – in schwarzem Anzug mit Priesterkragen und mit einem winzig kleinen, einfachen Koffer.

Ich war vor langer Zeit aus der Kirche ausgetreten; Gründe gab es genug. Früher genügte es, in einem Gotteshaus zu sitzen, und schon wurde man bombardiert von den in Jahrhunderten aufgeladenen Partikeln des Glaubens. Aber nun war alles Gewisse fraglich geworden, alle Tradition wirkte jahrtausendealt und abgestanden. Einige waren der Ansicht, Religion müsse sich den Bedürfnissen der Menschen anpassen. Andere meinten, das Christentum habe sich überlebt, es passe nicht mehr in die Zeit, seine Berechtigung sei abgelaufen. Aus der Kirche auszutreten ist nicht ganz einfach. Noch weniger einfach ist es freilich, wieder einzutreten. Sollte es Gott wirklich geben? Und wenn ja: Brauchen wir noch eine Kirche? Wie soll sie aussehen – und wie kann man sie wiederentdecken?

Der Kardinal hat mich nie nach einer Vergangenheit oder einem Status gefragt. Er wollte weder irgendwelche Fragen vorab sehen, noch hat er verlangt, daß etwas weggenommen oder hinzugefügt wird. Die Atmosphäre der Begegnung war intensiv und ernst, aber manchmal saß der »Kirchenfürst« so leger auf seinem Stuhl, einen Fuß über der Lehne, daß man denken konnte, man habe es mit einem Studenten zu tun. Einmal unterbrach er, um sich für eine Meditation zurückzuziehen, oder vielleicht auch, um den Heiligen Geist um die richtigen Worte zu bitten. Ich weiß es nicht.

Joseph Kardinal Ratzinger gilt, speziell in seiner Heimat, als ein streitbarer, aber auch umstrittener Kirchenmann. Viele seiner beizeiten gesetzten Analysen und Einschätzungen aber haben sich inzwischen, oft bis ins Detail, bewahrheitet. Und wenigen sind die Verluste und das Drama der Kirche in unserer Zeit schmerzhafter bewußt als dem klugen Mann mit der einfachen Herkunft aus dem bäuerlichen Bayern.

Einmal fragte ich ihn, wie viele Wege zu Gott es denn insgesamt gäbe. Ich wußte wirklich nicht, was er antworten würde. Er hätte sagen können: einen einzigen; oder: mehrere. Der Kardinal brauchte nicht lange für seine Antwort: So viele, sagte er, wie es Menschen gibt.

Peter Seewald

Der katholische Glauben: Zeichen und Worte

Herr Kardinal, es heißt, der Papst habe schon mal Angst vor Ihnen. Er überlege dann: Um Gottes willen, was wird wohl Kardinal Ratzinger dazu sagen?

(Ratzinger amüsiert): Das könnte er vielleicht humorvoll sagen. Aber Angst hat er bestimmt nicht vor mir!

Wenn Sie mit dem Papst zusammen sind, gibt es da ein gewisses Zeremoniell?

Nein.

Beten Sie vorher?

Nein, muß ich leider gestehen, das tun wir nicht; wir setzen uns miteinander an den Tisch.

Man kommt herein und gibt sich die Hand?

Ja. Ich warte zunächst, dann kommt der Papst, wir geben uns die Hand, setzen uns miteinander an den Tisch, dann folgt meist ein kleiner persönlicher »Ratsch«, der noch nichts mit Theologie zu tun hat. Normalerweise trage ich dann die Anliegen vor, der Papst stellt seine Fragen, und daraus kommt dann wieder ein Gespräch zustande.

Äußert er sich sehr konkret?

Je nach Thema. Bei manchen Themen wartet er im wesentlichen ab, was wir sagen. Zum Beispiel die Frage, wie soll die Aufnahme der konvertierten Anglikaner in die katholische Kirche erfolgen. Da müssen Rechtsformen gefunden werden. Da mischt er sich ganz wenig ein, da sagt er nur: »Seid großzügig.« Aber wie man es dann genau macht, das interessiert ihn nicht so sehr. Dann gibt es andere Themen, die ihn sehr lebhaft beschäftigen, alles, was im Themenkreis der Moral steht, ob es Bioethik, Sozialethik ist, der ganze philosophische Kreis, alles, was an Philosophie heranrührt. Oder eben auch der ganze Bereich Katechismus und Glaubenslehre. Das interessiert ihn sehr persönlich, und da gibt es dann wirklich intensive Gespräche.

Was tragen Sie dabei für eine Kleidung?

Den Talar. Das ist so die Tradition, daß man zum Papst im Talar geht.

Und der Papst?

Der ist im weißen Talar.

In welcher Sprache unterhalten Sie sich?

Wir sprechen Deutsch miteinander.

Nicht Latein?

Nein.

Ein frommer Besucher von der evangelischen Gemeinde der Hutterer hat Sie einmal mit den Worten »Bruder Joseph« angesprochen. Fanden Sie das unangebracht oder gar respektlos? Nach dem kirchlichen Sprachgebrauch sind Sie doch eine Eminenz.

Nein, »Bruder Joseph« finde ich ganz schön. Es ist nicht unser Sprachstil, aber wenn wir schon von der Geschwisterlichkeit der Christen reden – ich habe 1960 ein kleines Buch über die christliche Brüderlichkeit geschrieben –, dann liegt es ja gerade auch im Bereich dessen, was ich von sehr früh an zu bedenken versucht habe.

Hat ein Kardinal eigentlich gewisse höhere Anforderungen zu erfüllen, ich meine höhere, als sie etwa an einen Priester oder Erzbischof gestellt sind?

Ein Kardinal ist ein Christenmensch, er ist Priester und Bischof. Er ist jemand, der in der Kirche Verantwortung trägt, daß das Evangelium verkündet und die Sakramente gefeiert werden. Ich würde das Wort »höhere Anforderungen« nicht einfach bejahen, sondern sagen: Es gibt ganz spezifische Anforderungen an einen Kardinal. Auch ein Pfarrer, ein einfacher Landpfarrer, ist sehr tief gefordert, indem er die Menschen verstehen und ihnen in Krankheit, Leid, Freude, bei der Hochzeit wie bei den Begräbnissen, in Krisen und in Freuden beistehen muß. Er muß versuchen, mit ihnen zu glauben und das Schiff Kirche am Fahren zu halten.

Ist es nicht überaus strapaziös, jeden Tag mit Gott zu tun haben zu müssen? Wird man dessen nicht auch müde und überdrüssig?

Mit Gott zu tun zu haben, das ist mir schon eine Notwendigkeit. Denn wie wir jeden Tag atmen müssen, wie wir jeden Tag Licht brauchen und essen müssen, so wie man jeden Tag auch Freundschaft braucht und bestimmte Menschen jeden Tag eigentlich braucht, so gehört das zu den absolut tragenden Lebenselementen. Wenn Gott plötzlich nicht da wäre, würde ich seelisch nicht richtig atmen können. Insofern tritt da kein Langweiligkeitseffekt ein. Der kann eintreten in bezug auf bestimmte Frömmigkeitsübungen, in bezug auf bestimmte fromme Lektüren, aber nicht in der Beziehung zu Gott als solcher.

Es ist doch wohl auch so, daß man durch die Beschäftigung mit Gott und Kirche nicht automatisch in allem auch gerechter, sanftmütiger oder weiser und gläubiger wird.

Leider ja. Die theologische Lektüre selbst macht einen Menschen nicht von sich aus besser. Sie trägt etwas dazu bei, wenn man sie nicht nur als Theorie betreibt, sondern versucht, darin sich und den Menschen, die Welt im ganzen besser zu verstehen und sich das dann auch als Lebensform zuzueignen. Aber in sich ist Theologie zunächst einmal eine intellektuelle Beschäftigung, vor allem, wenn sie wissenschaftlich streng und ernst betrieben wird. Sie kann auf die Haltung des Menschseins zurückwirken, aber sie muß nicht als solche den Menschen besser machen.

Gibt es Forderungen Jesu, die auch ein Kardinal schwer erfüllt?

Ganz sicher, denn er ist genauso schwach wie die anderen, und vielleicht bringt ihn seine Position mit den vielfältigen Verantwortungen sogar in größere Schwierigkeiten. Ich würde sagen, in allen zehn Geboten, zusammengefaßt im Hauptgebot der Liebe, sind auch für ihn solche, die er nie ganz erfüllt. Es ist eben oft sehr schwer zu lieben, Gott und den Menschen zu lieben, und es in der Weise zu tun, die dem Wort Gottes entspricht. Darin besteht gar kein Zweifel, und es ist aus der Geschichte hinlänglich bekannt, wie schwach Kardinäle sein können in dieser Hinsicht.

Es fällt also auch einem Kardinal manchmal schwer, die Menschen zu lieben.

Wissen Sie, kollektiv lieben kann man sie sowieso nicht. Natürlich gibt es unsympathische, wo man seine großen Schwierigkeiten hat. Und manchmal kann man schon auch daran zu zweifeln anfangen, ob der Mensch gut sei, und sich fragen, ob der Schöpfer das nicht zu weit aus der Hand gelassen habe, so daß jetzt diese Kreatur allmählich gefährlich wird und nicht mehr liebenswert sein kann. Aber dann muß man eben sagen, die einen kenne ich gar nicht, also steht mir kein Urteil darüber zu. Die anderen muß ich so lassen, wie sie sind. Und die guten, die ich kenne, geben mir doch immer wieder die Gewißheit, daß der Schöpfer schon weiß, was er gemacht hat.

Gehen Sie zur Beichte, haben Sie einen eigenen Beichtvater?

Ja. Das, denke ich, ist für uns alle notwendig.

Tut also auch ein Kardinal etwas Unrechtes?

Wie man sieht.

Fühlen Sie sich manchmal, wie andere Menschen auch, hilflos und überfordert oder einsam?

Ja. Gerade in meiner jetzigen Stellung sind meine Kräfte weit unter dem, was ich eigentlich machen müßte. Und je älter man wird, desto mehr setzt einem zu, daß die Kräfte einfach nicht ausreichen, das zu tun, was man tun müßte; daß man zu schwach, zu hilflos ist oder auch Situationen nicht gewachsen ist. Und dann zu Gott sagt, jetzt mußt Du helfen, ich kann jetzt nicht weiter. Auch Einsamkeit ist da. Ich würde allerdings sagen, Gott sei Dank hat mir der Herr so viele gute Menschen auf den Weg gestellt, daß ich mich nie ganz einsam fühlen muß.

Sie sind nun seit 1981 Präfekt der römischen Kongregation für die Glaubenslehre. Das ist nicht nur die älteste vatikanische Kongregation, jahrhundertelang war sie als »Heilige Inquisition« auch die gefürchtetste. Ihre Arbeit ist, den katholischen Glauben rein zu bewahren, die Kirche gegen Häresien zu verteidigen und Glaubensverstöße notfalls auch zu ahnden. Ist nun alles, was der Präfekt der Glaubenskongregation sagt, automatisch die Lehrmeinung der Kirche?

Natürlich nicht. Ich würde niemals wagen, meine eigenen theologischen Ideen der Christenheit auf dem Weg über die Beschlüsse der Kongregation aufzudrängen. Ich versuche da wirklich, mich zurückzuhalten, und verstehe mich als Moderator einer großen Arbeitsgemeinschaft.

Wir arbeiten ja sozusagen in großen Ringen. Da gibt es eine weltweite Korrespondenz mit Theologen, die uns beraten. Wir haben die Kontakte mit den Bischöfen und deren Organen. Wir haben dann unsere Theologen in Rom dazu, die Theologenkommission, die Bibelkommission, und dann die eigentliche Beratungsinstanz, die sogenannte Konsulta, und schließlich die Kardinäle als Beschlußinstanz. Und nur in diesen großen Ringen können dann Beschlüsse wachsen.

Wir beschließen in der Kardinalsversammlung nie etwas, wenn die Konsultoren nicht im wesentlichen einig geworden sind, weil wir sagen: Wenn es zwischen guten Theologen deutlich unterschiedliche Lehrmeinungen gibt, dann können wir sozusagen nicht mit einem höheren Licht erklären, nur die eine gilt. Sondern erst, wenn sich in dieser Beratergemeinschaft mindestens eine weitgehende Einmütigkeit, eine wesentliche Konvergenz eingespielt hat, beschließen wir auch.

Aber es gibt auch Dinge, die Sie als Ihre ausgesprochene Privatmeinung darstellen können.

Natürlich. Ich habe ja sehr lange als Professor gearbeitet und versuche, so gut ich kann, irgendwie noch der theologischen Diskussion zu folgen. Ich habe natürlich da meine eigenen Vorstellungen von dem, wie Theologie gebaut sein sollte, und bringe das dann auch in persönlichen Publikationen zum Ausdruck.

Könnte es denn auch sein, daß sich Kardinal Ratzinger einmal widersprechen müßte? Das heißt, daß Sie einerseits zu einem Problem eine Privatmeinung äußern, die Sie dann als Präfekt möglicherweise nicht halten könnten?

Sagen wir, temporal sich entwickelnde Korrekturen sind schon möglich. Daß ich einfach durch das Gespräch lerne, daß ich diese oder jene Sache nicht richtig gesehen hatte. Nicht dagegen könnte ich eine jetzige Überzeugung, die ich mit meinen Möglichkeiten gewonnen habe, verleugnen. Also, das geht nicht. Dagegen ist ein Entwickeln durch weiteres Lernen und dadurch auch ein Korrigieren von Vorangegangenem durchaus möglich.

Nun haben viele Ihrer Warnungen und Aufrufe offenbar nicht allzu sehr gefruchtet. Eine breite Bewegung gegen die Strömungen der Zeit und ein Umdenken auf breiter Front haben Sie jedenfalls nicht bewirken können. Sie haben zwar damit getröstet, Gott würde die Kirche über geheimnisvolle Pfade führen. Aber ist es nicht auch deprimierend, daß sich die Diskussion im Kreise dreht, daß im Gegenteil das Niveau der Auseinandersetzungen eigentlich noch gesunken ist? Mittlerweile scheint es ja so, daß die Inhalte des Glaubens noch mehr verschütt' gegangen sind, daß in all den Fragen eine noch größere Gleichgültigkeit eingetreten ist.

Ich habe mir nie eingebildet, daß ich sozusagen das Ruder der Geschichte herumwerfen kann. Und wenn schon unser Herr selber zunächst einmal am Kreuz endet, dann sieht man ja, daß die Wege Gottes nicht so schnell zu meßbaren Erfolgen führen. Das ist, glaube ich, überhaupt ganz wichtig. Die Jünger haben gewisse Fragen an ihn gestellt: Was ist denn eigentlich los, wieso geht nichts weiter voran? Und er antwortet dann mit diesen Gleichnissen vom Senfkorn, vom Sauerteig und ähnlichem mehr und sagt ihnen, Statistik ist nicht eines der Maße Gottes. Es geschieht trotzdem mit den Senfkörnern und mit dem Sauerteig etwas ganz Wesentliches und Entscheidendes, das ihr jetzt freilich nicht sehen könnt.

Insofern muß man, glaube ich, von den quantitativen Erfolgsmaßstäben absehen. Wir sind eben kein Geschäftsbetrieb, der an Zahlen messen kann, jetzt haben wir eine erfolgreiche Politik gemacht und verkaufen immer mehr. Sondern wir tun einen Dienst, den wir dann letztlich dem Herrn in die Hände geben. Aber es ist andererseits doch auch nicht so, daß es ganz ins Leere hineingeht. Es gibt ja auch gerade unter jungen Menschen in allen Kontinenten Aufbrüche des Glaubens.

Vielleicht müssen wir von den volkskirchlichen Ideen Abschied nehmen. Möglicherweise steht uns eine anders geartete, neue Epoche der Kirchengeschichte bevor, in der das Christentum eher wieder im Senfkorn-Zeichen stehen wird, in scheinbar bedeutungslosen, geringen Gruppen, die aber doch intensiv gegen das Böse anleben und das Gute in die Welt hereintragen; die Gott hereinlassen. Ich sehe, daß hier wieder ganz viel Bewegung dieser Art da ist. Ich möchte hier jetzt keine einzelnen Beispiele nennen. Sicher, es gibt keine Massenbekehrungen zum Christentum, keine geschichtliche Paradigmen-Wende oder Kehrtwende. Aber es gibt doch starke Weisen der Gegenwart des Glaubens, der Menschen wieder beseelt und ihnen Dynamik und Freude gibt, Glaubensgegenwart also, die für die Welt etwas bedeutet.

Gleichwohl fragen sich immer mehr Menschen, ob denn dieses Schiff Kirche dereinst überhaupt noch fahren wird. Lohnt es sich denn noch, hier einzusteigen?

Ja, das glaube ich ganz fest. Es ist ein altbewährtes und doch junges Schiff. Gerade die Diagnose der Gegenwart macht um so mehr deutlich, daß man es braucht. Man muß sich dieses Schiff nur einmal aus dem Kräfteparallelogramm unserer Gegenwart herausdenken, dann sieht man, welch ein Einsturz das sein würde, welch ein Absturz an seelischer Kraft.

Man kann ja auch sehen, daß dieser Absturz der Kirche und des Christentums, den wir in den letzten dreißig, vierzig Jahren erlebt haben, auch mit schuld ist an den seelischen Zusammenbrüchen, an den Orientierungsschwierigkeiten, an den Verwahrlosungen, die wir beobachten. Insofern würde ich sagen: Wenn es das Schiff noch nicht geben würde, müßte es erfunden werden. Es entspricht so tiefen menschlichen Bedürfnissen, das ist so tief in dem, was der Mensch ist und braucht und soll, verankert, daß im Menschen, der seine wesentlichen Kräfte nicht verlieren wird, wie ich glaube, auch die Gewähr liegt, daß dieses Schiff nicht einfach untergeht.

Zunächst ist schwer vorstellbar, daß ein Leben im katholischen Glauben in absehbarer Zeit wieder als besonders modern gelten könnte; auch wenn es, genauer betrachtet, womöglich die alternativste, selbstbewußteste und radikalste Art zu leben ist, die man sich heute denken kann.

Man glaubt die Kirche als sehr altes und inzwischen sklerotisiertes System zu kennen, das sich immer weiter abschottet und verhärtet und gleichsam einen Panzer bildet, mit dem es das eigene Leben erdrückt. Das ist der Eindruck vieler Menschen. Statt dessen zu erkennen, daß hier etwas Frisches und auch Kühnes, Großmütiges wartet, das einen Ausbruch aus den abgestandenen Lebensgewohnheiten anbietet, das gelingt nicht vielen. Aber gerade diejenigen, die die Erfahrung der Moderne ganz durchgestanden haben, sehen es.

Offensichtlich ist auch das Wissen darüber verlorengegangen, was Kirche eigentlich ist und sein soll. Die wahre Bedeutung der Zeichen und Worte dieses Glaubens sind wie hinter einer Nebelwand verborgen. Gegenüber dem Zen-Buddhismus zum Beispiel würde niemand auf den Gedanken kommen, er könne dieses Gebilde so einfach ohne Lehre und Anstrengung verstehen.

Es muß ein Bewußtsein dessen entstehen, daß wir tatsächlich das Christentum weitgehend gar nicht mehr kennen. Wie viele Bilder in einer Kirche zum Beispiel sagen einem schon nichts mehr; es ist nicht mehr bekannt, was damit eigentlich gemeint war. Selbst Begriffe, die der mittleren Generation gerade noch vertraut sind, Tabernakel und so weiter, sind zu Fremdwörtern geworden. Trotzdem herrscht immer noch das Bewußtsein vor, das Christentum, das kennen wir ja, und jetzt suchen wir was anderes.

Es muß sozusagen wieder eine Neugierde nach dem Christentum entstehen, der Wunsch, wirklich zu erkennen, was da eigentlich ist. Für die Verkündigung wäre es sehr wichtig, aus diesem Gefühl des Abgestandenen, des Schon-längst-Wissens herauszuführen, eine Neugierde auf den Reichtum zu schaffen, der sich hier verbirgt, und diesen Reichtum nicht als Last von Systemen anzusehen, sondern als einen Lebensschatz, den kennenzulernen sich lohnt.

Um diese wichtige Frage kurz vorwegzunehmen: »katholisch« – was heißt das eigentlich? Ist das ein bestimmtes System? Ist es eine bestimmte Art, die Welt und die Dinge zu ordnen? Ich habe in Ihren Schriften folgenden Satz gefunden: »Alle Menschen sind Geschöpfe des einen Gottes und daher alle von gleichem Rang, alle einander geschwisterlich verwandt, alle füreinander verantwortlich und alle dazu aufgerufen, den Nächsten zu lieben, wer immer es auch sei.« Ist dies ein wahrlich katholischer Satz?

Das hoffe ich, ja. Der Glaube an Gott als den Schöpfer steht zentral im Katholischen selber. Von dem her leitet sich dann der Glaube an die Einheit des Menschseins in allen Menschen und an die Gleichheit der Menschenwürde ab.

Ob man nun das Katholische als ein Lebensgefüge in eine Formel fassen kann, da habe ich Zweifel. Man kann versuchen, die wesentlichen Elemente aufzuzeigen, aber es verlangt mehr als irgendeine Kenntnisnahme, wie ich zum Beispiel ein Parteiprogramm zur Kenntnis nehmen kann. Es ist ein Einleben in ein Lebensgefüge, und es umgreift die

Ganzheit des Lebensentwurfes. Von daher kann man es, glaube ich, nie nur in Worten ausdrücken. Es muß eine Weise des Lebens sein, des Sicheinlebens, ein Ineinandergehen mit einer Weise des Denkens, des Verstehens. Beides befruchtet sich gegenseitig.

Natürlich kann man wesentliche Schwerpunkte sagen, eben daß man zunächst überhaupt an Gott glaubt, und zwar an einen Gott, der den Menschen kennt, der mit den Menschen in Beziehung tritt und der uns zugänglich ist, in Christus zugänglich geworden ist, und der mit uns Geschichte macht. Der uns so konkret geworden ist, daß er auch eine Gemeinschaft gegründet hat.

Aber ich würde sagen, das alles wird nur dann verständlich, wenn man sich auch auf den Weg begibt. Denken und Leben gehören zusammen, anders gibt es, glaube ich, ein Verständnis des Katholischen nicht.

Offensichtlich gibt es dafür keine Formel, aber kann man denn wenigstens sagen, was auf jeden Fall zur Substanz dieses Glaubens gehört?

Dazu gehört, daß wir Christus als den lebendigen, fleischgewordenen, menschgewordenen Sohn Gottes ansehen; daß wir von ihm her an Gott, den dreifaltigen Gott, Schöpfer des Himmels und der Erde glauben; daß wir glauben, daß dieser Gott sich sozusagen so herunterbeugt, so klein werden kann, daß er sich um den Menschen kümmert und Geschichte mit dem Menschen geschaffen hat, deren Gefäß, deren privilegierter Ausdrucksort die Kirche ist. Kirche ist dabei nicht bloß eine menschliche Einrichtung – soviel Menschliches es in ihr unübersehbar gibt –, sondern zum Glauben gehört das Sein mit und in der Kirche, in der die Heiligen Schriften gemeinsam gelebt und angeeignet werden.

»Wer so klein sein kann wie dieses Kind«, heißt es im Neuen Testament bei Matthäus, »der ist im Himmelreich der Größte.«

Die Theologie des Kleinen ist eine Grundkategorie des Christlichen. Unser Glaube geht ja dahin, daß die besondere Größe Gottes sich gerade in der Machtlosigkeit offenbart. Er geht dahin, daß auf die Dauer die Stärke der Geschichte gerade in den *liebenden* Menschen liegt, also in einer Stärke, die nach Machtkategorien eigentlich nicht zu messen ist. So hat sich Gott bewußt, um zu zeigen, wer er ist, in der Ohnmacht von Nazareth und von Golgatha geoffenbart. Also nicht derjenige ist der Größte, der am meisten zerstören kann – der Welt gilt ja Zerstörungspotential noch immer als eigentlicher Machtausweis –, sondern ganz im Gegenteil, schon die geringste Liebeskraft ist größer als die größte Zerstörungskraft.

Sie sagten einmal, christlicher Glaube sei keine Theorie, sondern ein Ereignis.

Und das ist ganz wichtig. Das wesentliche auch bei Christus selber ist nicht, daß er bestimmte Ideen verkündet hat – was er natürlich auch getan hat –, sondern ich werde Christ dadurch, daß ich an dieses Ereignis glaube. Gott ist in die Welt hereingetreten, und er hat gehandelt, es ist also eine Aktion, eine Realität, nicht nur ein Ideengebilde.

Was ist für Sie persönlich das faszinierendste am Katholischsein?

Faszinierend ist diese große lebendige Geschichte, in die wir hineintreten, was ja allein menschlich schon etwas Besonderes ist. Daß eine Institution mit so vielen menschlichen

Schwächen und Versagen doch in ihrer Kontinuität erhalten bleibt und daß ich, indem ich in dieser großen Gemeinschaft mitlebe, mich in der Gemeinschaft mit allen Lebenden und Verstorbenen wissen kann; und daß ich in ihr auch eine Gewißheit über das Wesentliche meines Leben finde – nämlich den mir zugewandten Gott –, auf die ich mein Leben gründen, mit der ich leben und sterben kann.

Ist Jesus Christus und mit ihm auch das Gebilde der Kirche nicht ein Mysterium an sich, das man entweder ablehnen oder akzeptieren kann: »Take it or leave it«, wie die Amerikaner sagen, »nimm es oder laß es«?

Man muß sich natürlich entscheiden, das ist richtig. Aber es ist nicht so, wie ich zum Beispiel einen Kaffee nehmen oder ablehnen kann. Die Entscheidung geht tiefer. Sie betrifft die ganze Struktur des Lebens, sie betrifft mich selber in meinem Tiefsten. Wenn ich das Leben ohne oder *gegen* Gott anlege, was ich tun kann, dann wird es natürlich völlig anders ausfallen, als wenn ich es auf Gott hin anlege. Es ist eine Entscheidung, die die ganze Richtung meines eigenen Daseins überhaupt umgreift: Wie ich die Welt ansehe, wie ich selber sein will und werde. Es ist nicht irgendeine der vielen äußeren Entscheidungen auf dem Markt der Möglichkeiten, die sich mir anbieten. Hier steht im Gegenteil der *ganze* Lebensentwurf zur Debatte.

Viele sehen in der Religion vornehmlich so etwas wie ein geistiges Korsett, ein Hilfsmittel, eine Hilfskonstruktion, die der schwache, nicht erkennende Mensch sich zurechtlegt, um mit sich und der Welt zurechtzukommen. So wie das der Psychoanalytiker C. G. Jung ausdrückte: »Religionen sind psychotherapeutische Systeme in des Wortes eigentlichster

Bedeutung. Kirche hat mächtige Bilder, die den Umfang des seelischen Problems ausdrücken.« Genügt dies, ist das schon Glaube?

An dem, was Jung sagt und was ja dann Drewermann aufgenommen hat, ist richtig, daß Religion heilende Kräfte in sich hat und daß sie auf Urnöte und Urängste Antworten gibt und Hilfe, sie zu bewältigen. Wenn man Religion allerdings nur als einen psychotherapeutischen Trick betrachtet oder sie darauf zurückführt, daß man sich mit Bildern die Heilung verschaffen kann, dann funktioniert sie auch nicht mehr. Denn dann werden diese Bilder letzten Endes als unwahr durchschaut und verlieren ihre heilende Kraft.

Dies ist gewiß etwas der Religion Hinzugegebenes, aber es ist nicht ihr eigentliches Wesen. Daß sie mehr ist, tritt auch darin in Erscheinung, daß die Menschheit in allen Phasen (und auch ohne psychotherapeutische Bemühungen) einfach gar nicht anders konnte, als sich nach dem Ewigen, nach dem ganz anderen auszustrecken und zu versuchen, damit in Beziehung zu treten.

Das Wesentliche von Religion ist die Beziehung des Menschen über sich hinaus zu dem Unbekannten, das der Glaube Gott nennt, und die Fähigkeit des Menschen, aus allem Greifbaren, Meßbaren heraus in diese Urbeziehung hineinzutreten. Der Mensch lebt in Beziehungen, und wie gut sein Leben wird, hängt davon ab, daß die wesentlichen Beziehungen – also Vater, Mutter, Bruder, Schwester und so weiter –, daß die Grundbeziehungen, die in sein Wesen eingegraben sind, richtig werden. Aber keine der Beziehungen wird richtig, wenn die erste Beziehung, die zu Gott, nicht recht ist. Diese Beziehung selbst, würde ich sagen, ist eigentlich Inhalt von Religion.

Alle großen Kulturen, von denen wir wissen, hatten oder haben als wichtigste Gemeinsamkeit die Religion. Es scheint eine Art Gleichklang der Lehren zu geben, etwa in der Aufforderung nach Mäßigung, der Warnung vor Ichbetonung und Autonomie. Warum sollten dann nicht alle Religionen gleich sein? Warum sollte der Gott der Christen besser sein als etwa der Gott der Indianer? Und warum sollte es eine allein seligmachende Religion geben?

Dieser Vorschlag, der seit dem Entstehen der religionsgeschichtlichen Forschung in der Aufklärung gemacht wurde, der aber auch schon vorher aufgetaucht ist, widerlegt sich schon im Hinblick auf die Religionen selbst. Sie sind eben nicht gleich. Es gibt unterschiedliche Höhen, und es gibt Religionen, die offensichtlich krank sind, die auch zerstörerisch für den Menschen sein können.

An der marxistischen Religionskritik ist soviel richtig, daß es Religionen und religiöse Praktiken gibt, die den Menschen sich selbst entfremden. Denken wir zum Beispiel daran, daß in Afrika für die Entwicklung des Landes, für den Aufbau einer modernen Wirtschaftsstruktur, der Geisterglauben nach wie vor ein großes Hindernis ist. Wenn ich mich überall gegen Geister absichern muß und eine irrationale Angst das ganze Lebensgefühl bestimmt, dann wird das, was Religion im Innersten soll, bestimmt nicht richtig gelebt. Und so können wir auch sehen, daß es im indischen Religionskosmos (der Name »Hinduismus« ist eine eher irreführende Bezeichnung für eine Vielzahl von Religionen) ganz unterschiedliche Formen gibt: sehr hohe, reine, die vom Liebesgedanken geprägt sind, aber auch ganz grausame, zu denen mörderische Riten gehören.

Wir wissen, daß Menschenopfer einen Teil der Religionsgeschichte in einer schrecklichen Weise prägen; wir wissen, daß politische Religion zu einem Instrument der Zerstörung und Unterdrückung geworden ist; wir kennen Pathologien in der christlichen Religion selbst. Hexenverbrennung ist eine Wiederkehr des Germanischen, sie war in der frühmittelalterlichen Mission mit Mühe überwunden worden und ist dann im Spätmittelalter mit dem Schwachwerden des Glaubens wieder neu aufgetreten. Mit einem Wort, auch die Götter sind nicht alle gleich, es gibt ganz negative Gottgestalten, ob wir etwa an den griechischen oder zum Beispiel den indischen Religionskosmos denken. Die Idee einer Gleichheit der Religionen scheitert ganz einfach schon an der Tatsache der Religionsgeschichte.

Könnte man aber nicht doch auch akzeptieren, daß jemand durch anderen Glauben als den katholischen das Heil erlangen kann?

Das ist eine ganz andere Frage. Das kann durchaus möglich sein, daß jemand von seiner Religion die helfenden Weisungen empfängt, durch die er ein lauterer Mensch wird, durch die er auch, wenn wir das Wort nehmen wollen, Gott gefällt und zum Heil gelangt. Das ist damit keineswegs ausgeschlossen, sondern im Gegenteil, das wird es sicher in einem großen Maße geben. Nur, daraus abzuleiten, daß die Religionen selbst alle einfach gleich als ein großes Konzert, als eine große Sinfonie zueinander stehen, in dem letzten Endes alle das gleiche bedeuten, das wäre verfehlt.

Religionen können es dem Menschen auch schwerer machen, gut zu sein. Das kann selbst im Christentum durch falsche Lebensformen des Christlichen, durch sektiererische Gestalten und so weiter, eintreten. Insofern ist in der Religionsgeschichte und im Kosmos der Religionen immer auch die Reinigung der Religion eine ganz große Notwendigkeit, damit sie nicht zum Hindernis für das richtige Gottesverhältnis wird, sondern tatsächlich den Menschen auf den Weg bringt.

Ich würde sagen, wenn das Christentum von der Gestalt Christi her sich als die wahre Religion in die Religionsgeschichte hineingestellt hat, so will das eben sagen, daß in der Gestalt Christi aus dem Wort Gottes die eigentlich reinigende Kraft erschienen ist. Sie wird nicht notwendigerweise von den Christen immer gut und richtig gelebt, aber sie bringt den Maßstab und die Richtung für die unerläßlichen Reinigungen, damit Religion nicht ein Unterdrückungs- und Entfremdungssystem, sondern wirklich ein Weg des Menschen zu Gott und zu sich selber werde.

Viele denken freilich, gerade der christ-katholische Glaube drücke eine pessimistische Weltsicht aus.

In der Französischen Revolution entstand die Ideologie, das Christentum, das an ein Weltende, an Gericht und so weiter glaubt, sei seinem Wesen nach pessimistisch; die Neuzeit dagegen, die den Fortschritt als Gesetz der Geschichte entdeckt hat, sei ihrem Wesen nach optimistisch. Inzwischen sehen wir, daß sich diese Gegenüberstellungen langsam auflösen. Wir sehen, daß das Selbstvertrauen der Neuzeit zusehends verfällt. Denn immer deutlicher wird, daß das Fortschreiten auch ein Fortschreiten der Zerstörungsmöglichkeiten ist und daß der Mensch sittlich seinem eigenen Verstand vielleicht nicht gewachsen ist und sein Können zum Zerstörenkönnen wird. Das Christentum hat eine solche Idee, daß die Geschichte notwendig immer fortschreitet, daß es also im wesentlichen immer besser wird mit der Menschheit, in der Tat nicht.

Wenn man die Apokalypse liest, so sieht man, daß sich die Menschheit eigentlich in Kreisen bewegt. Es gibt immer wieder Schrecknisse, die sich dann auch wieder auflösen, denen aber neue folgen. Und es wird auch kein innergeschichtlicher, vom Menschen selbst konstruierter Heilszustand vorausgesagt. Der Gedanke, daß notwendig die menschlichen Dinge immer besser werden, hat keinen Anhalt im Christlichen. Wohl aber gehört zum christlichen Glauben die Gewißheit, daß Gott die Menschheit nie fallen läßt und daß sie daher auch nie zum reinen Fehlschlag werden kann, auch wenn heute viele meinen, die Menschheit wäre besser gar nicht erst aufgetaucht.

Insofern ist die Schematik von Optimismus und Pessimismus überhaupt nicht angebracht. Der Christ kann sehen, wie jeder vernunftbegabte Mensch auch, daß es große Krisen der Geschichte geben kann, daß vielleicht gerade auch heute solche vor uns stehen. Er kann auch erkennen, daß sich die Geschichte nicht durch eine innere Automatik ins Positive entwickelt, daß also die Gefährdungen sehr realistisch sind. Er hat allerdings den letzten Optimismus, daß Gott die Welt in Händen hält und daß daher selbst so furchtbare Schrecknisse wie Auschwitz, die uns bis auf den Grund erschüttern müssen, davon umfangen und hinterfangen sind, daß Gott doch stärker ist als das Böse.

Das Kreuz – ein schreckliches Symbol?

In einer Hinsicht hat es natürlich einen Schrecken an sich, den wir nicht wegnehmen sollten. Es ist ja die grausamste Hinrichtungsart, die die Antike kannte und die auf Römer nicht angewendet werden durfte, weil man damit gleichsam die römische Ehre befleckt hätte. Zu sehen, daß der reinste der Menschen, der mehr als ein Mensch war, auf eine so grausame Weise hingerichtet wird, kann uns zunächst über uns erschrecken lassen. Aber wir brauchen auch das Erschrecken über uns selber und aus unserer Selbstbequemlichkeit heraus. Da, denke ich, hat Luther schon ein richtiges Wort gesagt, daß der Mensch zunächst einmal auch erschrocken sein muß über sich selber, damit er dann auf den richtigen Weg kommt.

Es bleibt aber eben nicht bei dem Schrecken, es ist nicht bloß ein Schrecken, weil von dem Kreuz herunter uns nicht ein gescheiterter, nicht ein verzweifelter, nicht eines der schrecklichen Opfer der Menschheit anschaut, weil uns dieser Gekreuzigte etwas anderes sagt als Spartakus und seine gescheiterten Anhänger, weil uns von diesem Kreuz ja eine Güte anschaut, die im Schrecken das Leben neu beginnen läßt. Es schaut uns die Güte Gottes selber an, der sich in unsere Hände gibt, sich uns ausliefert und sozusagen den ganzen Schrecken der Geschichte mit uns trägt. Tiefer gesehen, läßt uns dann dieses Zeichen, das uns die Gefährlichkeit des Wesens Mensch und seine ganzen Abscheulichkeiten ansehen läßt, zugleich den stärkeren, in seiner Schwachheit stärkeren Gott und das Geliebtsein von Gott anschauen. Es ist insofern ein Zeichen der Vergebung, das auch in den Abgründen der Geschichte noch Hoffnung setzt.

Es wird ja heute oft gefragt, wie man nach Auschwitz noch von Gott reden und noch Theologie treiben könne. Ich würde sagen, das Kreuz faßt im voraus den Schrecken von Auschwitz zusammen. Gott ist gekreuzigt und sagt uns, dieser scheinbar so schwache Gott ist der unbegreiflich vergebende und in seiner scheinbaren Abwesenheit stärkere Gott.

Die Wahrheit über Mensch und Gott scheint oft traurig und schwer. Ist der Glaube denn von Haus aus nur für die stärkere Natur zu ertragen? Er wird ja auch häufig als Zumutung empfunden. Wie also soll Freude am Glauben aufkommen?

Ich würde es umgekehrt sagen: Der Glaube gibt die Freude. Wenn Gott nicht da ist, dann verödet die Welt, und es wird alles langweilig, und alles ist völlig ungenügend. Man kann ja heute gut sehen, wie eine gottleere Welt sich auch selber immer mehr verbraucht, wie sie eine ganz freudlose Welt geworden ist. Die große Freude kommt daher, daß es die große Liebe gibt, und das ist die essentielle Aussage des Glaubens. Du bist ein unverbrüchlich Geliebter. Deswegen war es ja auch so, daß das Christentum seine erste Ausbreitung überwiegend bei den Schwachen und Leidenden gefunden hat.

Natürlich kann man das jetzt marxistisch deuten und sagen, also war es nur eine Vertröstung statt der Revolution. Aber ich glaube, über diese Phrasen sind wir in gewisser Hinsicht auch hinweg. Das Christentum hat dann Herren und Sklaven auf neue Weise zueinandergeführt, so daß schon der heilige Paulus zu einem Herrn sagen kann: Tu deinem Sklaven nichts an, denn er ist ja dein Bruder geworden.

Insofern läßt sich sagen, das Grundelement des Christentums ist Freude. Freude nicht im Sinne einer billigen Gaudi, die auf dem Hintergrund der Verzweiflung stehen kann. Wir wissen doch, daß Klamauk häufig die Maske für Verzweiflung ist. Sondern es ist die eigentliche Freude. Eine, die mit einem schweren Dasein zusammen besteht und dieses Dasein dann auch lebbar macht. Die Geschichte Jesu Christi beginnt nach dem Evangelium damit, daß der Engel zu Maria sagt: Freue dich! In der Nacht der Geburt sagen die Engel wiederum: Wir verkünden euch die eine große Freude. Und Jesus sagt: Ich verkünde euch die gute Botschaft. Also der Kern, um den es eigentlich geht, lautet immer: Ich verkünde euch eine große Freude, Gott ist da, ihr seid Geliebte, und das steht für immer fest.

Dennoch scheint es meist leichter, nicht zu glauben als zu glauben. Es ist paradox: Einerseits ist Glaube prinzipiell vorhanden, der Mensch ist ein religiöses Wesen, andererseits muß man stets darum ringen.

Die Leichtigkeit des Nichtglaubens ist doch eine relative. Sie ist in dem Sinn gegeben, als es leicht ist, sich von den Bindungen des Glaubens zu lösen und zu sagen: Ich strenge mich da nicht an, das belastet mich, das laß ich beiseite. Dieser erste Akt ist sozusagen die Leichtigkeit des Nichtglaubens. Damit zu leben, ist aber gar nicht so leicht. Ohne Glauben zu leben heißt dann, daß man sich zunächst irgendwo in einem nihilistischen Zustand befindet und daß man sich dann doch Haltepunkte suchen wird. Das Leben im gemeinen Unglauben ist ein kompliziertes. Wenn man sich die Philosophie des Unglaubens bei Sartre, Camus und so weiter anschaut, sieht man das ja auch.

Der Akt des Glaubens ist als Aufbruch und Annahme vielleicht kompliziert, obwohl er in dem Augenblick, in dem mich der Glaube wirklich trifft – »du darfst dich freuen« –, dann auch wieder seine ganz große innere Leichtigkeit hat. Man darf also nicht einseitig die Mühsal betonen. Die Leichtigkeit des Unglaubens und die Schwierigkeit des Glaubens liegen auf unterschiedlichen Ebenen. Auch der Unglaube hat seine ganz große Schwere, die meiner Meinung nach größer ist. Der Glaube macht den Menschen auch leicht. Das ist bei den Kirchenvätern, vor allen Dingen in der Mönchstheologie, gut zu sehen: Glauben heißt, daß wir wie Engel werden, sagen sie. Wir können fliegen, weil wir uns selber nicht mehr schwernehmen. Gläubig werden heißt leicht werden, aus seinem Schwergewicht, mit dem wir nach unten hängen, herauszutreten und damit in das Schweben des Glaubens hineinzukommen.

Wie unterscheidet sich ein guter Katholik von anderen Menschen?

Die Katholiken sind Menschen wie alle anderen. Da gibt es alle Stufen von gut und böse – wie es umgekehrt in allen Religionen Menschen von einer inneren Lauterkeit gibt, die durch ihre Mythen hindurch irgendwo das große Geheimnis anrühren und die rechte Weise des Menschseins finden. Ich glaube, eine Rechnung darüber, wo die besten Menschen sind, sollten wir nicht aufmachen. Eines allerdings wagen wir zu sagen: Wer den Glauben wirklich geduldig lebt und sich von ihm formen läßt, wird durch viele Rückschläge und Schwächen hindurch gereinigt und wird gut.

Ist der katholische Mensch glücklicher als andere?

Glück ist natürlich eine sehr vielseitige Kategorie. Sie brauchen bloß daran zu denken, daß die Bergpredigt mit den sogenannten Seligpreisungen beginnt. Der Herr eröffnet gleichsam eine Schule des Glücks, er stellt der Menschheit das Christentum als Schule des Glücks vor: »Den Weg zeige ich.« Wenn man dann aber nachliest, dann steht sozusagen diese Schule des Glücks im Widerspruch zu dem, was sich für gewöhnlich die Menschen darunter vorstellen.

Wir würden sagen, glücklich ist, wer über genügend Besitz verfügt. Wer Mittel hat, daß er sich sein Leben schön gestalten kann. Wir würden sagen, jemand der heiter ist und dem alles glückt im Leben, ist glücklich. ER sagt: Selig die Trauernden. Das heißt also, seine Glückslehre ist sehr paradox, verglichen zumindest mit dem, was wir uns unter dem Begriff vorstellen. Es ist kein Glück im Sinne der Bequemlichkeit. Insofern kann man hier eigentlich gut begreifen, was Bekehrung heißt. Man muß die gewöhnlichen Maßstäbe – »Glück ist Reichtum, Besitz, Macht« – verlassen. Denn gerade wenn man diese Dinge zum Maß nimmt, ist man auf dem falschen Weg. Eine »äußere« Glücklichkeit ist den Katholiken also nicht versprochen, aber doch ein innerstes Geborgensein durch die Gemeinschaft mit dem Herrn. Daß ER ein letztes Licht von Glück in seinem Leben ist, das gehört in der Tat dazu.

Aber wo ist Gott, wo findet man ihn? Hält er sich versteckt? Es scheint doch so, daß sich Gott sehr, sehr selten offenbart. Menschen sind verzweifelt, weil sie denken, er spricht nicht mit ihnen, er gibt keine Zeichen, er funkt nicht dazwischen.

Er tut es nicht lautstark, er tut es nicht unbedingt in Formen wie Naturkatastrophen – obwohl diese natürlich auch eine Ansprache von ihm werden können –, er tut es also nicht lautstark. Aber er tut es doch immer wieder. Es kommt natürlich auch darauf an, daß sozusagen der Empfänger auf den Sender eingestellt ist. Und mit unserer durchschnittlichen Weise des Lebens und Denkens haben wir zu viele Störsender dazwischen, so daß wir den Ton nicht durchhören können. Wir sind dem auch so entfremdet, daß wir ihn gar nicht ohne weiteres als den seinigen erkennen. Aber ich würde doch sagen, daß jeder, der irgendwo aufmerksam ist, selbst erleben und spüren kann, jetzt redet ER mich an. Und es ist eine Chance für mich, ihn kennenzulernen. Gerade in Katastrophensituationen kann er plötzlich hereinbrechen, wenn ich wach bin und wenn mir auch jemand hilft, das zu dechiffrieren. Er spricht natürlich nicht lautstark, aber er spricht durch Zeichen und durch Begebnisse unseres Lebens, durch Mitmenschen. Ein bißchen Wachheit gehört gewiß dazu und daß man sich nicht völlig mit Beschlag belegen läßt durch alles Vordergründige.

Dürfen Katholiken zweifeln, oder sind sie dann Heuchler und Ketzer? Das Seltsame an den Christen ist doch offenbar, daß sie einen Unterschied machen zwischen religiöser und wissenschaftlicher Wahrheit. Sie beschäftigen sich mit Darwin und gehen in die Kirche. Ist so eine Trennung überhaupt möglich? Es kann doch nur eine Wahrheit geben, entweder wurde die Welt wirklich in sechs Tagen erschaffen, oder sie hat sich in Millionen von Jahren entwickelt.

Der Zweifel wird in einer so verworrenen Welt, wie die unsere es ist, unausweichlich immer wieder in den einzelnen Menschen hineintreten. Der Zweifel muß ja nicht gleich mit einem Abfall vom Glauben verbunden sein. Ich kann redlich die Fragen aufnehmen, die mich bedrängen, mich dabei an Gott halten, an den wesentlichen Glaubenskern halten. Einerseits kann ich versuchen, die Lösungen für die scheinbaren Widersprüche zu finden, andererseits aber kann ich auch das Vertrauen haben, daß ich nicht alles finden kann und daß trotzdem sich lösen läßt, was ich nicht finden kann. Es gibt auch in der Theologiegeschichte immer wieder die für den Augenblick unlösbaren Reste, die man nicht mit Gewalt weginterpretieren soll.

Zum Glauben gehört eben auch die Geduld der Zeit. Das Thema, das Sie eben angesprochen haben – Darwin, Schöpfung, Entwicklungslehre –, ist ein Thema eines noch nicht beendeten und mit unseren gegenwärtigen Mitteln wohl auch noch im Augenblick gar nicht beendbaren Dialogs. Nicht daß das Problem der sechs Tage besonders drängend zwischen moderner Wissenschaft von der Weltentstehung und dem Glauben stünde. Denn das ist auch in der Bibel offenkundig, daß dies ein theologisches Schema ist, das nicht einfach die Schöpfungsgeschichte nacherzählen will. Im Alten Testament selber sind andere Darstellungen der Schöpfung da. Wir haben im Hiob-Buch und in den Weisheitsbüchern Schöpfungserzählungen, durch die klar wird, daß die Gläubigen selbst auch damals nicht gemeint haben, damit sei nun sozusagen fotografisch der Schöpfungshergang abgebildet. Er ist nur in dem Sinn abgebildet, daß wir einen Durchblick auf das Wesentliche erhalten, daß die Welt aus der Macht Gottes heraus kommt und sein Geschöpf ist. Wie dann die Prozesse sich zugetragen haben, ist eine ganz andere Frage, in der auch die Bibel selbst eine weite Offenheit läßt. Umgekehrt, denke ich, ist die Evolutionslehre noch in großen Stücken über die Hypothese nicht hinausgekommen und oft mit fast mythischen Philosophien vermischt, über die noch kritische Gespräche stattfinden müssen.

Viele schaffen den Sprung nicht vom Kinderglauben zu einem Erwachsenenglauben. Wie kann jemand, der die Bibelkritiker gelesen hat, zum reinen Glauben zurückfinden?

Er muß lernen, daß die komplizierte Entstehungsgeschichte biblischer Texte nicht den Glauben als solchen tangiert. Durch sie hindurch blickt ihn etwas anderes und Größeres an. Man kann im Gegenteil durch diese komplizierte Entstehungsgeschichte, die im übrigen auch immer hypothetisch bleibt, sehen, wie sich doch Aussagen und Realitäten in das menschliche Bewußtsein einprägen, die nicht einfach von ihm erfunden sind. Ich glaube, gerade wenn man die menschlichen Faktoren der biblischen Geschichte kennenlernt, sieht man auch um so mehr, daß es eben nicht nur menschliche Faktoren gibt, sondern daß da ein anderer Zuspruch erfolgt. Infolgedessen kann man den ganzen technischen Bereich, wie so etwas vor sich geht, der Wissenschaft überlassen, die ihrerseits uns doch wieder Erhellungen bringt, um zum einfachen Akt des Glaubens zurückzukehren. Eben dazu, daß in dieser ganz einmaligen Geschichte wirklich nicht nur Menschen etwas gebaut haben, sondern etwas Größeres geschehen ist.

Wie viele Wege gibt es zu Gott?

So viele, wie es Menschen gibt. Denn auch innerhalb des gleichen Glaubens ist der Weg eines jeden Menschen ein ganz persönlicher. Wir haben das Wort Christi: Ich bin der Weg. Insofern gibt es letztenendes einen Weg, und jeder, der zu Gott unterwegs ist, ist damit auf irgendeine Weise auch auf dem Weg Jesu Christi. Aber das heißt nicht, daß bewußtseinsmäßig, willensmäßig alle Wege identisch sind, sondern im Gegenteil, der eine Weg ist eben so groß, daß er in jedem Menschen zu seinem persönlichen Weg wird.

Von Tertullian stammt das Paradox: »Ich glaube es, weil es widersinnig ist.« Augustinus glaubte, »um zu erkennen«. Warum glaubt Kardinal Ratzinger?

Ich bin da schon dezidierter Augustinianer. Wie die Schöpfung aus Vernunft kommt und vernünftig ist, so ist der Glaube sozusagen erst die Vollendung der Schöpfung und daher die Tür zum Verstehen; davon bin ich überzeugt. Glauben heißt daher, ins Verstehen hineingehen und ins Erkennen hineingehen. Der Ausspruch von Tertullian – er liebt ja überspitzte Formulierungen – entspricht natürlich auch der Summe seines Denkens überhaupt. Er wollte sagen, Gott zeigt sich gerade im Paradox zu dem, was in der Welt gilt. Und darin zeigt er sich göttlich. Aber er war schon etwas philosophiefeindlich, da teile ich nicht seine Position, sondern die des heiligen Augustinus.

Haben Sie auch so etwas wie einen eigenen Kernsatz des Glaubens entwickelt?

Ich brauch' da kein neues Motto. Mir scheint, daß der Satz von Augustinus, den später auch Thomas aufgenommen hat, eigentlich die Richtung beschreibt, wie es ist. Ich glaube! Und schon im Glaubensakt selbst ist enthalten: Das kommt von dem her, der die Vernunft selber ist. Indem ich mich ihm, den ich nicht verstehe, zunächst glaubend unterwerfe, weiß ich, daß ich gerade dadurch die Tür zum richtigen Verstehen öffne.

Die meisten Menschen unserer Zeit können nicht glauben, was sie wissen, und sie wissen nicht, was sie glauben sollen. In Ihrer Person gibt es nun eine Einheit von Denken und Glauben und auch eine Ganzheitlichkeit, die wir modernen Menschen, wir Skeptiker und Verführte, nicht mehr kennen. Was ist das für ein Lebensgefühl?

Ich wage jetzt nicht, über die modernen Menschen im allgemeinen zu urteilen, ob sie alle in dieser Gestalt wirklich zerrissen sind oder nicht auch auf vielfältige Weise ihre Einheit finden. Jeder Mensch ist innerlich zerspannt zwischen vielfältigen Polen, und das gilt natürlich auch für mich und für einen Priester und Bischof. Weil ja auch Interessen, die man hat, Begabungen und Nichtbegabungen, Kenntnisse und Unkenntnisse, der Glaube der Kirche im ganzen nicht einfach automatisch ineinander fallen. Insofern gibt es in jedem Menschen, auch in mir, eine innere Spannung. Aber ich würde sie nicht als Zerrissenheit bezeichnen. Das Mitglauben mit der Kirche und das Wissen, daß ich mich diesem Wissen anvertrauen darf und daß die übrigen Erkenntnisse von ihm her Licht empfangen und umgekehrt ihn vertiefen können, das hält doch zusammen. Vor allen Dingen ist es so, daß der grundlegende Akt des Glaubens an Christus und der Versuch, von daher das Leben zur Einheit zu bringen, die Spannungen vereint, so daß sie nicht zum Riß, zum Bruch werden.

Sie haben im Zusammenhang mit einer neuen Evangelisierung von neuen Begegnungen, ja sogar von der Notwendigkeit einer christlichen Revolution gesprochen. Denn nicht die subtilen Studien würden »die lebendigen neuen Kulturgestalten des Christentums« hervorbringen, man müßte vielmehr die Menschen wieder mit Jesus bekannt machen. Mir scheint, viel mehr Menschen würden heute gerne glauben wollen – wenn sie es nur könnten. Es scheint nicht mehr so einfach zu sein wie früher.

Das ist offenkundig. Wir haben mittlerweile soviel an Wissen, soviel an Erleben und finden auf der anderen Seite den Glauben so ausgebaut und übersystematisiert, daß sich der Zugang nicht mehr so leicht öffnet. Ich denke schon, daß wir eine Art Revolution des Glaubens in vielfältigem Sinn brauchen. Zunächst brauchen wir sie in dem Mut, den allgemeinen Gewißheiten auch zu widersprechen. Es gibt ja heute bei den meisten eine gewisse Durchschnittsideologie, die darauf abzielt, daß man einen bestimmten Lebensstandard erzielen muß, daß man sich selbstverwirklichen können muß in dem, was man wünscht, was man möchte, und daß darin Gott letztenendes doch eine unbekannte Größe ist, die eigentlich nicht zählt. Dazu gehört dann auch, daß sich die Moral eher aus Zufall und aus dem Glückskalkül ergibt.

Wie gesagt, die Durchschnittsideologie, in der wir heute leben und die sich uns Tag um Tag aufdrängt, verführt uns zu Gewißheiten, die den Menschen im Grunde gegen das

Wesentliche abschotten. Einerseits kann er also in das Wesentliche gar nicht mehr eindringen, andererseits merkt er aber, daß ihm irgend etwas fehlt. Denn die großen kollektiven Krankheiten, die wir heute haben, beruhen doch darauf, daß irgendein Zuwenig da ist im Menschenleben und daß ein Mangel empfunden wird. Insofern müßten wir den Mut haben, auch gegen das, was als das »Normale« eines Menschen des ausgehenden 20. Jahrhunderts angesehen wird, aufzubrechen und den Glauben wieder in seiner Einfachheit zu entdecken.

Ganz schlicht könnte diese Entdeckung zunächst einmal in einer Begegnung mit Christus liegen, die aber nicht eine Begegnung mit einem historischen Helden ist, sondern mit Gott, der ein Mensch ist. Und erst wenn dieses wirklich in ein Leben eindringt, dann orientiert sich das Leben anders. Dann entsteht auch eine Kultur des Glaubens, davon bin ich überzeugt. Wichtig ist, daß so eine Entscheidung nie bloß individualistisch ist, sondern daß sie sich mitteilt, daß sie Gemeinschaft bildet. Und in dem Maße, in dem sie dann gelebt wird, formt sie einen Lebensstil und bringt auch Kultur hervor.

Viele Menschen fiebern der Zukunft entgegen, vielfach ist nachgerade eine Zukunftshysterie mit fiebrigen Erwartungen entstanden. Noch niemals zuvor scheint es soviel Ende gegeben zu haben, noch nie soviel Anfang. Gelegentlich mag man den Eindruck haben, sehr vieles entwickelt sich doch auch zum Positiven. Andererseits erscheint diese Welt, wie sie ist, auch wieder wie ein großes Tollhaus. Mit ihrer Lust- und Luxusgesellschaft neben zunehmender Armut, mit Kriegen, Naturkatastrophen, die uns immer häufiger heimsuchen, und auch mit den deutlichen Zeichen des kulturellen Niedergangs, den großen Verlusten an Einsicht und Weisheit. Noch nie gab es wohl so viele Haltlose, so viele Süchti-

ge, so viele kaputte Beziehungen, gestörte Kinder, Elends- und paradoxerweise auch Wohlstandsverwahrlosung.

Herr Kardinal, Sie meinten einmal, was unserer Zeit fehle, sei nicht so sehr die Fähigkeit zu trauern als die Fähigkeit, sich zu freuen. Aber fällt es einem nicht auch zunehmend schwerer, sich zu freuen?

Eine Beobachtung, die ich immer wieder mache, ist, daß die ungenierte Freude seltener geworden ist. Die Freude ist heute gleichsam mehr und mehr mit moralischen und ideologischen Hypotheken belastet. Wenn man sich freut, hat man schon Angst, sich gegen die Solidarität mit den vielen Leidenden zu vergehen. Ich darf mich eigentlich gar nicht freuen, denkt man, in einer Welt, in der soviel Elend, soviel Ungerechtigkeit da ist.

Ich kann das verstehen. Hier ist auch eine moralische Gesinnung am Werk. Aber trotzdem ist diese Haltung ein Irrtum. Denn die Welt wird ja durch den Verlust an Freude nicht besser – und umgekehrt hilft das Sich-nicht-freuen um der Leiden willen den Leidenden nicht. Sondern im Gegenteil, die Welt braucht Menschen, die das Gute entdecken, die darüber froh werden und dadurch auch den Schwung und den Mut zum Guten bekommen. Die Freude also schneidet die Solidarität nicht ab. Wenn sie richtig, wenn sie nicht egoistisch ist, wenn sie aus der Wahrnehmung des Guten kommt, dann will sie sich auch mitteilen und geht weiter. Wobei mir immer auffällt, daß man in den Armenvierteln zum Beispiel in Südamerika viel mehr lachende, fröhliche Menschen findet als bei uns. Offensichtlich haben sie bei aller Not noch die Wahrnehmung des Guten, an der sie sich auch festhalten, sich aufrichten können und Kraft gewinnen.

Insofern brauchen wir wieder jenes Urzutrauen, das letztlich nur der Glaube geben kann. Daß im Grunde die Welt gut ist, daß Gott da ist und gut ist. Daß es gut ist, zu leben und ein Mensch zu sein. Von daher kommt dann auch der Mut zur Freude, die wiederum zum Einsatz dafür wird, daß auch andere sich freuen und frohe Botschaft erhalten können.

Nun zur Doppelgesichtigkeit unserer Gegenwart, wie Sie das orchestriert haben. Da ist ein neues Bewußtsein der Solidarität, der Verantwortung für die Menschheit im ganzen, der Verantwortung für die Schöpfung. Es gibt die Vereinigungsbewegungen und eine Suche danach, solidarisch an Krisenherden tätig zu werden und dort zu helfen, Frieden zu stiften, Elend zu überwinden. Das ist das eine, das man als Bürger dieses Jahrzehnts auch sehen und wofür man dankbar sein muß. Daraus ist ja dann auch ganz praktisch wieder zu erkennen, daß das Gute im Menschen nicht zertrampelt werden kann.

Auf der anderen Seite haben Sie von dem großen Tollhaus gesprochen und den ungeheuren Verwahrlosungen. Das sehen wir alle. Ich glaube, daß hier gerade die Massengesellschaft und auch die Möglichkeiten, die durch die technische Beherrschung der Welt entstanden sind, neue Qualitäten auch des Bösen geschaffen haben. Das kann man gar nicht übersehen.

Es sind große Herausforderungen, diese Vermassung, die den Menschen zugleich vereinzelt und in die radikale Einsamkeit stößt, zu bekämpfen und gesunde Möglichkeiten der Sozialität zu schaffen. Sie fordern all unseren Einsatz heraus, können aber rein durch Technik, durch unser Machen nicht befriedigt werden.

Ich würde sagen, hier wird zweierlei sichtbar: daß der Mensch ein sittliches Wesen ist, das für sich und für die Ganzheit der Menschen Verantwortung hat, aber auch ein Wesen, das nur von Gott her die Ressourcen nehmen kann, um weiterzukommen.

KAPITEL 1

Zur Person

Herkunft und Berufung

Herr Kardinal, was halten Sie von dieser Vorstellung: Wir kommen auf die Welt, und was wir wissen wollen, wissen wir, und wo wir sein wollen, sind wir schon?

Das geht mir zu weit. Ich weiß jetzt nicht, woher dieser Satz stammt, aber der Mensch kommt als ein Fragender auf die Welt. Aristoteles sagt sogar – und Thomas von Aquin sagt das auch –, als eine *tabula rasa*, das heißt: Sie bestreiten, daß Menschen Erkenntnisse eingeboren seien, der Geist sei zunächst reine Aufnahmebereitschaft. Da würde ich gewisse Nuancen machen. Aber jedenfalls ist es richtig, daß der Mensch zunächst als ein Fragender da ist, der freilich sozusagen von innen her offensteht für die Antworten.

Ich bin ein Stück weit Platoniker. Ich meine, daß eine Art von Gedächtnis, von Erinnerung an Gott gleichsam in den Menschen eingegraben ist, die allerdings geweckt werden muß. Er weiß nicht einfach, was er wissen soll, und er ist auch noch nicht einfach da, sondern er ist ein Mensch, ein Wesen auf dem Weg.

Gerade die biblische Religion im Alten und Neuen Testament hat das Bild vom wandernden Gottesvolk, das ja in Israel nun wirklich ein wanderndes war, immer sehr betont. Dieses Bild stellt heraus, was die Menschenexistenz überhaupt ist. Daß der Mensch ein Unterwegsseiender ist und daß sein Weg nicht fiktiv ist, sondern daß sich wirklich ihm in diesem Leben etwas zuträgt und daß er suchen, finden, aber auch sich verfehlen kann.

Sie verwenden häufig das Wort »Vorsehung«. Welche Bedeutung hat es für sie?

Ich bin ganz fest davon überzeugt, daß uns Gott wirklich sieht und daß er uns Freiheit läßt – und uns dennoch auch führt. Oft kann ich sehen, daß Dinge, die einem zunächst verdrießlich, gefährlich, unangenehm schienen, dann irgendwann zusammenführen. Plötzlich merkt man, das war gut so, und das war ein richtiger Weg. Für mich bedeutet das ganz praktisch, mein Leben setzt sich nicht aus Zufällen zusammen, sondern jemand sieht voraus und geht mir sozusagen auch voraus und denkt mir voraus und richtet mein Leben zu. Ich kann mich dem verweigern, aber ich kann es auch annehmen, und dann merke ich, daß ich wirklich von einem »vorsehenden« Licht geführt bin.

Das heißt nun nicht, daß der Mensch vollkommen determiniert wäre, sondern daß diese Bestimmung gerade seine Freiheit herausfordert. So wie es in der Geschichte von den Talenten gesagt ist. Es werden fünf übergeben; und der sie empfängt, hat eine bestimmte Aufgabe, aber er kann es so oder anders machen. Jedenfalls hat jeder seine Sendung, seine besondere Gabe, keiner ist überflüssig, keiner ist umsonst, jeder muß halt versuchen zu erkennen, was ist mein Lebensruf und wie entspreche ich dem Ruf, der für mich da ist, am allerbesten.

Sie sind am 16. April 1927 in Marktl am Inn in Oberbayern geboren. Es war an einem Karsamstag. Paßt das zu Ihnen?

Ja, ich finde es eigentlich schon gut so, am Vorabend von Ostern, schon gleichsam auf Ostern zugehend, aber noch nicht da, es ist noch verhüllt. Ich finde das einen sehr guten Tag, der irgendwie mein Geschichtsbild und meine eigene Situation andeutet: an der Tür von Ostern, allerdings noch nicht eingetreten.

Ihre Eltern hießen Maria und Joseph. Schon vier Stunden nach Ihrer Geburt, um 8.30 Uhr morgens, wurden Sie getauft. Es soll ein stürmischer Tag gewesen sein.

Ich weiß das natürlich nicht mehr. Meine Geschwister haben mir erzählt, daß es viel Schnee gab, daß es sehr kalt war, obwohl es der 16. April war. Aber in Bayern ist das nichts Besonderes.

Immerhin ist es ungewöhnlich, schon vier Stunden nach der Geburt getauft zu werden.

Das schon. Aber das hing damit zusammen – und das ist allerdings schon etwas, was mich freut –, daß es Karsamstag war. Damals gab es noch nicht die Feier der Osternacht, die Auferstehung wurde also am Vormittag gefeiert, mit der Weihe des Wassers, das dann das ganze Jahr hindurch als Taufwasser dient. Und weil folglich die Taufliturgie in der Kirche stattfand, haben die Eltern gesagt: »Jetzt is er scho do, der Bua«, dann wird er natürlich in dieser liturgischen Stunde, die ja die eigentliche Taufstunde der Kirche ist, auch getauft. Und dieses Zusammentreffen, daß ich gerade geboren wurde, als die Kirche ihr Taufwasser bereitete, und daher, frisch mit dem ersten Wasser, der erste Täufling des neuen Wassers war, das sagt mir schon etwas. Weil mich das eben besonders in den österlichen Zusammenhang hineinstellt und Geburt und Taufe auch in einer beziehungsreichen Weise miteinander verbindet.

Sie sind auf dem Land groß geworden als jüngstes von drei Geschwistern. Ihr Vater war Gendarm, die Familie eher arm als wohlhabend. Ihre Mutter, erzählten Sie einmal, habe sogar Seife selbst gemacht.

Meine Eltern hatten spät geheiratet, und ein bayerischer Gendarm im Rang meines Vaters, als ein einfacher Kommissär, war bescheiden bezahlt. Wir waren nicht arm im strengen Sinn des Wortes, weil das monatliche Gehalt garantiert war, aber wir mußten doch sehr sparsam und einfach leben, wofür ich sehr dankbar bin. Denn gerade dadurch entstehen Freuden, die man im Reichtum nicht haben kann. Ich denke oft zurück, wie schön es war, wie wir uns über die kleinsten Dinge freuen konnten und wie man füreinander auch etwas zu tun versucht hat. Wie gerade auch durch diese sehr bescheidene, finanziell auch angespannte Situation eine innere Solidarität entstanden ist, die uns tief aneinander gebunden hat.

Damit wir alle drei studieren konnten, mußten die Eltern natürlich ungeheure Verzichte auf sich nehmen. Wir haben das auch gespürt und versucht, darauf zu antworten. Insofern ist gerade durch dieses Klima einer großen Einfachheit auch viel Freude gewachsen und eben auch Liebe zueinander. Wir spürten, was uns gegeben wird und wieviel die Eltern auf sich nehmen.

Das mit dem Seifemachen hat eine besondere Bewandtnis. Das ging nicht auf Armut zurück, sondern auf die Situation, daß man im Krieg Waren, die nicht ausreichend vorhanden waren, sich irgendwie beschaffen mußte. Unsere Mutter war von Beruf Köchin und eine Alleskönnerin, die auch solche Rezepte auswendig beherrschte. Sie hat es mit ihrer großen

Phantasie und ihrem praktischen Geschick verstanden, gerade als der Hunger im Lande stand, aus einfachsten und spärlichen Mitteln immer noch ein gutes Essen herbeizuzaubern.

Die Mutter war sehr warmherzig und innerlich sehr stark, der Vater war eher rational und willentlich betont, von reflektierender Glaubensüberzeugung, er hat alles früh klar gewußt und hat immer ein erstaunlich treffendes Urteil gehabt. Als der Hitler an die Macht kam, sagte er: Jetzt kommt der Krieg, jetzt brauchen wir ein Haus!

Es gab einen Georg Ratzinger, der in der bayerischen Geschichte eine gewisse Rolle gespielt hat.

Das war ein Großonkel, ein Onkel meines Vaters. Er war ja Geistlicher, hat theologisch promoviert. Als Landtags- und Reichstagsabgeordneter war er wirklich ein Vorkämpfer für die Rechte der Bauern und überhaupt der einfachen Leute. Er hat – ich habe die Landtagsprotokolle gelesen – sich gegen die Kinderarbeit eingesetzt, was damals noch als unerhört, als Frechheit sozusagen betrachtet wurde. Er war offensichtlich ein knorriger Mann. Auch aufgrund seiner Leistung und seines politischen Ansehens waren alle stolz auf ihn.

Wie sah es bei Ihnen zu Hause aus? Wie wohnten Sie, wie lebten Sie?

Zunächst einmal war mit dem Gendarmsein meines Vaters ein ziemlicher Wanderweg verbunden. Ich selbst habe an meinen Geburtsort Marktl keine Erinnerung mehr. Wir sind weggegangen, als ich zwei Jahre alt war. Wir waren dann in Tittmoning, da war die Gendarmerie am Stadtplatz in einem ehemaligen Propsteihaus untergebracht. Das Haus war zwar sehr schön, aber es war doch ein höchst unbequemes Wohnen. Der ehemalige Kapitelsaal war unser Schlafzimmer, die anderen Zimmer waren wiederum sehr klein. Platz hatten wir ausreichend. Aber wir haben natürlich auch gemerkt, daß es ein altes, verfallenes Haus war. Für die Mutter war das ganz schrecklich. Sie mußte immer zwei große Treppen hinauf das Holz und die Kohlen schleppen. Später, in Aschau, wohnten wir in einer ganz hübschen Villa, die sich ein Bauer da gebaut und an die Gendarmerie vermietet hatte. Verglichen mit heutigem Wohnkomfort war das natürlich auch alles sehr einfach. Ein Bad hat es nicht gegeben. Aber es gab immerhin fließendes Wasser.

Mit Blick auf seine Pensionierung hat mein Vater ein altes, ebenfalls sehr einfaches Bauernhaus in Hufschlag bei Traunstein gekauft. Statt Wasser aus der Leitung gab es hier einen Brunnen, was hochromantisch gewesen ist. Auf der einen Seite des Hauses stand ein Eichenwald mit Buchen durchmischt, auf der anderen Seite waren die Berge, und wenn wir morgens die Augen aufgemacht haben, konnten wir als erstes die Berge sehen. Nach vorne wiederum hatten wir Apfelbäume, Zwetschgenbäume und viele Blumen, die meine Mutter im Garten gezogen hat. Es war ein schönes, großes Grundstück – von der Lage her himmlisch. Und in den alten Scheunen konnte man die herrlichsten Träume erleben und wunderbar spielen.

Es war eine unerforschte und eigentlich ganz unerforschbare Welt, so vielfältig war das. Eine alte Weberkammer ist da gewesen, weil die Vorbesitzer offenbar Weber gewesen waren. Die Zimmer selber waren von größter Einfachheit, und das Haus – ich glaube, es war 1726 gebaut worden – war insgesamt sehr reparaturanfällig, also es hat reingeregnet und so. Aber es war einfach schön, es war ein Kindheitstraum. Da haben wir uns ohne Komfort richtig glücklich gefühlt. Für den Vater, der die nötigen Reparaturen bezahlen mußte, für die Mutter, die das Wasser aus dem Brunnen getragen hat, war es vielleicht weniger lustig. Aber wir haben es als richtiges Paradies erlebt. Wir hatten eine knappe halbe Stunde zur Stadt zu gehen. Aber auch das war schön, daß man auf diese Art und Weise unterwegs war. So haben wir den Mangel an modernem Wohnkomfort überhaupt nicht empfunden, sondern das Abenteuerliche, Freie und Schöne eines alten Hauses mit seiner inneren Wärme erlebt.

War es ein strenges Elternhaus?

In einem gewissen Sinn schon, ja. Mein Vater war ein sehr gerechter, aber auch ein sehr strenger Mann. Aber wir haben immer gespürt, daß er streng war aus Güte. Und deswegen konnten wir seine Strenge wirklich gut annehmen. Die Mutter hat immer schon das, was an ihm vielleicht zu streng war, durch ihre Wärme und Herzlichkeit ausgeglichen. Es waren zwei sehr verschiedene Temperamente, die sich gerade durch ihre Verschiedenheit auch sehr gut ergänzt haben. Streng war es, das muß ich sagen, aber es war doch viel Wärme und Herzlichkeit und Freude da, die dadurch vermehrt wurden, daß wir miteinander gespielt haben, auch die Eltern haben mitgemacht, daß gerade auch Musik eine immer größere Rolle im Familienleben hatte, die ja auch eine zusammenführende Kraft hat.

Sie sind ein großer Mozart-Verehrer.

Ja! Obwohl wir in meiner Kindheit sehr viel umgezogen sind, blieb die Familie eigentlich immer in dem Bereich zwischen Inn und Salzach. Und den größten und wichtigsten und schönsten Teil meiner Jugend habe ich in Traunstein verlebt, das sehr Salzburgisch geprägt ist. Da ist Mozart sozusagen von Grund auf in unsere Seele eingedrungen, und immer noch rührt er mich zutiefst an, weil das so leuchtend ist und doch zugleich so tief. Es ist eben keineswegs nur Spielerei, es ist auch die ganze Tragik des Menschseins enthalten.

Die Kunst ist schon elementar. Die Vernunft allein, wie sie sich in den Wissenschaften ausdrückt, kann nicht die volle Antwort des Menschen auf die Wirklichkeit sein und nicht alles ausdrücken, was der Mensch ausdrücken kann, will und auch muß. Ich denke, das hat Gott in den Menschen hineingelegt. Kunst ist mit der Wissenschaft die höchste Gabe, die er ihm gegeben hat.

Ihre Eltern hatten alle drei Kinder aufs Internat geschickt. Wie kam das?

Das war damals die einzige Art, eine, wie man es heute nennt, »höhere Bildung« zu bekommen. Es gab ganz wenige Gymnasien auf dem Land. Man mußte bei den weiten Schulwegen meist notgedrungen ins Internat. Meine Schwester besuchte eine Mittelschule der Franziskanerinnen. Da ist sie mit dem Rad hingefahren, es waren fünf Kilometer, und blieb zu Hause wohnen. Sie hat sich dann selber gewünscht, im Internat sein zu können, und das ist ihr gewährt worden. Mein Bruder kam als erster aufs Gymnasium und damit ins Internat, es ging gar nicht anders. Ich bin zunächst von zu Hause aus jeden Tag in die Schule gegangen. Nach zwei Jahren kam die Idee auf, nachdem ich nun das einzige Kind zu Hause war, es wäre vielleicht als ergänzender Erziehungsfaktor gut, wenn ich auch ins Internat ginge. Und es hatte sicher auch seine – es ist mir nicht leichtgefallen, muß ich sagen – guten korrigierenden Funktionen. Man lernt doch eine andere Art von Sozialität und sich auch einzuordnen. Es dauerte allerdings nur zwei Jahre, schließlich wurden alle Internate in Traunstein zu Lazaretten umfunktioniert, so daß ich von da an wieder zu Hause war.

Kann man sagen, daß es ein ausgesprochen religiöses Elternhaus war?

Das kann man mit Sicherheit sagen, ja. Mein Vater war ein sehr gläubiger Mann. Er ist am Sonntag um sechs Uhr in die Messe gegangen, dann um neun Uhr in den Hauptgottesdienst und nachmittag nochmal. Die Mutter hatte eine sehr warme und herzliche Religiosität. In dem Punkt waren sich beide wieder in ihrer unterschiedlichen Art einig, Religion war ganz zentral.

Wie sah Ihre religiöse Erziehung zu Hause aus? Heute haben viele Eltern ja offenbar ein Problem damit.

Die Religion war ein Bestandteil des Lebens. Schon durch das gemeinsame Gebet. Zu allen Mahlzeiten wurde gebetet. Wenn es irgendwie vom Schulrhythmus her möglich war, gingen wir natürlich auch jeden Tag in die Messe und am Sonntag gemeinsam in den Gottesdienst. Später, als mein Vater pensioniert war, wurde meistens auch der Rosenkranz gebetet; ansonsten hat man der schulischen Katechese vertraut. Der Vater hat uns auch Lektüre gekauft; es gab zum Beispiel Zeitschriften bei der Erstkommunion. Aber es war nicht so, daß explizit religiös erzogen wurde, sondern es war durch das Familiengebet und durch den Kirchenbesuch gegeben.

Was fanden Sie als junger Mensch so faszinierend am Glauben?

Ich hatte von Anfang an – meinen Geschwistern ist es, glaube ich, genauso gegangen – sehr viel Interesse für die Liturgie gehabt. Meine Eltern hatten mir schon in der zweiten Schulklasse mein erstes Missale gekauft. Das war schon furchtbar spannend, in diese geheimnisvolle Welt der lateinischen Liturgie einzudringen und herauszubringen, was da eigentlich geschieht, was es bedeutet, was da gesagt wird. Und so sind wir dann Stufe um Stufe von einem Kinder-Missale zu einem schon vollständigeren und dem vollständigen weitergeschritten, das war eine Art Entdeckungsreise.

Ein Missale – was ist das?

Das ist das Meßbuch, das der Priester am Altar benutzt. Das gibt es auch in handlichen Ausgaben für den Normal-Christen zu erwerben, und zwar ins Deutsche übersetzt.

Dann haben uns natürlich die liturgischen Feste fasziniert, mit der Musik und mit allem, was an Schmuck und Bildern da war. Das ist der eine Strang. Der andere ist, daß mich von Anfang an alles, was in der Religion gesagt wurde, eben auch rational interessiert hat. Ich bin sozusagen in meinem eigenen Denken Schritt für Schritt weitergeführt worden. Daß man sich zudem in der nationalsozialistischen Zeit damit richtiggehend auseinandersetzen mußte, war ausgesprochen förderlich. Die Öffentlichkeit wußte ja: Der ist katholisch, der geht in die Kirche oder will sogar Priester werden. So wurde man in Streitgespräche hineingezogen und mußte sich dafür wappnen lernen.

Da war es natürlich interessant, Argumente zu finden und das zu verstehen, so daß es auch ein rationales Abenteuer geworden ist, das sich sozusagen immer weiter geöffnet hat und weitere Horizonte erkennen ließ. Dieses Miteinander des Festlich-Liturgischen und des Rationalen erschien gerade mir als einem Menschen, der sich auch um das Verstehen der Welt bemühen wollte, als eine besonders schöne Möglichkeit, sein Leben anzufüllen.

Offenbar gibt es hier eine starke Verbindung zu Ihrer bayerischen Heimat, auch zu dem speziell bayerischen Katholizismus. Sie haben immer wieder betont, Sie würden genau jenen demütigen Glauben der einfachen Leute verteidigen wollen, gegen den Hochmut der Theologen und auch gegen jenen abgeklärten Bürger- und Wohlstandsglauben in den großen Städten.

Wir haben versucht, einfach gläubig, katholisch zu sein. Aber seine Farbe hatte unser Glaube zunächst auf dem Land und dann in dieser kleinen Stadt Traunstein gewonnen, wo der Katholizismus sich wirklich mit der Lebenskultur dieses Landes und mit seiner Geschichte tief verflochten hat. Es war also, würde ich sagen, Inkulturation, so daß das ein uns gemäßer Ausdruck war, den uns unsere eigene Geschichte entgegentrug.

Wir waren schon von der Familie her sehr patriotische Bayern. Unser Vater stammte aus Niederbayern, und Sie wissen ja, daß es in der bayerischen Politik des 19. Jahrhunderts zwei Strömungen gab: einerseits die mehr reichsorientierte, also deutschnational orientierte, und andererseits die mehr bayerisch-österreichisch, auch frankophil-katholische Richtung. Meine Familie hat ganz eindeutig dieser zweiten Strömung angehört, die sehr bewußt bayerisch-patriotisch und auf unsere Geschichte stolz war. Meine Mutter stammte aus dem Tirolischen, aber da war ja auch wieder dieses süddeutsch-katholische auf andere Weise sehr stark und lebendig gegenwärtig. Insofern haben wir uns mit unserer eigenen Geschichte sehr identifiziert und waren uns auch bewußt, daß dies eine

Geschichte ist, die sich sehen lassen kann. Diese Geschichte hatte nichts mit der nationalistischen Geschichte zu tun, die dann zu den großen Unglücken von 1933 bis 1945 führte. Im Gegenteil, gerade die Katastrophe des Nationalismus hat uns in unserer eigenen Geschichtsauffassung bestärkt.

Gab es Vater-Sohn-Konflikte?

Irgendwo hat es sie sicher immer gegeben. Ich hatte allerdings zu meinem Vater ein sehr enges Verhältnis. Das hat sich schon dadurch ergeben, daß er bereits in seinem letzten Dienstjahr längere Krankenurlaube genommen hatte. Es ging ihm ja das Dritte Reich furchtbar gegen den Strich, und er hat versucht, so früh wie möglich vom Dienst wegzukommen. In diesen Monaten ist er viel mit mir gewandert. Da sind wir einander sehr nahe gekommen. Als dann alle drei Kinder studierten und es für die Familie nach der Pensionierung des Vaters finanziell sehr schwer wurde, so daß die Mutter noch einmal als Köchin zur Saisonarbeit nach Reit im Winkl gegangen ist, war ich mit dem Vater allein zu Hause. Er hat sehr viel erzählt, er hatte eine große erzählerische Begabung. Wandernd und erzählend sind wir also einander sehr nahe gekommen. Und auch die religiöse Linie sowie seine dezidierte Gegnerschaft gegenüber dem Regime haben uns überzeugt. Seine einfache Überzeugungskraft kam aus einer inneren Redlichkeit heraus. So wurde uns seine Haltung vorbildlich, obwohl sie gegen das stand, was öffentlich gegolten hatte.

Wie hat er sich denn gegenüber dem Regime geäußert?

Er war bis 1937 im Staatsdienst. In Tittmoning erlebten wir die sogenannte »Kampfzeit«, die Schlußzeit der Weimarer Republik. Ich war noch ganz klein, aber ich kann mich erinnern, wie er gelitten hat. Er hatte die Zeitung *Der gerade Weg* bezogen, ein antinazistisches Blatt, ich kann mich noch an die Karikaturen gegen Hitler erinnern. Er war sehr schroff in seiner Terminologie. Die herannahende Machtergreifung, die er kommen sah, war dann auch der Hauptgrund, daß wir aufs Dorf gegangen sind. Dort war natürlich die Lage viel entspannter, auch wenn es auf dem Land bei den Bauern leider schon eine große Anzahl von Nazis gab. Er hat keine öffentliche Opposition geübt, das wäre auch in dem Dorf gar nicht möglich gewesen. Aber zu Hause hat er, sooft er die Zeitung las, fast einen Wutanfall bekommen. Er hat halt seine Empörung immer nachhaltig geäußert und Menschen gegenüber, denen er vertrauen konnte, das immer sehr deutlich gesagt. Er ist vor allen Dingen, obwohl er Beamter war, keiner Organisation beigetreten.

Waren Sie in der Hitlerjugend?

Wir waren zunächst nicht dabei, mit der Einführung der Pflicht-HJ 1941 wurde allerdings mein Bruder pflichtmäßig aufgenommen. Ich war noch zu jung, wurde aber später vom Seminar aus in die HJ hineingemeldet. Sobald ich aus dem Seminar weg war, bin ich nie mehr hingegangen. Und das war schwierig, weil die Schulgeldermäßigung, die ich wirklich nötig hatte, mit dem Nachweis des HJ-Besuchs verbunden war. Da gab es aber Gott sei Dank einen sehr verständnisvollen Mathematik-Lehrer. Er war selber ein Nazi, aber ein redlicher Mann, der zu mir gesagt hat: »Geh doch einmal hin, damit wir das haben …« Als er sah, daß ich einfach nicht mochte, hat er gemeint: »Ich versteh dich, ich bring das in Ordnung«, und so konnte ich davon frei bleiben.

Was hätten Sie werden wollen, als Sie noch ein Kind waren? Gab es Vorbilder?

Daß ich deutliche Vorbilder gehabt habe, könnte ich eigentlich gar nicht sagen. Wie es eben bei Kindern ist, wechseln da die Vorstellungen oft recht extrem. Irgendwann hat mir ein Anstreicher, der die Wand gemalert hat, so imponiert, daß ich dem also nacheifern wollte. Als später einmal der Kardinal Faulhaber in unsere Gegend kam, mit seinem gewaltigen Purpur, hat der mir natürlich um so mehr imponiert, so daß ich gesagt habe, sowas möchte ich werden.

Anstreicher und Kardinal – das liegt sehr kraß auseinander.

Ja, schon, aber daran sieht man, daß ein Kind das gar nicht abmißt, sondern vom Optischen ausgeht. Ziemlich früh, schon in der Volksschule, ist auch die Lust am Lehren in mir erwacht. Insofern waren Lehrer schon Vorbilder. Der Wunsch hat sich Gott sei Dank auch mit dem Gedanken an das Priestertum sehr gut verbinden lassen. Aber ich würde sagen, das Lehren, das Weitergeben von Erkanntem, das war mir sehr früh etwas, was mich angeregt hat, und auch das Schreiben. Ich habe schon in der Volksschule angefangen zu schreiben, Gedichte zu machen und so weiter.

Welche Art von Gedichten?

Was sich eben so ergeben hat; über Dinge des Alltags, Weihnachtsgedichte, Naturgedichte. Es war einfach ein Zeichen dafür, daß es mir Freude machte, mich auszudrücken, und vor allem auch, es weiterzugeben. Also wenn ich etwas gelernt hatte, wollte ich das auch anderen weitergeben.

Wollten Sie nie eine eigene Familie haben, und hatten Sie nie eine Liebesbeziehung zu einer Frau? Von Papst Johannes Paul II. weiß man ja, daß er in seiner Jugend sehr verliebt gewesen ist.

Also, ich würde so sagen: Ein direktes Verlangen nach einer Familie, soweit sind meine Planungen nicht gediehen. Aber daß ich natürlich auch durch Freundschaft berührt worden bin, das ist klar.

Wie kam es zu Ihrer Berufung? Wann haben Sie gewußt, was Ihre Bestimmung ist? Sie äußerten einmal: »Ich war überzeugt, ich selbst weiß nicht wie, daß Gott etwas von mir wollte, das nur erreicht werden konnte, indem ich Priester wurde.«

Es gibt da jedenfalls keinen blitzartigen Erleuchtungsaugenblick, in dem ich nun erkannt hätte, daß ich Priester werden soll. Es ist im Gegenteil langsam mit mir gewachsen und mußte auch immer wieder neu bedacht und neu erworben werden. Ich könnte die Entscheidung auch nicht datieren. Aber das Gefühl, daß Gott mit jedem Menschen etwas vorhat, auch mit mir, das ist früh in mir deutlich geworden, daß eine Idee Gottes mit mir da ist, und allmählich ist mir klargeworden, daß das, was er vorhat, mit dem Priestertum zu tun hat.

Hatten Sie denn zu einem späteren Zeitpunkt so etwas wie Erleuchtungsmomente – oder Erleuchtung schlechthin?

Also Erleuchtung in dem klassischen Sinne, so halb mystisch oder wie, habe ich nicht gehabt. Ich bin ein ganz normaler Christenmensch. Aber in einem weitläufigeren Sinn gibt einem der Glaube natürlich ein Licht. Verbunden mit dem Denken, glaubt man, um mit Heidegger zu reden, doch auf die Lichtung durchzublicken aus den verschiedenen Holzwegen heraus.

Sie schrieben einmal: »Alles, was ist, ist geronnener Gedanke. Der Schöpfergeist ist der Ursprung und der tragende Grund aller Dinge. Alles, was ist, ist seinem Ursprung nach vernünftig, weil aus der schöpferischen Vernunft kommend.«

Diese Sätze sind eigentlich ein Versuch, das, was christliche Schöpfungslehre an Philosophie entwickelt hat und in sich enthält, zur Aussage zu bringen. Daß eben nichts nur einfach da ist, sondern was da ist, ist aufgrund einer schöpferischen Energie da, und die ist wiederum nicht irgendeine tote Energie, sondern ist Vernunft und Liebe – und insofern ist alles Geschaffene letztendlich vernünftig. Das ist, glaube ich, die christliche Schöpfungsphilosophie. Und geglaubt und bedacht gibt sie einem ein Licht, aber von »Erleuchtung« im geläufigen Sinn kann man da nicht reden.

Nachdem Sie sich für die Priesterschaft entschieden hatten – tauchten da irgendwann nicht auch gewisse Selbstzweifel, Anfechtungen oder Verführungen auf?

Das gab es schon. Gerade in den sechs Jahren Theologiestudium begegnet man so vielen menschlichen Problemen und Fragen. Ist der Zölibat das richtige für mich? Ist Pfarrer sein das richtige für mich? Das waren schon Fragen, mit denen fertig zu werden nicht immer einfach gewesen ist. Die Grundrichtung hatte ich immer vor mir, an Krisen hat es allerdings nicht gefehlt.

Welche Krisen tauchten da auf? Können Sie uns hierfür ein Beispiel nennen?

In den Jahren meines Münchener Theologiestudiums habe ich vor allem mit zwei Fragen ringen müssen. Ich war fasziniert von der wissenschaftlichen Theologie. Ich fand es wunderbar, in die große Welt der Geschichte des Glaubens einzudringen; weite Horizonte des Denkens und des Glaubens erschlossen sich mir, und ich lernte dabei, die Urfragen des Menschseins, meine eigenen Lebensfragen zu bedenken. Aber es wurde immer klarer, daß zum Priesterberuf mehr gehört als die Freude an der Theologie, ja, daß die Arbeit in der Pfarrei oft recht weit wegführen kann davon und ganz andere Anforderungen stellt. Ich konnte ja nicht Theologie studieren, um Professor zu werden, auch wenn dies mein stiller Wunsch war. Aber das Ja zum Priestertum bedeutete für mich, ja zu sagen zur ganzen Aufgabe, auch in ihren einfachsten Formen.

Da ich eher schüchtern und recht unpraktisch war, da ich weder sportlich noch organisatorisch oder administrativ begabt war, mußte ich mich fragen, ob ich den Zugang zu den Menschen finden würde – ob ich zum Beispiel als Kaplan im Stande sein würde, katholische Jugend zu führen und zu inspirieren, ob ich zum Religionsunterricht für die Kleinen fähig sein würde, mit den Alten und Kranken umgehen könnte usw. Ich mußte mich fragen, ob ich zu alledem ein Leben lang bereit sein würde und ob es wirklich meine Berufung sei.

Damit verband sich natürlich die Frage, ob ich ein Leben lang den Zölibat, die Ehelosigkeit, würde bestehen können. Da in der zerstörten Universität noch kein Platz für die Theologie war, lebten wir zwei Jahre lang im Schloß Fürstenried mit seinen Zubauten am Rand der Stadt. Da war die

Lebensgemeinschaft nicht nur zwischen Professoren und Studenten, sondern auch zwischen Studenten und Studentinnen eng, so daß im täglichen Begegnen die Frage des Verzichts und seiner inneren Sinngebung durchaus praktisch war. Ich habe diese Fragen oft durch den schönen Park von Fürstenried und natürlich in die Kapelle getragen, bis ich schließlich bei der Diakonatsweihe im Herbst 1950 ein überzeugtes Ja sagen konnte.

Mußten Sie bei Kriegsende noch zur Armee?

Ja. Ab 1943 wurden die Traunsteiner Seminaristen komplett als Gruppe nach München zur Flak eingezogen. Ich war 16 Jahre alt, und wir haben dann gut ein Jahr lang, von August '43 bis September '44, unseren Dienst getan. Wir wurden in München dem Max-Gymnasium angeschlossen, nebenher wurde also auch noch Schulunterricht erteilt. Die Fächer waren reduziert, aber immerhin hatten wir noch in nützlichem Umfang Unterricht. Einerseits war das alles natürlich nicht erfreulich, aber andererseits hat die Kameradschaft dieser Zeit auch ihren Reiz gegeben.

Wie sah Ihr Dienst als Flakhelfer denn aus?

Eine Batterie teilte sich in zwei wesentliche Elemente, die Geschütze einerseits und die Meßabteilung andererseits. Ich war in der Meßabteilung. Es gab auch schon die ersten elektronischen und optischen Geräte, um die anfliegenden Maschinen auszumachen und die Meßdaten an die Geschütze weiterzugeben. Neben den regelmäßigen Übungen mußten wir bei jedem Alarm am Gerät sein. Was dann zusehends unangenehm wurde, weil es immer mehr Nachtalarme gab und viele Nächte einigermaßen ramponiert waren.

Sie haben die Bombardierung in München miterlebt?

Ja. Ich war dann noch in einer dritten Abteilung, bei der Vermittlung, die das ganze Telefonwesen gesteuert hat. Wir hatten in Gilching in der Nähe des Ammersees eine wichtige Position, weil die Amerikaner vom Süden her, von den Seen her, München angeflogen haben. In der Nähe lag zudem das Flugzeugwerk Oberpfaffenhofen, in dem die ersten Düsenjäger gebaut wurden. Wir haben also die ersten deutschen Düsenjäger in die Luft steigen sehen. Es gab hier eine Reihe von Angriffen, da haben wir den Krieg schon wirklich erlebt.

Im Herbst '44 wurden wir zunächst einmal entlassen und kamen zum Arbeitsdienst. Ich war für zwei Monate an der österreichisch-ungarischen Grenze stationiert, und zwar gerade zu jener Zeit, als Ungarn vor den Russen kapituliert hat. Damals hat man riesige Wälle aufgeworfen, Panzersperren und dergleichen. Schließlich kam ich noch zur Infanterie. Ich hatte aber das große Glück, nach Traunstein eingezogen zu werden. Da gab es bei der Verteilung einen sehr netten Offizier, der offensichtlich ein Anti-Nazi war und der versucht hat, jedem noch irgendwie zu helfen. Mich hat er nach Hause nach Traunstein geschickt, so daß mein Infanterie-Dienst relativ harmlos war. Ich wurde hier auch in Gefangenschaft genommen und kam anschließend nach Ulm in ein amerikanisches Kriegsgefangenenlager mit 40000 bis 50000 Gefangenen. Am 19. Juni 1945 bin ich entlassen worden.

Wie haben Sie das Kriegsende in Erinnerung?

Wir waren zu dieser Zeit auf dem Flugplatz in Aibling. Wir lagen die ganzen sechs Wochen meiner Gefangenschaft im Freien auf dem Boden, was nicht immer lustig war. Die Amerikaner konnten für diese riesigen Massen von Gefangenen keine Baracken oder Unterkünfte bereitstellen. Wir hatten keinen Kalender, nichts, wir haben mit Mühe jeden Tag das Datum rekonstruiert. Es gab auch keine Nachrichten. Uns ist dann nur aufgefallen, an dem 8. Mai, daß die Amerikaner, die immer schon Leuchtmunition in die Luft geschossen hatten, plötzlich wie verrückt ein richtiges Feuerwerk veranstalteten. Dann ging das Gerücht, der Krieg sei zu Ende, Deutschland habe kapituliert. Da haben wir natürlich aufgeatmet, in der Hoffnung, daß nun auch die Entlassung näherrücken müsse und daß uns nichts mehr passieren könne. Allerdings kam auch sofort das Gerücht auf, wir sollten uns nicht zu früh freuen, die Amerikaner würden jetzt noch den Krieg gegen die Russen aufnehmen; wir würden wieder bewaffnet werden und gegen die Russen geschickt. Ich konnte mir allerdings nicht vorstellen, daß das Bündnis so schnell zerbrach und hatte das nicht geglaubt. Ich war einfach froh, daß der Krieg vorbei war, und habe mir nur gedacht, hoffentlich dauert die Sache hier nicht so lange.

Der junge Professor

»Als ich anfing, Theologie zu studieren«, so haben Sie einmal geäußert, »begann ich mich auch für die intellektuellen Probleme zu interessieren, und dies, weil sie das Drama meines Lebens und vor allem das Geheimnis der Wahrheit enthüllten.« Was haben Sie damit gemeint?

Das ist ein bißchen »geschraubt« ausgedrückt, würde ich sagen. Es ist einfach so, in dem Augenblick, in dem man Theologie studiert, will man ja nicht ein Handwerk erlernen, sondern man will den Glauben begreifen, und dieses setzt voraus, wie wir es vorhin mit Augustinus gesagt haben, daß der Glaube wahr ist. Daß er also den Zugang zum richtigen Verstehen des eigenen Lebens, der Welt und der Menschen eröffnet. Man ist mit diesem Studium automatisch auch in die ganze geistige Auseinandersetzung der abendländischen Geschichte hineingeworfen. Der Glaube ist von Anfang an einerseits mit dem jüdischen Erbe verflochten, andererseits mit dem griechischen und lateinischen Erbe, und dann natürlich mit seiner neuzeitlichen Geschichte. Insofern war das Theologiestudium mit der Frage verbunden: Was ist eigentlich? Was können wir erkennen?

In unserem Freisinger Seminar herrschte damals eine sehr lebendige Atmosphäre. Die Leute waren aus dem Krieg, zum Teil aus sechs Jahre langer Kriegsteilnahme, zurückgekommen, und sie waren nun regelrecht von einem geistigen und literarischen Hunger erfüllt, von Fragen natürlich auch, die sich durch das gerade Erlebte stellten. Man hat Gertrud von le Fort, Ernst Wiechert und Dostojewski gelesen, Elisabeth Langgässer, alles, was damals so an Literatur herum war. Wer in München studierte, hatte über Steinbüchel, den damaligen Moraltheologen, Heidegger und Jaspers kennengelernt. Es war schon ein großer geistiger Schwung vorhanden, in den man richtig mit hineingerissen wurde.

Welche geistige Strömung hat Sie besonders interessiert und fasziniert?

Mich haben schon Heidegger und Jaspers sehr stark interessiert, dazu der Personalismus im ganzen. Steinbüchel hat ein Buch über die »Die Wende des Denkens« geschrieben, in dem er den Umbruch aus der Dominanz des Neukantianismus in die personalistische Phase sehr beeindruckend geschildert hatte. Das war eine Schlüssellektüre für mich. Und dann hat mich aber doch von Anfang an gerade auch, sozusagen als Gegengewicht zu Thomas von Aquin, der heilige Augustinus sehr stark interessiert.

Der sagt: »Unruhestifter zurechtweisen, Kleinmütige trösten, Gegner widerlegen.« So definiert er sein Amt.

Er war ein richtiger Bischof. Er hat zwar auch gewaltige Bücher geschrieben, so daß man sich fragt, wie er das bewältigen konnte, neben all dem Kleinkram, den er hatte. Aber als Bischof hatte er vor allem ständig mit den ganzen Querelen des Staates und mit den Nöten der kleinen Leute zu tun und versucht, dieses Gebilde zusammenzuhalten. Es war eine unruhige Zeit, die Völkerwanderung war im Anbruch. Insofern war er ein Mensch, der keineswegs auf Wolken schwebte.

Der Bischof war nach der damaligen Reichsordnung auch eine Art Friedensrichter. Er hatte eine bestimmte Stufe der Gerichtsbarkeit inne und mußte ganz normale Zivilstreitigkeiten entscheiden. Er hat Tag um Tag also in all dem gelebt und hat dabei versucht, den Menschen den Frieden Christi, das Evangelium zu vermitteln. Insofern ist er auch ein Vorbild, weil er, obwohl er so große Sehnsucht nach Meditation, nach geistiger Arbeit hatte, sich so ganz dem täglichen Kleinkram ausgeliefert hat und für die Menschen dasein wollte.

Was mich damals bewegte, war allerdings nicht so sehr sein Hirtenamt, das ich so nicht kannte, sondern die Frische und Lebendigkeit seines Denkens. Die Scholastik hat ihre Größe, aber da ist alles sehr unpersönlich. Da braucht man einige Zeit, bis man in sie hineintritt und die innere Spannung erkennt. Bei Augustinus hingegen ist immer der leidenschaftliche, leidende, fragende Mensch direkt da, mit dem man sich identifizieren kann.

Sie haben sich schließlich für die Geschichtstheologie Bonaventuras interessiert, wie kam das?

Das war eigentlich Zufall. Nachdem sich meine Dissertation mit der alten Kirche beschäftigte, hat mein Lehrer, Professor Söhngen, zunächst festgestellt, die Habilitation müßte nun Mittelalter oder Neuzeit behandeln. Ich sollte jedenfalls irgendwie den Begriff Offenbarung bei Bonaventura untersuchen. Er wußte, daß mir die Augustinische Strömung mehr lag als die Thomistische, daher hat er mich auf Bonaventura gesetzt, den er auch selber recht gut kannte und verehrte.

Die Fundamentaltheologie hat gerade mit der »Offenbarung« zu tun. Was ist das eigentlich? Kann es das geben? Und ähnliche Fragen. Als ich da eingestiegen bin und das durchgearbeitet habe, hat sich gezeigt, daß für Bonaventura die Offenbarung mit dem franziskanischen Abenteuer untrennbar zusammenhing; und daß dieses Abenteuer wiederum mit Joachim von Fiore in Verbindung stand, der eine dritte Zeit, die Zeit des Heiligen Geistes, als eine neue Offenbarungsphase vorausgesagt hatte. Joachim hatte dabei auch ein Zeitkalkül gemacht, wann das beginnen müsse. Und dieses Zeitkalkül trifft sonderbarerweise mit den Lebensdaten des heiligen Franziskus ungefähr zusammen, der nun wirklich eine ganz neue Phase in der Kirchengeschichte einleitete. So hatten dann die Franziskaner, jedenfalls eine bedeutende Strömung darin, sehr bald das Gefühl, daß das, was sie sind, bei Joachim von Fiore vorausgesagt ist: Hier sei das neue Zeitalter des Heiligen Geistes; das ist das einfache, neue, arme Gottesvolk, das keine weltlichen Strukturen braucht.

Damit war der Offenbarungsbegriff nun nicht mehr einfach irgendwo an den Anfang gesetzt, weit weg angesiedelt, sondern Offenbarung war nun mit Geschichte verbunden – als ein voranschreitender Prozeß in der Geschichte, der in eine neue Phase getreten ist. So war für Bonaventura Offenbarung kein abstraktes Thema mehr, sondern mit der Deutung seiner eigenen franziskanischen Geschichte verbunden.

Was hat sich für Sie damit eröffnet?

Es geht um zwei große Fragen. Eine könnte man etwa so ausdrücken: Wenn christlicher Glaube an eine vor langem abgeschlossene Offenbarung gebunden ist, ist er dann nicht dazu verurteilt, rückwärts gewandt zu sein und den Menschen an eine vergangene Zeit zu ketten? Kann er dann mit der weitergehenden Geschichte Schritt halten, hat er ihr überhaupt noch etwas zu sagen? Muß er nicht allmählich veralten und schließlich einfach unrealistisch sein? Bonaventura hat darauf geantwortet, indem er den Zusammenhang von Christus und Heiligem Geist gemäß dem Johannes-Evangelium stark herausgestellt hat: Das historische Offenbarungswort ist endgültig, aber es ist unerschöpflich und gibt immer neue Tiefen frei. Insofern spricht der Heilige Geist als Interpret Christi mit seinem Wort zu jeder Zeit und zeigt ihr, daß dieses Wort immerfort Neues zu sagen hat. Der Heilige Geist wird nicht, wie bei Joachim von Fiore, in eine zukünftige Periode extrapoliert, sondern immerfort ist Geist-Zeitalter. Das Christus-Zeitalter ist das Zeitalter des Heiligen Geistes.

Die zweite Frage, die damit ansteht, ist die von Eschatologie und Utopie. Es fällt dem Menschen schwer, nur auf das Jenseits oder nur auf eine neue Welt nach dem Untergang der gegenwärtigen zu hoffen. Er möchte eine Verheißung in der Geschichte. Joachim, der eine solche Verheißung konkret formuliert hat, hat damit die Weichen für Hegel gestellt, wie P. De Lubac gezeigt hat, wobei Hegel wiederum das Denkschema für Marx bereitgestellt hat. Bonaventura hat sich gegen die Utopie gewandt, die den Menschen betrügt. Er hat auch einem schwärmerischen, geistlich-anarchischen Konzept der franziskanischen Bewegung gegenüber ein nüchternes und realistisches Konzept durchgesetzt, was ihm viele übelgenommen haben und noch übelnehmen. Aber er hat gerade in solchen nicht-utopischen, aber von der Leidenschaft des Glaubens getriebenen Gemeinschaften die Antwort auf die Frage der Utopie gesehen: Sie arbeiten nicht für eine Welt von übermorgen, sondern dafür, daß heute etwas vom Licht des Paradieses in dieser Welt da ist. Sie leben jetzt »utopisch«, so gut es geht, indem sie auf Besitz, auf Selbstverfügung, auf den Eros und seine Erfüllungen verzichten. So kommt frischer Wind in die Welt herein, ihre Zwänge werden durchbrochen, und Gott wird ganz nahe mitten in dieser Welt.

Sie waren nach Ihrem Studium zunächst ein Jahr lang in der Seelsorge. Da mußten Sie, habe ich mir sagen lassen, hauptsächlich beerdigen.

Nein, das stimmt nicht. Ich hatte als Kaplan 16 Wochenstunden Religionsunterricht zu geben, und zwar in sechs verschiedenen Klassen, von der 2. bis zur 8. Das ist ein großes Paket an Arbeit, noch dazu, wenn man ganz neu anfängt. Das war rein vom Zeitausmaß her die Hauptbeschäftigung, die ich sehr liebgewonnen habe, weil ich sehr schnell ein gutes Verhältnis zu den Kindern hatte. Für mich war interessant, jetzt einmal aus der intellektuellen Sphäre herauszusteigen und zu lernen, mit Kindern zu reden. Es war etwas sehr schönes, die ganze abstrakte Begriffswelt so umzusetzen, daß es auch einem Kind etwas sagt.

Ich hatte jeden Sonntag drei Predigten, und zwar jeweils eine Kinderpredigt und zwei Erwachsenenpredigten. Erstaunlicherweise war der Kindergottesdienst der am besten besuchte überhaupt, weil hier nun plötzlich auch die Erwachsenen mitkamen. Ich war der einzige Kaplan und habe auch noch jeden Abend die ganze Jugendarbeit alleine gemacht. Ich hatte jede Woche Taufen und auch viele Beerdigungen, das ist richtig, wo ich mit dem Radel hingefahren bin quer durch München.

Standen Sie ganz alleine?

Ja, aber ich hatte einen sehr guten Pfarrer, den Prälaten Blumschein. Der war nun wirklich das Inbild eines guten Hirten; kein Intellektueller, aber ein Mensch, der durchdrungen war von seiner Aufgabe und der auch sehr gütig gewesen ist.

Sie waren einer der jüngsten Professoren in Deutschland, die Studenten horchten auf. Da kam einer, so erzählt ein früherer Schüler, der hat die Dinge wieder zum Leuchten gebracht, an ihm war ein neuer Klang.

Ich glaube, daß das Jungsein schon auch damit zu tun hatte. Und ich habe natürlich meinen Kollegen nicht einfach etwas aus den Lehrbüchern zusammenmontiert, sondern versucht, in der Art des heiligen Augustinus möglichst viel Schulstoff in eine deutliche Beziehung zur Gegenwart und zu unserem eigenen Ringen zu bringen. Ich nehme an, daß das die Studenten hat aufhorchen lassen.

In einer frühen Laudatio von Professor Wolfgang Beinert über den Theologen Joseph Ratzinger heißt es, Ihre Theologie sei souverän und meisterlich und von Ihrer Person nicht zu trennen. »Da ist ein wacher analytischer Verstand, gepaart mit einer starken synthetischen Kraft.« Sie könnten so-

fort theologische Schwächen bloßlegen und durchdringen, Ihre Sprache sei von »klassischer Strahlkraft«. Erkennen Sie sich in dieser Beschreibung wieder?

Ich glaube, das ist, wie man das so bei Laudationes macht, etwas zu hoch angesiedelt. Ich habe mich natürlich um saubere Analysen bemüht und gerade darum in meinem Doktorandenkreis auch versucht zu helfen, die Schwächen einer Argumentation zu durchschauen. Das ist für mich überhaupt eine sehr wichtige, auch menschliche Erfahrung geworden, daß ich die Doktoranden nicht einzeln betreut habe, sondern daß wir jede Woche etwa zwei Stunden miteinander gearbeitet haben und jeder der Reihe nach seine Erkenntnisse vortrug und zur Debatte stellte. Ich glaube, dabei haben alle gewonnen.

Wir haben das dann sehr bald dadurch erweitert, daß wir auch große Leute besucht haben. Wir waren einmal bei Congar in Straßburg, wir waren bei Karl Barth in Basel, wir haben umgekehrt Karl Rahner zu uns eingeladen. Das war schon ein sehr lebendiger Kreis. Wir haben uns da auch nichts erspart. Wir wußten, daß wir uns nicht bös' gesinnt sind, sondern daß wir uns helfen, indem wir analytisch zugreifen. Andererseits haben wir auch versucht, nicht in der Analyse hängenzubleiben, sondern zur Synthese zu kommen.

Was würden Sie selbst als das Spezifische an Ihrer Theologie sehen oder an der Art, wie Sie Theologie betreiben?

Ich bin vom Thema Kirche ausgegangen, und es ist in allem präsent. Nur war mir dabei wichtig und ist mir immer wichtiger geworden, daß die Kirche kein Selbstzweck ist, sondern daß sie da ist, damit Gott gesehen wird. Insofern würde ich sagen, ich betreibe das Thema Kirche in dem Sinn, daß der Ausblick auf Gott entsteht. Und in diesem Sinne ist Gott die eigentliche Zentralthematik meines Bemühens.

Ich habe nie versucht, ein eigenes System, eine Sondertheologie zu schaffen. Spezifisch ist, wenn man es so nennen will, daß ich einfach mit dem Glauben der Kirche mitdenken will, und das heißt vor allem mitdenken mit den großen Denkern des Glaubens. Das ist keine isolierte, aus mir selbst herausgezogene Theologie, sondern eine, die möglichst breit sich öffnet in den gemeinsamen Denkweg des Glaubens hinein. Deshalb war für mich die Exegese immer sehr wichtig. Ich könnte mir keine rein philosophische Theologie denken. Der Ausgangspunkt ist zunächst einmal das Wort. Daß wir das Wort Gottes glauben, daß wir versuchen, es wirklich kennenzulernen und zu verstehen und dann eben mitdenken mit den großen Meistern des Glaubens. Von daher hat meine Theologie eine etwas biblische Prägung und eine Prägung von den Vätern, besonders von Augustinus. Aber ich versuche natürlich, nicht Halt zu machen in der alten Kirche, sondern die großen Höhepunkte des Denkens festzuhalten und zugleich das zeitgenössische Denken mit ins Gespräch hereinzuziehen.

Wahrheit ist der zentrale Begriff in Ihrem Denken. »Mitarbeiter der Wahrheit«, so lautete dann auch Ihr Bischofsmotto. Sollte man nicht auch Mitarbeiter der Wirklichkeit sein oder Mitarbeiter der Weisheit?

Das eine geht nicht ohne das andere, Wahrheit und Wirklichkeit gehören ja zusammen. Eine wirklichkeitslose Wahrheit wäre ein reines Abstraktum. Und Wahrheit, die nicht in »menschlicher Weisheit« verarbeitet ist, wäre wiederum keine menschlich aufgenommene Wahrheit, sondern eine verzerrte Wahrheit.

Dieses Thema war nicht von Anfang an so zentral für mich. Ich habe im Laufe meines geistigen Weges sehr stark das Problem empfunden, ob es nicht eigentlich eine Anmaßung ist zu sagen, wir könnten Wahrheit erkennen – angesichts all unserer Begrenzungen. Ich fragte mich auch, wie weit man diese Kategorie nicht besser vielleicht zurückdrängen müßte. Im Verfolgen dieser Frage konnte ich dann allerdings beobachten und auch begreifen, daß der Verzicht auf Wahrheit nichts löst, sondern im Gegenteil zur Diktatur der Beliebigkeit führt. Alles, was dann bleiben kann, ist eigentlich nur von uns entschieden und austauschbar. Der Mensch entwürdigt sich selbst, wenn er nicht Wahrheit erkennen kann; wenn alles eigentlich nur Produkt einer einzelnen oder kollektiven Entscheidung ist.

Auf diesem Weg ist mir klargeworden, wie wichtig es ist, daß der Begriff Wahrheit ungeachtet der Bedrohungen, der Gefährdungen, die er zweifellos einschließt, uns nicht verlorengeht, sondern als zentrale Kategorie stehenbleibt. Als eine Forderung an uns, die uns nicht Rechte gibt, sondern die im Gegenteil unsere Demut und unseren Gehorsam verlangt und die uns auch auf den Weg des Gemeinsamen bringen kann. Aus einem längeren Ringen mit der geistigen Situation, in der wir stehen, ist für mich langsam dieser Primat der Wahrheit sichtbar geworden, der, wie gesagt, nicht einfach abstrakt gefaßt werden kann, sondern natürlich Einbindung in Weisheit verlangt.

Von Ihrem Bruder stammt folgende Charakterisierung Ihrer Person: »Stärke muß er sich abringen, wenn dann aber der Kampf gefordert ist, da macht er seine Sache schon, von seinem Gewissen her.« Sind Sie ein Mann des Gewissens?

Ich versuche es zu sein. Ich wage nicht zu behaupten, daß ich es bin. Aber das scheint mir schon ganz wichtig, daß man nicht die Billigung oder auch das nette Gruppenklima über die Wahrheit stellt. Das ist immer eine große Versuchung. Natürlich kann der Gewissensappell in Rechthaberei umschlagen, daß man glaubt, in allem dagegen sein zu müssen. Aber im richtigen Sinn verstanden ist ein Mensch, der auf das Gewissen hört und für den dann das Erkannte, Gute über der Billigung und der Akzeptanz steht, für mich wirklich ein Ideal und eine Aufgabe. Und Gestalten wie Thomas Morus, Kardinal Newman und andere große Zeugen – wir haben die großen Verfolgten des Naziregimes, zum Beispiel Dietrich Bonhoeffer – sind für mich große Vorbilder.

Allerdings, so haben Sie einmal festgehalten, müsse ein solcher Mann »den Vorrang der Wahrheit vor der Güte« betonen. Keine ungefährliche Einstellung, denke ich. Würde dies nicht dem Bild des Großinquisitors entsprechen, wie Dostojewski es gezeichnet hat?

Da muß man natürlich schon den ganzen Kontext lesen. Güte ist da im Sinn einer falschen Gutmütigkeit verstanden, »ich will keinen Ärger haben«. Das ist eine Einstellung, die es sehr häufig gibt, die gerade auch im politischen Bereich zu beobachten ist, daß man »es sich nicht verderben« will. Bevor man Ärger schafft und Ärger hat, ist man lieber bereit, auch Falsches, Unlauteres, Unwahres, Ungutes in Kauf zu nehmen. Man ist bereit, sich Wohlbefinden, Erfolg, öffentliches Ansehen und Billigung von seiten der herrschenden Meinung durch den Verzicht auf Wahrheit zu erkaufen. Ich wollte mich nicht gegen Güte im allgemeinen wenden. Wahrheit kann nur mit Güte überhaupt erfolgreich sein und siegen. Was ich meinte, war eine Karikatur der Güte, die aber doch ziemlich verbreitet ist. Daß man unter dem Vorwand der Güte das Gewissen vernachlässigt; daß man die Akzeptanz und Vermeidung von Ärger, das bequeme Weitergehen, das Gutangesehensein und das Gutmütigsein der Wahrheit überordnet.

Man schreibt Ihnen ein »altbaierisches Beharrungsvermögen« zu und auch eine »herzliche und schlichte Frömmigkeit«. Es flösse dies alles aus einer tiefen Dimension, die man nur als barock bezeichnen könne. Aus dem genauen Wissen um die Abgründigkeit der menschlichen Existenz hätten Sie sich »den Sinn für die heitere Schönheit der erlösten Schöpfung bewahrt«. Aber ist das nicht ein Widerspruch in sich?

Sagen wir es so, das Leben steht nicht in Widersprüchen, aber es steht in Paradoxien. Eine Heiterkeit, die auf das Sichblindstellen vor den Schrecknissen der Geschichte beruht, würde letzten Endes eine Lüge oder Fiktion, ein Sichzurückziehen sein. Umgekehrt aber: Wer nicht mehr sehen kann, daß auch in einer bösen Welt der Schöpfer noch durchleuchtet, der kann eigentlich nicht mehr existieren, der wird zynisch, oder er muß sich überhaupt vom Leben verabschieden. Insofern gehört beides zusammen, das Nichtausweichen vor den Abgründen der Geschichte und der menschlichen Existenz, und dann der Blick, den der Glaube uns gibt, daß das Gute da ist, auch wenn wir beides nicht immer zueinander in Verbindung bringen können. Gerade wenn man dem Bösen widerstehen will, ist es um so wichtiger, nicht in einen finsteren Moralismus zu verfallen, der sich nicht mehr freuen darf, sondern daß man wirklich sieht, wieviel Schönes auch da ist, und von daher auch Widerstand leisten kann gegen das, was die Freude zerstört.

Kann man Theologie auch wie ein Spiel betreiben, so wie

Hermann Hesse es in seinem »Glasperlenspiel« beschrieben hat?

Das wäre zuwenig. Ich meine, das spielerische Element gibt es schon auch. Aber letzten Endes geht es eben nicht, wie im »Glasperlenspiel« gedacht, um eine konstruierte Welt, eine Art Mathematik des Denkens, sondern um die Konfrontation mit der Wirklichkeit. Und zwar in ihrem ganzen Umfang und ihrem ganzen Anspruch. Insofern ist das Element des Spieles, weil es ja auch ein echtes unserer Existenz ist, mit ein Bestandteil, aber es würde nicht ausreichen, um ein richtiges Theologisieren zu kennzeichnen.

Ein anderes Werk von Hesse, den »Steppenwolf«, zählen Sie zu Ihren Lieblingsbüchern. Der Roman gilt als eines der bedeutendsten Dokumente des Kulturpessimismus und Frühexistentialismus. Wenn man da nachliest, findet man die Aufzeichnungen eines neurotisch übersensiblen Menschen, dessen quälende Selbstanalyse zugleich den Versuch darstellt, die Krankheit der Zeit zu diagnostizieren. Hat diese Kennzeichnung auch etwas mit Ihrer Person zu tun?

Nein. Mir war das Buch durch seine diagnostische und auch prognostische Kraft wirklich eine Entdeckung. Hier wurden in einer gewissen Weise die ganzen Probleme, die wir dann in den sechziger, siebziger Jahren erlebt haben, vorweggenommen. In dem Roman geht es ja eigentlich um eine einzige Person, aber sie zerlegt sich schließlich in so vielfältige Gestalten, daß diese Zerlegung letztlich zur Selbstauflösung führt. Das Überziehen des Ich bedeutet hier zugleich auch seine Zerstörung. Es gibt also nicht nur zwei Seelen in einer Brust, der Mensch zerfällt überhaupt. Ich habe das nicht als eine Identifikationsfigur gelesen, sondern als einen Schlüssel, durch den visionär die Problematik des isolierten und sich isolierenden Menschen in der Neuzeit durchschaut und offengelegt wird.

Die Idee einer multi-optionalen Persönlichkeit, die Vorstellung, der moderne Mensch habe keine eindeutige Identität mehr, sondern er sei heute dies und morgen das, diese Vision kommt ja in unserer Zeit erst richtig zur Blüte. Alles ist möglich. Das Individuum ist nicht mehr auf ein bestimmtes Schema festgelegt, das Leben ist demnach ein unendliches Spiel mit allen erdenklichen Variationen.

Aber gerade in der Beliebigkeit wird es auch leer. Für ein bloßes Spiel ist das Leben zu ernst, in dem wir mit dem Tod und mit dem Leiden konfrontiert sind. Der Mensch kann seine Identität verlieren, aber er kann seine Verantwortung nicht abschütteln, und mit ihr holt ihn seine Vergangenheit immer wieder ein.

Sie sind nun Professor, Ihre Stationen sind Bonn, Münster, Tübingen und Regensburg. Ihre Ansätze sind reformerisch. Der deutsche Kardinal Joseph Frings in Köln macht Sie schließlich zu seinem Berater. Und jetzt geschieht etwas Erstaunliches. Das Konzil ist eigentlich längst vorbereitet und bis ins einzelne hinein durchgeplant, bis Sie für Kardinal Frings eine aufsehenerregende Rede schreiben. Und plötzlich wird alles nochmal umgeworfen und die in allen Dokumenten schon vorbestimmte Versammlung neu aufgerollt. Wie war das genau?

Man soll, das hat Karl Rahner sehr oft gesagt, nie die Rolle eines einzelnen überschätzen. Das Konzil war nun doch ein ganz großer Körper, und sicher haben einzelne auch ganz bestimmende Impulse gegeben, aber sie konnten sie auch nur deshalb geben, weil andere dasselbe wollten. Vielleicht konnten es andere noch nicht formulieren, aber die Bereitschaft dazu war vorhanden, man hat nach etwas Ausschau gehalten.

So gab es beim Konzil die Situation, daß die Konzilsväter mit dem Willen kamen, nicht einfach fertige Texte zu verabschieden und sozusagen nur Notarsarbeit zu tun, sondern ihrem eigenen Amt gemäß gemeinsam zu ringen um das Wort, das in dieser Stunde gesagt werden muß. Es gab die Vorstellung, wir müßten die Aufgabe selbst in die Hand nehmen, nicht um den Glauben umzukrempeln, sondern um ihm im Gegenteil richtig zu dienen. In diesem Sinn hat die Einleitungsrede von Frings (die ja mit der von Kardinal Liénart/Lille sich berührte) eigentlich nur das ins Wort gehoben, was als gemeinsames Bewußtsein der Väter schon vorhanden war.

Was haben Sie denn geschrieben in dieser Rede?

Die allererste war nicht von mir geschrieben, es war auch eigentlich keine Rede. Es war so, daß man in Rom schon Vorschläge erarbeitet hatte für die Zusammensetzung der Kurie, der Kommissionen. Und man erwartete, daß aufgrund dieser vorgelegten Listen sofort gewählt würde. Das wollten nun viele nicht. Dann haben sowohl Kardinal Liénart wie Kardinal Frings sich erhoben und gesagt, wir können jetzt nicht einfach wählen, wir müssen miteinander Kontakt aufnehmen, um zu wissen, wer zu was geeignet ist, die Wahlen müssen verschoben werden. Das war eigentlich der erste Paukenschlag zu Konzilsbeginn. Wenn man überlegt, war es auch wieder gar nicht so rabiat. Daß man versucht, selber geeignete Kandidaten ausfindig zu machen, ist normal. Das war ein Impuls, der den beiden spontan kam und der auch dem entsprach, was die Versammlung wollte.

Das zweite war – vielleicht ziehen sich in dieser Geschichte, die ich erzählt habe, verschiedene Ereignisse zusammen –, daß konkret, als der Text über die Offenbarung zur Diskussion vorgelegt werden sollte, Kardinal Frings – und da hatte ich allerdings mitgewirkt – erklärt hat, der Text, so wie er abgefaßt ist, sei kein geeigneter Ausgangspunkt. Man müsse da von Grund auf neu anfangen, aus der Mitte des Konzils neu erarbeiten. Das war wirklich ein Paukenschlag. Er hat eigentlich erst dazu geführt, daß man generell gesagt hat, wir machen die Texte selber neu.

In der dritten Rede, die berühmt geworden ist, ging es darum, daß die Methoden des Heiligen Offiziums reformiert werden müssen und daß da ein transparentes Verfahren entstehen muß. Das sind die Reden, die sich stark der Öffentlichkeit eingeprägt haben.

War dieser Paukenschlag regelrecht geplant gewesen? Die Wirkung der Rede konnte Sie doch nicht überrascht haben?

Sie hat vielleicht manche überrascht, aber sie entsprach auch einer Erwartung. Kardinal Frings hatte vorher Einzelkontakte aufgenommen, aus denen hervorging, daß eine Erwartungshaltung dieser Art bestand. Es entsprach sozusagen der inneren Vernunft der Versammlung, so etwas zu sagen.

Sie galten als progressiver Theologe. Als Professor waren Sie in dieser Zeit selbst ein Star, Ihre Vorlesungen waren überfüllt. Sie debattierten offen über den Freimut, die Toleranz. Sie wetterten auch gegen die neuscholastische Erstarrung Roms und machten den Verantwortlichen im Vatikan schwere Vorwürfe, sie würden die Kirche in die Erstarrung führen. Als junger Theologe klagten Sie damals die Kirche an, sie habe »zu straffe Zügel, zu viele Gesetze, von denen viele dazu beigetragen haben, das Jahrhundert des Unglaubens im Stich zu lassen, anstatt ihm zur Erlösung zu helfen«. Man kann wohl zu Recht sagen, daß ohne Ihren Einsatz die Reformen des zweiten Vatikanums nicht denkbar sind.

Da fühle ich mich etwas überschätzt. Wenn nicht auch eine große Weggenossenschaft in dieser Richtung vorhanden gewesen wäre, dann hätte ein einzelner, noch dazu ein weltweit ganz unbekannter Theologe, nichts bedeuten können; selbst dann nicht, wenn er durch den Mund eines bedeutenden, bekannten Kardinals sprach.

Nachdem Papst Johannes das Konzil einberufen und ihm das Motto auf den Weg gegeben hatte, einen Sprung nach vorn zu tun und den Glauben, wie er es ausdrückte, zu »aggiornieren«, ins Heute hereinzubringen, war in den Konzilsvätern ein sehr starker Wille da, jetzt wirklich etwas Neues zu wagen und aus dem eingefahrenen Schulschema herauszutreten, auch eine neue Freiheit zu wagen. Das ging von Südamerika bis Australien. Ob in Afrika schon ein eigener Wille da war, kann ich nicht sagen. Jedenfalls in der großen Breite des Episkopats war ein solcher Wille vorhanden.

Ich kann mich an die einzelnen Sätze, die Sie zitiert haben, nicht erinnern, aber richtig ist, daß ich der Meinung war, die scholastische Theologie, so wie sie sich fixiert hatte, ist kein Instrument mehr, um den Glauben ins Gespräch der Zeit zu bringen. Er muß aus diesem Panzer heraus, muß sich eben auch in einer neuen Sprache, in einer neuen Offenheit der Situation der Gegenwart stellen. So muß auch in der Kirche eine größere Freiheit entstehen. Da spielt natürlich auch das Pathos eines jungen Menschen mit. Aber im großen und ganzen war das ein Bewußtsein, das in der großen Breite der Kirche zu spüren war, das mit der Aufbruchstimmung der Nachkriegszeit zusammenhing – und mit der Hoffnung, nun sei doch auch eine neue Stunde des Christentums möglich.

Sie selbst, das haben Sie immer wieder betont, hätten stets versucht, dem II. Vatikanum treu zu bleiben, »ohne Sehnsucht nach einem unwiederbringlich vergangenen Gestern«. Andererseits haben Sie nicht viele Jahre nach Beendigung des Konzils auch von einem »Konzilsungeist« gesprochen und eine negative Bilanz gezogen. Einen Sprung nach vorn habe man erwartet, nun ernte man einen »Prozeß des Niedergangs«. Was war schiefgelaufen?

Das ist die große Frage, die wir uns alle stellen. Daß die Erwartungen nicht eingelöst wurden, das ist rein empirisch, statistisch belegbar. Und heute sind es ja vor allen Dingen die »progressiven« Leute, die von einem »Winter der Kirche« sprechen. Daß wir keine neue Stunde des Christentums erlebt haben, sondern viele Abstürze erfolgt sind – neben Aufbrüchen, die es auch gibt –, das kann man nicht bestreiten.

Warum ist es so geworden? Ich würde versuchsweise zwei Dinge sagen: Erstens hatten wir uns zweifellos zuviel erwartet. Die Kirche können wir eben nicht selber machen. Wir können unseren Dienst tun, aber von unserer Aktivität allein hängt das Wohl und Wehe nicht ab. Die großen Geschichtsströmungen sind eben ihren Weg gegangen. Sie waren von uns zum Teil einfach auch nicht richtig eingeschätzt worden. Das ist das eine, daß es eine Übererwartung gab, die auch vielleicht in dem Sinn nicht ganz richtig war, daß wir das Christentum lieber in die Breite wachsen sehen wollten und nicht erkannt haben, daß die Stunde der Kirche auch ganz anders aussehen kann.

Das zweite ist, daß zwischen dem, was die Väter wollten,

und dem, was der Öffentlichkeit vermittelt worden ist und was dann das allgemeine Bewußtsein geprägt hat, doch ein bedeutender Unterschied bestanden hat. Die Väter wollten den Glauben aggionieren – aber ihn gerade auch dadurch in seiner ganzen Wucht anbieten. Statt dessen bildete sich mehr und mehr der Eindruck, Reform bestände darin, daß wir einfach Ballast abwerfen; daß wir es uns leichtermachen, so daß eigentlich Reform nun nicht in einer Radikalisierung des Glaubens, sondern in irgendeiner Art von Verdünnung des Glaubens zu bestehen schien.

Daß allerdings durch bloße Erleichterungen, Anpassungen und Konzessionen nicht die richtige Form von Konzentration, Vereinfachung und Vertiefung gewählt ist, das zeigt sich jetzt immer mehr. Das heißt, es gibt im Grunde zwei Konzepte von Reformen. Das eine Konzept ist, mehr auf äußere Macht, auf äußere Faktoren zu verzichten, aber um so mehr aus dem Glauben zu leben. Das andere besteht darin, Geschichte bequemer zu machen, um das einmal fast karikatural zu sagen; und dann geht es natürlich schief.

Offensichtlich dauert diese Falschauslegung bis heute an. Denn seltsamerweise berufen sich ja alle auf dieses Konzil, sowohl jene Gruppen, die sich als Reformer sehen, als auch jene, die sich eher zu den Bewahrern rechnen. Das Erbe des Konzils, hatten Sie bereits 1975 prophezeit, »ist noch nicht offenbar geworden. Es wartet noch auf seine Stunde, und diese wird kommen, da bin ich sicher.«

Ja, das ist richtig, daß es zwei Auslegungen des Konzils gibt. Allerdings wird immer deutlicher, daß die Texte des Konzils ganz und gar in der Kontinuität des Glaubens stehen. Deshalb gibt es jetzt auch viele Leute, die bereits sagen, die Texte seien nur allererste Anläufe gewesen. Man müsse irgendwelche Richtungen darin ausmachen, aber sich von den Texten ablösen. Mit diesem Ansatz redet man allerdings nicht mehr vom Konzil. Sicher darf man Texte nicht zu toten Buchstaben machen, aber ihre eigentliche Aussage, die durch sachliche Auslegung erkennbar ist, die ist das große Erbe des Konzils. Genau von da aus muß man es aufnehmen, auslegen, verstehen. Und auch genauso bringt es ungeheuer viel neue Impulse, gerade auch im neuen Verhältnis zur Welt, mit der Erklärung von der Religionsfreiheit und so weiter.

Selbstverständlich gibt es vor allem auch Vertiefungen und Ermutigungen des Glaubens, die erst ausgenutzt werden müssen. Worauf ich jedenfalls den Ton legen möchte, ist dieses: Das wahre Erbe des Konzils liegt in seinen Texten. Wenn man die sauber und gründlich auslegt, dann ist man vor den Extremismen nach beiden Richtungen hin bewahrt; und dann öffnet es auch wirklich einen Weg, der noch viel Zukunft vor sich hat.

Hatte Ihre Einschätzung vom Mißbrauch des Konzils auch mit dem Beginn der Studentenrevolte in Europa zu tun? Offensichtlich gab es einen Bruch in Ihrer Zeit in Tübingen. Der vordem gefeierte Theologieprofessor, der als progressiv galt, wird plötzlich angefeindet. Die Studenten entreißen ihm das Mikrophon. Die Vorgänge müssen auf Sie offenbar wie ein Schock gewirkt haben. Später meinten Sie: »In diesen Jahren lernte ich, wann eine Diskussion aufhören mußte, weil sie sich in eine Lüge wandelte, und Widerstand muß einsetzen, um die Freiheit zu erhalten.«

Das Mikrophon ist mir nie entrissen worden. Ich habe auch mit den Studenten nie Schwierigkeiten gehabt, sondern eher mit der dem sogenannten Mittelbau zuzurechnenden Schicht. Die Vorlesung in Tübingen wurde immer sehr gut angenommen, der Kontakt mit den Studenten war sehr gut. Aber ich habe, das stimmt, einen neuen Geist eindringen sehen, in dem sich fanatische Ideologien der Instrumente des Christentums bedienten, und da ist wirklich Lüge für mich sichtbar geworden. Ich habe hier sehr deutlich gesehen und auch wirklich erlebt, daß sich die Konzepte von Reform teilten. Daß es einen Mißbrauch der Kirche und des Glaubens gab, den man als Machtinstrument in Anspruch nimmt, aber für ganz andere Zwecke und mit ganz anderen Gedanken und Ideen. Der einhellige Wille, dem Glauben zu dienen, war hier zerbrochen. Statt dessen geschah eine Instrumentalisierung durch Ideologien, die auch tyrannisch, brutal und grausam waren. Mir war von daher klargeworden, daß man, gerade wenn man den Willen des Konzils durchhalten will, sich gegen dessen Mißbrauch zur Wehr setzen muß. Wie gesagt, ich selber hatte mit den Studenten keine Probleme. Aber ich habe gesehen, wie wirklich Tyrannis ausgeübt worden ist, in brutalen Formen auch.

Um eine etwas konkretere Vorstellung von den damaligen Vorgängen zu geben, möchte ich hier eine Erinnerung an jene Jahre zitieren, die mein evangelischer Kollege Beyerhaus, mit dem ich eng zusammengearbeitet habe, kürzlich publiziert hat. »›Was ist denn das Kreuz Jesu anderes als der Ausdruck sado-masochistischer Schmerzverherrlichung?‹ Und das ›Neue Testament ist ein Dokument der Unmenschlichkeit, ein groß angelegter Massenbetrug!‹ Diese beiden Zitate entstammen nicht einer Kampfschrift bolschewistischer Gottlosenpropaganda, sondern einem Flugblatt, das im Sommer 1969 von der Tübinger Fachschaft ›Evangelische Theologie‹ unter den Kommilitonen verbreitet wurde. Seine Überschrift lautete: ›Jesus der Herr – Partisan Käsemann‹. Im Geist marxistischer Religionskritik wurde der Kirche Mitschuld an der kapitalistischen Ausbeutung der Armen vorgeworfen, der herkömmlichen Theologie dabei eine systemstabilisierende Funktion zugeschrieben. An dieser beteilige sich auch der genannte Tübinger Neutestamentler ... Traumatisch ist mir im Gedächtnis geblieben, wie mein Kollege Ulrich Wickert und ich in einer Studentenvollversammlung vergeblich den Antrag stellten, die Fachschaft Evangelische Theologie möge sich von den in jenem Flugblatt ausgesprochenen Blasphemien distanzieren. Nein – so wurde uns geantwortet –, hier seien bedenkliche sozialpolitische Wirkungen angesprochen worden, mit denen man sich zuerst um der Wahrheit willen auseinandersetzen müsse. Der leidenschaftliche Appell von Professor Wickert: Das ›Verflucht sei Jesus!‹ muß aus unserer Mitte verschwinden! verhallte unbeantwortet« (P. Beyerhaus, Der kirchlich-theologische Dienst des Albrecht-Bengel-Hauses, in: *Diakrisis* 17, März 1969, Seite 9 f.). Ganz soweit ist man im Bereich der Fachschaft Katholische Theologie nicht gegangen, aber die Grundströmung, die kräftig auch in sie hereinbrandete, war die gleiche. So wußte ich, worum es nun ging: Wer hier Progressist bleiben wollte, mußte seinen Charakter verkaufen.

Ihre berühmte Einführung in das Christentum begann dann nicht ganz zufällig mit der Geschichte vom Hans im Glück.

Ja, das ist richtig. Mir ist damals, als ich so die Bewegung der letzten Jahre ansah, diese Geschichte eingefallen. Auch das Christentum wurde ja hier zunächst als Last empfunden, genau wie dieser Goldklumpen im Märchen. Und mir ist immer offensichtlicher geworden, daß man über den Weg der Uminterpretationen, der ja immer deutlicher zu sehen war, nur Schlechteres eintauschte. Das Gleichnis konnte eigentlich die damalige Situation ganz gut beschreiben. Wobei diese Geschichte schon 1967, also vor Ausbruch dieser Dinge, aufgeschrieben wurde.

Manche vermuten ja, dieser Hans heißt vielleicht...

Nein, mit Hans Küng hat das überhaupt nichts zu tun, das muß ich ganz entschieden sagen. Ein Angriff auf ihn ist mir da völlig fern gewesen.

Möglicherweise hätten auch Sie ein großer Kritiker in der Tradition der deutschen Kirchenrebellen werden können. Was hat Sie abgehalten? Hans Küng vermutet, Paul VI. habe einige kritische Kräfte angehalten, sich für leitende Positionen bereitzustellen.

Davon weiß ich nichts. Mit mir hat jedenfalls Paul VI. kein derartiges Gespräch geführt; ich bin ihm persönlich erstmals im Juni 1977, nach meiner Bischofsweihe, begegnet. Daß ich 1977 zum Erzbischof von München ernannt wurde, war für mich eine Überraschung, ja, ein Schock – jedenfalls nicht eine Gegenleistung für opportunistische Zugeständnisse. Nein, auch wenn durch die Konstellationen, in denen ich gestanden bin – und natürlich auch durch die Lebensalter und ihre verschiedenen Haltungen –, sich Akzente meines Denkens verwandelt und entwickelt haben, so war mein Grundimpuls, gerade im Konzil, immer der, unter den Verkrustungen den eigentlichen Glaubenskern freizulegen und diesem Kern Kraft und Dynamik zu geben. Dieser Impuls ist die Konstante meines Lebens. Er hätte auch ausgeschlossen, mich sozusagen in eine antikirchliche Opposition zurückzuziehen. Natürlich gibt das Amt eine Akzentuierung, die als solche nicht entsteht, wenn man Professor ist. Aber wichtig ist mir doch, daß ich von dieser Konstante, die von meiner Kindheit an mein Leben geprägt hat, nie abgewichen bin und daß ich in ihr der Grundrichtung meines Lebens treu geblieben bin.

Sie selbst haben stets demonstrativ die Persönlichkeit hinter die Aufgabe gestellt und nicht umgekehrt. Offensichtlich entspricht dies auch Ihrem Begriff von Pflicht, Gehorsam und Dienen, genau jenen Begriffen, die im Laufe der kulturellen Umwälzungen in Verruf geraten sind.

Aber man wird sicher wieder auf sie zurückkommen. Denn wenn es die Bereitschaft nicht gibt, sich einem erkannten Ganzen unterzuordnen und sich selber in Dienst nehmen zu lassen, dann kann es keine gemeinsame Freiheit geben; die Freiheit des Menschen ist immer geteilte Freiheit. Sie muß miteinander getragen werden und verlangt von daher das Dienen. Natürlich können diese Tugenden, wenn wir sie so nennen wollen, auch mißbraucht werden, indem man sie einem falschen System zuordnet. Sie können eben nicht rein formal in sich gut sein, sondern sie sind es in Verbindung mit dem Wofür, dem sie zugeordnet sind. Dieses Wofür ist in meinem Fall der Glaube, ist Gott, ist Christus, und damit habe ich die Gewissensgewißheit, daß es am richtigen Ort ist.

Ab einem gewissen Zeitpunkt haben Sie Front gemacht gegen die Theologen und auch zunehmend heftiger auf innertheologische Kritik reagiert. Einer Ihrer Hauptsätze lautet: »Dies ist SEINE Kirche und kein Experimentierfeld für Theologen.«

Ich möchte nicht gegen die Theologen Front machen, weil ich mich dann ja auch selbst bekämpfen würde. Theologie ist ein ganz wichtiges und edles Handwerk, und der Theologe tut etwas Wichtiges. Auch Kritik und Kritischsein gehört dazu. Wogegen ich Front gemacht habe, ist eine Theologie, die ihre Maßstäbe verliert und damit ihren Dienst nicht mehr richtig tut. Eben daß wir Dienende sind und nicht selber bestimmen, was Kirche ist. Das ist für mich der Entscheidungspunkt. Allerdings, dieses Wort »es ist seine Kirche und nicht die unsrige«, das ist für mich wirklich eine Wegscheide, anzuerkennen, daß nicht wir ausdenken, was die Kirche ist, sondern daß wir glauben, daß ER sie will und daß wir versuchen sollen zu erkennen, was ER mit ihr will, und uns in diesen Dienst zu stellen.

Bischof und Kardinal

1977 wurden Sie von Paul VI. als »bedeutender Meister der Theologie« zum Erzbischof von München und Freising berufen, wenig später zum Kardinal ernannt. Ihr Auftrag war: »Arbeite auf dem Ackerfeld Gottes«. Was hat Sie bewegt, als Sie Bischof von München wurden?

Ich hatte zunächst natürlich ganz große Zweifel, ob ich es annehmen solle und dürfe. Ich hatte wenig Seelsorgeerfahrung. Ich fühlte mich an sich von Anfang an zum Lehren berufen und glaubte, daß ich gerade zu diesem Zeitpunkt – ich war 50 Jahre alt – sozusagen meine eigene theologische Vision gefunden hatte und jetzt ein Œuvre schaffen könnte, mit dem ich etwas zum Ganzen der Theologie beitragen würde. Ich wußte auch, daß meine Gesundheit brüchig war und daß mit diesem Amt ein großer physischer Anspruch an mich gestellt würde.

Ich habe mich dann beraten und mir sagen lassen, in einer so außergewöhnlichen Situation, wie wir sie heute erleben, muß man auch etwas annehmen, was einem nicht von Anfang an in der eigenen Lebenslinie zu liegen scheint. Das Problem der Kirche ist heute mit dem der Theologie engstens verknüpft. In dieser Situation müssen sich auch Theologen als Bischöfe zur Verfügung halten. So habe ich das angenommen, in der Absicht, wie ich es in meinem Bischofswort ausdrückte, ein »Mitarbeiter der Wahrheit« zu sein. Mitarbeiter war in der Mehrzahl gemeint. Also in der Gemeinschaft mit Mitarbeitern mein Charisma, wenn ich es so nennen darf, einzubringen und mit der mir gegebenen theologischen Erfahrung und Kompetenz mitzuwirken, daß die Kirche in dieser Stunde recht gelenkt wird und das Erbe des Konzils richtig angeeignet wird.

Auffällig war vor allem, wie Sie sich als Bischof der moralischen Physiognomie der Zeit angenommen haben. Ihr Thema war die Auflösung von Tradition und Authentizität. Sie brandmarkten gewisse Zentrifugalkräfte, die alles durcheinanderwirbeln. Zeitkritik wurde damals wohl von keiner anderen Seite her radikaler und dramatischer in Worte gefaßt. Sie warnten vor der Herzverfettung des Habens und Genießens oder sprachen vom Grinsen des Mephistopheles, das hinter so vielen Zeiterscheinungen zum Vorschein käme. Was hat Sie damals angetrieben? Hatten Sie eine Ahnung von der Zukunft? Warum haben Sie sich so vehement der Gesellschaftskritik verschrieben?

Man redet heute viel von der prophetischen Aufgabe der Kirche. Das Wort wird manchmal mißbraucht. Aber wahr ist doch, daß die Kirche sich nie einfach mit dem Zeitgeist liieren darf. Sie muß die Laster und Gefährdungen einer Zeit ansprechen; sie muß den Mächtigen ins Gewissen reden, aber auch den Intellektuellen, denen auch, die banausisch und gemütlich an den Nöten einer Zeit vorbeileben wollen und so fort. Als Bischof fühlte ich mich verpflichtet, mich dieser Aufgabe zu stellen. Zudem waren die Defizite zu offenkundig: Ermüdung des Glaubens, Rückgang der Berufungen, Sinken des moralischen Standards gerade auch unter den Menschen der Kirche, zunehmende Tendenz zur Gewalt und vieles andere. Mir klingen immer die Worte der Bibel wie der Kirchenväter im Ohr, die die Hirten mit großer Schärfe verurteilen, die wie stumme Hunde sind und, um Konflikte zu vermeiden, das Gift sich ausbreiten lassen. Ruhe ist nicht die erste Bürgerpflicht, und ein Bischof, dem es nur darauf ankäme, keinen Ärger zu haben und möglichst alle Konflikte zu übertünchen, ist für mich eine abschreckende Vision.

Ihre Bischofszeit in München war nicht konfliktarm, immerhin wurden Sie als »Traditionalist« respektiert, den die »fundierteste Kenntnis der Lehrtradition« ausweise. Sie seien, so schrieb damals die »Süddeutsche Zeitung«, »von allen Konservativen in der Kirche derjenige mit der stärksten Dialogfähigkeit«. Nun, Ihr Ruf hat sich bald geändert, spätestens dann, als sie 1981 zum Präfekten der Glaubenskongregation ernannt wurden. »Nicht alle Nachrichten, die aus Rom kommen, werden angenehm sein«, so hatten Sie bei Ihrem Abschied bereits geahnt.

Ich bin auch heute noch froh, daß ich in München den Konflikten nicht aus dem Weg gegangen bin, denn das Treibenlassen ist – ich sagte es schon – die schlechteste Amtsführung, die ich mir denken kann. Daß ich in meinem römischen Amt viele unangenehme Aufträge würde wahrnehmen müssen, war von Anfang an klar. Aber ich glaube sagen zu dürfen, daß ich den Dialog immer gesucht habe und daß das auch sehr fruchtbar gewesen ist. Wir haben jetzt

Formen ständigen Dialogs mit den wichtigsten Bischofskonferenzen und den Oberen der großen Orden eingerichtet und dabei viele Probleme lösen können, die zunächst wie Mühlsteine auf dem Weg lagen. Vor allem sind sehr viele menschliche Beziehungen mit Bischöfen in aller Welt gewachsen, für die – glaube ich – beide Seiten dankbar sind.

Fühlten Sie sich denn geeignet oder gar prädestiniert für diese Aufgabe?

Das wäre zuviel gesagt. Zwei oder drei Jahre vorher hätte ich jedenfalls an so was überhaupt nicht gedacht. Mir ist an sich die Welt der römischen Kurie ganz fremd gewesen, ich hatte zu ihr keine Beziehung. Erst im Konzil lernte ich sie etwas sehen, aber im Grunde auch eher von ferne und gewiß nicht als eine Prädestination.

Wußten Sie eigentlich schon vorher, daß der Papst aus Polen, den Sie ja schon lange zuvor kennengelernt hatten, Sie berufen würde?

Nein. Ich habe ihn 1977 bei der Synode kennengelernt. Die richtige Bekanntschaft ist eigentlich erst beim Konklave 1978 entstanden, also, so lange war die Bekanntschaft nicht. Ich habe mich mit ihm spontan sehr gut verstanden, aber daß er an mich denken würde, das ist mir nicht durch den Sinn gegangen.

War das die alleinige Entscheidung von Johannes Paul II.?

Das nehme ich an, ich habe ihn nie danach gefragt. Es kann auch sein, daß er sich beraten hat. Ich denke schon, daß es eine sehr persönliche Entscheidung war.

War es eher ein Vorteil oder ein Nachteil, daß Sie Deutscher sind?

Es gibt die bekannten Vorstellungen davon, wie die Deutschen sind. Insofern liegt es nahe, Entscheidungen, die Mißfallen erregen, doch auch der deutschen Sturheit zuzuschreiben. Prinzipienfanatismus, mangelnde Flexibilität, das alles wird doch auch als Ausdruck deutschen Wesens angesehen. Als das Wort »Panzerkardinal« erfunden wurde, war damit sicher auch eine solche Anspielung auf das Deutschtum verbunden. Andererseits hat nie jemand mein Deutschsein, jedenfalls mir gegenüber, feindselig behandelt oder überakzentuiert. Es ist doch überall auch bewußt geworden, daß ich nicht privat Politik mache, sondern in einem Ganzen stehe, und daß das, was ich tue, nicht einfach Ausdruck meines deutschen Privatcharakters ist, sondern aus dem Gesamtgefüge der Dienste und Ämter herauskommt, die in der Kurie da sind.

Was hat Sie mit dem Papst aus Polen verbunden? Sahen Sie da eine Wesensverwandtschaft?

Mich hat zunächst verbunden seine unkomplizierte menschliche Direktheit und Offenheit und die Herzlichkeit auch, die von ihm ausgegangen ist. Da war der Humor, dann die Frömmigkeit, die man spürte, die nichts Aufgesetztes, nichts Äußeres hat. Man spürte, das ist ein Mann Gottes. Das ist ein Mensch, der keine Pose hat, der wirklich ein Mann Gottes und obendrein ein ganz origineller Mensch ist, einer, der eine lange Denk- und Lebensgeschichte hinter sich hat. Das spürt man einem Menschen an: Der hat gelitten, der hat sich zu diesem Beruf auch durchgerungen. Er hat das ganze Drama der deutschen Besetzung Polens und der russischen Besetzung und des kommunistischen Regimes durchstanden; er hat sich seinen eigenen Denkweg gebildet; er hat sich mit deutscher Philosophie befaßt; er ist tief in die ganze Denkgeschichte Europas eingetreten. Und er kannte auch in der Theologiegeschichte Schwerpunkte, die weit von den üblichen Pfaden abführen. Dieser geistige Reichtum, die Freude auch am Gespräch und am Austausch, das alles waren Dinge, die ihn mir sofort sympathisch werden ließen.

Beide galten Sie als hochgebildet und sensibel, jung und polemisch. Beide seien, so ein Beobachter, im Grunde »intelligente Reformatoren und konziliare Persönlichkeiten, doch ihr Pessimismus veranlaßt sie, die Welt von heute am Rande einer universellen Katastrophe zu sehen«. Haben Sie sich damals über gemeinsame Absichten und Ziele, wohin Sie die Kirche führen wollten, ausführlich verständigt?

Nein, überhaupt nicht. Der Papst hat mir einmal gesagt, daß er die Absicht hat, mich nach Rom zu rufen. Ich habe ihm die Gegengründe dargestellt, und er hat gesagt, überlegen wir das alles noch einmal. Dann haben wir, nach dem Attentat, wieder miteinander gesprochen, und er hat gemeint, er möchte bei seiner Absicht bleiben. Ich habe entgegnet, ich fühlte mich aber doch so sehr der Theologie verpflichtet, daß ich weiterhin das Recht haben möchte, auch eigene, private Werke herauszubringen, und ich wüßte nicht, ob das kompatibel sei mit dieser Aufgabe. Dann ergab sich aber, daß das auch andere vor mir schon getan hatten, und er hat dann gesagt, nein, das ist kein Hindernis, das können wir machen. Aber so etwas wie Programmabsprachen hat es nicht gegeben.

Die Kongregation für die Glaubenslehre ist nicht unbedingt eine der beliebtesten Einrichtungen. Niemand kann vergessen, daß diese Institution aus der vormaligen Heiligen Inquisition hervorging. Welche Akzente wollten Sie in Ihrem neuen Amt setzen?

Ich wollte zunächst einmal, im Gegensatz zur Einzelentscheidung, den kollegialen Arbeitstyp möglichst stark betont haben und die Bedeutung der einzelnen Organe hervorheben. Ich wollte auch den Dialog mit der Theologie und mit den Theologen pflegen, aber auch den mit den Bischöfen, denn unsere unmittelbaren Partner sind eigentlich die Bischöfe. Wie weit das gelungen ist, wage ich nicht zu sagen. Jedenfalls haben wir viel getan, um den Kontakt mit den Bischöfen zu verstärken. Wir haben die Kontinente bereist, haben überall mit den Glaubenskommissionen und dortigen Bischöfen gesprochen und fangen jetzt im Turnus damit wieder von vorne an. Wir haben die Begegnungen bei den Ad-limina-Besuchen intensiviert und versucht, das theologische Beraterteam auszuweiten, besonders auch die Funktion der Theologenkommission, der Bibelkommission so stark wie möglich zu halten. Das waren die Akzente, die ich gewollt habe und denen ich auch weiter zu folgen versuche.

Hat es Sie nicht auch gereizt, Einfluß zu haben?

Davor habe ich mich eher etwas gefürchtet, weil man leicht, wenn man das Eigene hervorziehen würde, auch zuviel Eigenes in das Amt hineinbringen kann. Aber in dieser schwierigen Situation der Kirche auch mitzudenken oder auch mitzuhelfen und das, was ich kann, zur Verfügung zu stellen, das ist schon etwas, was mich motiviert.

Gibt es da auch ein Gefühl von Macht?

Ja, aber in sehr bescheidenem Umfang. Denn die Macht, die wir haben, ist nun wirklich sehr gering. Wir können eigentlich immer nur an die Bischöfe appellieren, die ihrerseits wiederum an die Theologen appellieren müssen oder an die Ordensoberen. Oder wir können Gespräche versuchen. Es gibt natürlich auch Disziplinarmaßnahmen, die wir aber so bescheiden wie möglich anzuwenden versuchen, wir haben ja keine Exekutivmacht. Jedenfalls bedarf es immer des gemeinsamen guten Willens und der Übereinstimmung darin, der Kirche dienen zu wollen.

Ich meine jetzt ein Bewußtsein von Macht, das sich auf die eigene Person bezieht.

Ich muß sagen, vielleicht ist es objektiv irgendwie auch eine Macht im ganzen, aber ich persönlich habe nicht das Gefühl, daß ich besonders mächtig sei. Letztlich stehen ja keine anderen Waffen als das Argument und der Appell an unseren Glauben zur Verfügung. Nur dadurch, daß die Kirche das trägt und die anderen, die Betroffenen, das anerkennen, was wir unternehmen, kann unsere Arbeit Bedeutung haben. Das Gefühl, ein Mächtiger zu sein, hat mich kaum je beschlichen.

Bei Ihrer Predigt vor dem Weggang nach Rom versetzten Sie sich auch in einen Zweifler hinein, der erkannt hatte, daß seine Aussaat ins Leere geht, und der sich fragte: »Ist dieser Auftrag eigentlich nötig?« Und weiter: »Brauchen wir nicht eine ganz andere Kirche und ein gänzlich anderes Amt. Und ebenso spürte er die Lust schwerer gewordener Einsamkeit, die Frage, ob Ehelosigkeit, die man nicht als erstes gewollt, sondern nur um des anderen Rufes willen annahm, einen Sinn hat. Es war dunkel geworden um ihn, er wollte endlich ein Mensch sein wie alle anderen, nur noch er selber.« Man ist versucht, eine Verbindung herzustellen zwischen diesem Zweifler und dem Kardinal, der diese Geschichte erzählt.

Ich kann mich an diese Predigt leider nicht mehr erinnern. Natürlich muß sich auch ein Glaubender diesen Fragen stellen. Ich habe auch in meiner »Einführung in das Christentum« dargestellt, daß der Glaube Fragen nie abschneidet. Daß er auch erstarren könnte, wenn er sich diesen Fragen nicht aussetzt. Insofern sind das auch keine fiktiven Fragen, sondern solche, die ich mir selber stellen mußte. Aber sie werden sozusagen in das Grundvertrauen des Glaubens hineingegeben. Sie werden von diesem Grundvertrauen zwar auch nicht einfach beseitigt, aber doch in gewisser Weise aufgefangen.

Der Präfekt und sein Papst

Nach dem Kodex des kanonischen Rechtes ist es der Auftrag Ihrer Kongregation, »die gesunde Lehre voranzutreiben ..., zu wachen, die Irrtümer zu korrigieren und die Irrenden auf den rechten Weg zurückzuführen«. Vermutlich ist das keine angenehme Rolle, allem hinterhersein zu müssen, die Menschen immer wieder zu ermahnen, eine gewisse Strenge walten zu lassen. Es gibt aber auch die Vorstellung, Ihre Kongregation sei ein völlig unnachgiebiger und menschenverachtender Verein.

Wer wirklich mit uns zu tun bekommt, der sieht dann auch, daß wir keine Unmenschen sind, sondern versuchen, stets eine sinnvolle Lösung zu finden. Es ist, wie in jeder Gesellschaft, letzten Endes auch in der Kirche so, daß man den richtigen Ausgleich zwischen den Individualrechten und dem

Gut der Gemeinschaft als Ganzer finden muß. Hier geht es darum, daß das Gut, aus dessen Kraft die Kirche besteht und das sie zusammenhält, der Glaube ist. Auf der einen Seite müssen also diejenigen verteidigt werden, die sich sozusagen intellektuell nicht zur Wehr setzen können – gegen die intellektuelle Beschädigungen dessen, was ihr Leben trägt. Auf der anderen Seite verlangt unsere Arbeit wiederum Respekt vor den Rechten des Betroffenen. Und die Rechtsordnungen, die wir haben und die wir auch weiter zu verbessern versuchen, bestehen darin, daß man diese beiden Dinge in die richtige Balance bringt.

Wir versuchen im übrigen, ohne Strafen auszukommen und auf dem Weg der Gespräche Lösungen zu finden, so daß der Autor sich besser erklärt, als er es bisher getan hatte. Das heißt, wir nehmen mit dem jeweiligen Bischof oder mit dem Ordensoberen Kontakt auf, der wiederum mit dem Betroffenen ins Gespräch tritt, so daß es also erst gar nicht zur Straftat kommt, sondern daß es sich als ein Denkschritt erweist, der sich dann weiterentwickelt.

Sie haben einen Stab von etwa 40 Mitarbeitern. Das ist nicht gerade viel angesichts einer Christenheit von einer Milliarde Menschen. Woher holen Sie sich Ihre Informationen? Woher wissen Sie, was in der Welt vor sich geht?

Die Hauptinformationsquelle sind die Bischofskonferenzen und die Begegnungen mit den Bischöfen. Hinzu kommen die theologischen Veröffentlichungen, die wir einerseits über Zeitschriften und Bücher wahrzunehmen suchen und über die wir dann andererseits die Bischofskonferenzen unterrichten. Jeder der einzelnen Mitarbeiter hat seinen eigenen Sektor, wobei er seinerseits wieder die Informationen aufnimmt, die teils von Theologen, teils von dem großen Kreis von Leuten kommen, die mit uns zusammenarbeiten oder die vor allem durch die Bischofskonferenzen und die Bischöfe selber zu uns hereintreten.

Müssen Sie alles persönlich prüfen, machen Sie da alles selbst? Entstammt zum Beispiel der Katechismus Ihrer Feder?

Nein, das hätte ich absolut nicht gekonnt. Ich muß versuchen, die Arbeit kollegial zu koordinieren und so zu lenken, daß etwas dabei herauskommt. Beim Katechismus hatten wir ein vielfältiges Instrumentarium. Wir hatten als eigentliches Arbeitsorgan eine Kommission von 15 Bischöfen aus den verschiedenen Kontinenten. Dieses Organ hat sich dann wieder eine Gruppe von acht Bischöfen geschaffen, die die eigentlichen Verfasser gewesen sind. Hier war wiederum ein Redakteur damit beauftragt, das Ganze zu koordinieren. Insofern kann man schon sagen, daß wir gemeinsam Autoren sind. Im übrigen hatten wir die ganze Zeit über einen »input«, wie man heute sagt, der sehr breit gewesen ist. Wir haben ja alle Bischöfe und alle Bischofskonferenzen persönlich angeschrieben und haben immerhin von gut eintausend Bischöfen Antwort bekommen.

Gab es denn da auch einen »input« aus dem Kirchenvolk selbst?

Wir setzen voraus, daß ein Bischof nicht seine Privatmeinung, sondern den Glauben der Kirche und damit auch den Glauben seiner Ortskirche und ihre Weise des Glaubens einbringt. Wir können nicht eine Milliarde Katholiken befragen. Der Bischof ist ja gerade auch ein Repräsentant, einer, der für ein Ganzes steht, insofern ist sicher, daß durch die über tausend Bischöfe das Wort der Gläubigen zu uns hereingedrungen ist.

Gibt es im Katechismus Aussagen oder Formulierungen, die Sie persönlich als nicht so gekonnt empfinden?

Ja, es ist nicht alles gleich geglückt, das ist klar.

Könnten Sie da eine Stelle nennen?

Nein, das kann ich jetzt nicht sagen, da müßten wir an den Text herangehen. Aber ich glaube, der Katechismus ist im ganzen ein sehr gründliches und gutes Werk, auch ein sehr lesbares, wie uns immer wieder bestätigt wird. Viele Leute – nicht Theologen, sondern einfache Leute – sagen uns, daß sie ihn wirklich lesen und verstehen können. Die Aufnahme in Deutschland ist, aus vielen Gründen, nach wie vor mehr als reserviert. Aber in Amerika zum Beispiel, das ja auch ein kritisches Land ist, sind zwei Millionen Stück verkauft worden. In Asien fängt es gerade erst an, aber in Südamerika, auch in Spanien, auch in Frankreich war die Aufnahme sehr gut, auch in Großbritannien. Allein durch den Reichtum an Vätertexten haben Sie im Katechismus einen Zitatenschatz, der kostbar ist. Natürlich ist es ein Menschenbuch, das kann man immer besser machen, aber es ist ein gutes Buch.

Und was finden Sie nun besonders geglückt an dem Werk?

Ich glaube, daß zunächst die Einleitung, in der es um Glauben geht, sehr gut geworden ist. Auch große Teile des Kirchentraktes und des Sakramententraktes sind sehr gut geworden, auch die ganze Theologie der Liturgie – da haben wirklich sehr gute Liturgiker mitgearbeitet – ist sehr schön und lebendig. Und auch der Teil über das Gebet hat seinen ganz eigenen Stil. Er ist, glaube ich, geglückt.

Wie lange hat es gedauert, das Werk, wie es jetzt vorliegt, zu erarbeiten?

Es waren ziemlich genau fünf Jahre. Die Synode hatte 1985 diesen Wunsch geäußert. Der Papst hat dann 1986 die Kommission eingesetzt. Wir konnten etwa im Herbst '86 mit der Arbeit beginnen. Wir konnten dann nach sechs Jahren, 1992, den Katechismus vorstellen.

Zu Ihrer Arbeit als Präfekt: Welche Gewähr haben Sie, daß das, was die Kongregation entscheidet, wirklich richtig ist?

Die erste Gewähr ist, daß wir nichts selber einfach erfinden, sondern uns in die großen Überlegungen des Glaubens hineinstellen. Die zweite ist, daß wir uns bei der Konkretisierung breit beraten und keine vereinzelten Meinungen aufnehmen, sondern erst dann, wenn sich in einem repräsentativen Beraterkreis eine Konvergenz gezeigt hat, die Entscheidung auch fällen. Wichtig ist, daß wir nicht über das hinausgehen, was im Glauben bereits bereitgestellt ist – der natürlich aktualisiert werden muß –, und daß wir sehen, daß sich in einer vernünftigen Mitte dann doch eine Einmütigkeit einspielt.

Haben Sie einen meditativen Weg der Arbeitsvorbereitung? Es heißt, Sie würden vieles verinnerlichen, für sich selbst durchdenken, geistig verarbeiten. Sie sagten auch schon mal, Sie müßten über dieses und jenes noch meditieren. Was heißt das?

Das ist klar, daß man sich zunächst einmal informieren muß, das ist immer der erste Schritt, den Fragestand kennenzulernen. Dann muß man innerlich mit sich zu Rate gehen, um die Logik des Ganzen zu verstehen, um es zu verarbeiten, es begreifen zu lernen und es auch in Beziehung zum Ganzen zu setzen und auch ins Gebet hineinzutragen. Ich denke, der Vorgang Information und Verarbeitung und natürlich Dialog und nochmal innere Verarbeitung, das wären die Schritte.

Wie wichtig sind Ihnen dabei Inspirationen und vor allem, wie bekommt man sie?

Die kann man ja nicht herbeiführen, die müssen kommen. Aber man muß ihnen auch vorsichtig gegenüberstehen, sie müssen sich verifizieren lassen in der Logik des Ganzen. Im übrigen ist die Voraussetzung für einen »Einfall«, daß man nicht in Hektik ist, daß man auch mit dem Gedanken in Ruhe umgeht und ihn länger in sich vergärt.

Gleich zu Beginn Ihrer Amtszeit mußten Sie sich mit der Befreiungstheologie beschäftigen und Theologen zurechtweisen, die an der Unfehlbarkeit des Papstes zweifelten oder auch andere Dogmen kritisierten. Die Vorgehensweise hat Ihr Image, zumindest auf Deutschland bezogen, nachhaltig geprägt. Haben Sie, im nachhinein betrachtet, vielleicht nicht auch zu barsch reagiert? Selbst wenn man unterstellt, daß Sie die richtigen Antworten gegeben haben.

Da würde ich zwischen persönlichen Reaktionen und dem, was wir amtlich getan haben, unterscheiden. Daß ich in einer persönlichen Polemik auch einmal zu barsch reagiere, das räume ich ohne weiteres ein. Aber in dem, was wir als Kongregation gemacht haben, haben wir, glaube ich, schon das richtige Maß eingehalten. Wir mußten in Sachen Befreiungstheologie ein Wort sagen, auch um den Bischöfen zu helfen. Schließlich drohte eine Politisierung des Glaubens, die ihn in eine nicht verantwortbare politische Parteilichkeit gedrängt und das eigentlich Religiöse zerstört hätte. Die breite Auswanderung zu den Sekten hängt mit solchen Politisierungen zweifellos zusammen. Heute ist weithin anerkannt, daß unsere Weisungen nötig waren und in die richtige Richtung gingen. Ein herausragendes Beispiel für die positiven Impulse, die unsere Instruktionen gaben, ist der Weg von Gustavo Gutiérrez, der als der Schöpfer der Befreiungstheologie gilt. Wir sind in einen Dialog mit ihm eingetreten – den ich zum Teil auch ganz persönlich geführt habe – und dabei in ein immer besseres Einverständnis gekommen. Das hat uns geholfen, ihn zu verstehen, und er hat andererseits die Einseitigkeit seines Werkes eingesehen und es wirklich weiterentwickelt auf eine sachgerechte und zukunftsfähige Form von »Befreiungstheologie« hin.

Natürlich gibt es auch Konfliktpunkte, die nicht bereinigt werden konnten. Inzwischen hat sich durch die ganze Weltszenerie die Frage der Befreiungstheologie ohnedies völlig verändert. Aber wenn man zurückschaut auf diese 15 Jahre, muß man sagen, daß die Eingriffe, die wir gemacht haben, sachlich richtig waren und sich auch als Hilfe erwiesen, vielleicht nicht im ersten Augenblick, aber auf die Dauer. Heute sehen das auch die Episkopate, die zum Teil anfangs eher zweifelnd waren, als einen selbstverständlichen Besitz an.

Aber es gab ja hier nicht nur den Dialog, es gab auch die Auferlegung von Schweigejahren, von Bußschweigen.

Das Wort »Bußschweigen« ist in Deutschland erfunden worden. Wir hatten lediglich gesagt, er solle ein Jahr lang über dieses Thema nicht mehr sprechen, sondern darüber nachdenken und nicht in der Welt herumreisen. Gut, man kann immer darüber diskutieren, ob so etwas richtig ist oder nicht, aber, objektiv betrachtet, war es nicht schlecht, jemanden über eine schwierige Fragestellung zu einem längeren Nachdenken einzuladen. Vielleicht würde es jedem von uns guttun, wenn uns jemand sagen würde, jetzt solltest du mal länger nicht darüber reden, nicht hektisch weiter publizieren, sondern die Dinge etwas in dir vergären lassen. Ich möchte jetzt nicht weiter darüber streiten, wie gut die Maßnahme gewesen ist. Boff sollte jedenfalls weiter lehren können, er hat das allerdings in diesem Jahr nicht getan. Nur dieses bestimmte Thema sollte er zunächst nicht weiter in Vorträgen und Büchern betreiben, sondern ein Jahr lang ruhenlassen. So ähnlich, wie es ja bei Küng gemacht worden war, den damals Paul VI. eingeladen hatte, nicht weiter über Unfehlbarkeit zu publizieren, sondern das Thema neu zu bedenken.

Hans Küng hat diese Einladung offensichtlich nicht nutzen wollen – und Herr Boff auch nicht. Und die Frage ist wohl berechtigt, ob die Maßnahme dem Ansehen der Kirche genutzt hat?

So, wie es dann weltweit vermittelt worden ist, hat es ihr sicher zunächst nicht genutzt. Inzwischen sind vielleicht doch viele nachdenklich geworden, sowohl angesichts der geschichtlichen Entwicklungen wie angesichts des von Leonardo Boff eingeschlagenen Weges, über den zu urteilen ich mir im übrigen nicht anmaße.

Und über den von Hans Küng, der ja nun auf eine Rehabilitierung hofft?

Da tut wohl doch ein bißchen Entmythisierung not. Hans Küng ist 1979 die Befugnis entzogen worden, im Namen und Auftrag der Kirche zu lehren. Das mag zunächst bitter für ihn gewesen sein, aber er hat gerade dadurch doch erst seinen ganz persönlichen Weg gefunden. Denn nun war er frei von Pflichtvorlesungen im Rahmen der Theologenausbildung wie von den zugehörigen Prüfungen; er konnte sich jetzt ganz seinen Themen widmen. Er hat mir bei einem Gespräch 1982 selbst gestanden, daß er nicht in die vorige Position zurück wollte und daß seine gegenwärtige Stellung ihm viel besser auf den Leib zugeschnitten sei. Er hat sich von den engeren Fragen der Fachtheologie allmählich weiter entfernt und gerade so seine großen Themen finden und entfalten können. Inzwischen ist er emeritiert, und eine neue Beauftragung zur Lehre im Namen der Kirche wäre nun noch sinnloser als zuvor. Aber darum geht es ihm natürlich auch gar nicht. Seine Theologie sollte vielmehr als eine gültige Gestalt von katholischer Theologie anerkannt werden. Dabei hat er nichts von seiner Bestreitung des Papstamtes zurückgenommen, sondern seine Positionen weiter radikalisiert; auch in der Christologie und in der Lehre vom Dreieinigen Gott hat er sich weiter vom Glauben der Kirche entfernt. Ich respektiere seinen Weg, den er seinem Gewissen gemäß geht, aber er sollte dann nicht auch noch das Siegel der Kirche dafür verlangen, sondern dazu stehen, daß er nun eben in wesentlichen Fragen zu anderen, ganz persönlichen Entscheidungen gekommen ist.

Sie haben stets gefordert, die Wirklichkeit so zu sehen, wie sie ist, eine Nonkonformität gegen den modernen Zeitgeist an den Tag zu legen. In Ihren Analysen über die Ursachen von Krisenerscheinungen in Kirche und Welt sind Sie inzwischen vielfach bestätigt worden. Dem Bild des Kardinals in der Öffentlichkeit bzw. in den Medien hat dies allerdings nicht zum Vorteil gereicht. Liegt das an der Bestimmtheit, mit der Sie Ihren Standpunkt vertreten, an der Strenge Ihrer Diktion?

Das weiß ich natürlich selber am allerwenigsten. Ich weiß auch nicht, wie viele aufmerksame Leser ich habe und wie viele Leser ein gutes Gedächtnis haben. Denn wenn dann Sachen eingetreten sind, erinnern sich viele schon gar nicht mehr daran, daß das eigentlich doch eine Bestätigung von Diagnosen ist, die ich gemacht hatte. Ich glaube eher, daß es an der Identifikation meiner Person mit dem Amt des Präfekten und der damit verbundenen Aversion gegen die ganze Funktion und gegen das Lehramt als solches liegt. So wird von manchen alles, was ich sagen kann, sozusagen als Teil eines Mechanismus gelesen, der im wesentlichen die Menschheit gängeln will, und nicht als wirklicher, redlicher, intellektueller Versuch, die Welt und den Menschen zu verstehen.

Genügt es, immer recht zu behalten? Ich meine, oftmals bedürfen die richtigen Entscheidungen auch des richtigen Zeitpunktes und der richtigen Darstellungsform. Der Ton macht die Musik, heißt es.

Ja, und da bin ich für Kritik durchaus offen. Wir versuchen auch, es besser zu machen, so gut wir können, und eben immer stärker im Gespräch mit den Bischöfen und den Ordensoberen die richtigen Wege zu finden. Aber das schließt natürlich nicht grundsätzlich aus, daß man manchmal auch zu einer entschiedenen und auch unpopulären Maßnahme greifen muß.

Sie sind Präfekt und nicht Priester in der Seelsorge. Kann man akzeptieren, daß etwa ein Jugendpriester einmal anders argumentiert oder handelt, als er es tun müßte, wäre er der Leiter der katholischen Glaubenskommission?

Ja, natürlich. Er muß auf jeden Fall anders argumentieren und reden, sonst würde er von einem jungen Menschen überhaupt nicht begriffen werden. Es gibt ja auch den Rhythmus der Generationen, auf den man eingehen muß. Der Glaube ist ein Weg, und da muß man Etappen anerkennen. Was uns zusammenhalten muß, ist, daß wir nicht Privatmeinungen oder einfach Kollektivmeinungen weitergeben, die man heute hat, sondern daß wir uns als Gläubige und Priester an den Glauben der Kirche binden und versuchen, ihn in dem gegebenen Kontext richtig weiterzuvermitteln.

Das heißt, jungen Priestern draußen in der Jugendseelsorge, die teils Probleme haben, die Sexualmoral der Kirche richtig zu verkünden, denen kann vergeben werden, wenn sie einmal das eine oder andere Wort sagen, das Ihnen nicht gefällt?

Ja, natürlich, wenn die Grundintention da ist, darauf kommt es an. Das richtige Mittel findet kein Mensch immer gleich auf Anhieb.

Ist es einem Kardinal erlaubt, über Sex zu reden?

Ja, natürlich. Er muß ja immer über alles, was menschlich ist, reden. Und Sex ist ja nicht mit dem Etikett Sünde abzutun, sondern zunächst einmal eine Schöpfungsgabe. In meinem jetzigen Metier muß ich sogar besonders viel darüber reden. Ich versuche zwar zu vermeiden, daß wir Moral oder gar Christentum auf das sechste Gebot hin reduzieren, aber die Fragen der Christenheit, die hier auf uns eindringen, die nötigen uns ständig, mit diesem Bereich der menschlichen Existenz umzugehen.

Sie haben Sexualität einmal als eine Art Treibmine und allgegenwärtige Macht bezeichnet. Das klingt eher nach einer ablehnenden Einstellung Sexualität gegenüber.

Nein, das ist nicht der Fall, denn das wäre ja dann gegen den Glauben, der uns sagt, der Mensch ist von Gott geschaffen in seiner Ganzheit, und er ist als Mann und Frau von ihm geschaffen. Sexualität ist also nichts, was erst nach der Sünde entstanden wäre, sondern gehört wirklich zum Schöpfungsplan Gottes. Denn den Menschen als Mann und Frau schaffen heißt eben, ihn geschlechtlich schaffen, so daß es wirklich zum Urkonzept der Schöpfung überhaupt und damit zum Urguten des Menschseins gehört.

Wenn ich es so gesagt habe, wie Sie es zitieren, wollte ich ausdrücken, daß gerade die großen Kräfte, wenn sie sich losreißen von ihrem menschlichen Zentrum, auch die größte Zerstörungsmacht entfalten können. Weil Sexualität die ganze Leibhaftigkeit des Menschen formt, ob Mann oder Frau, und von daher – gerade weil sie groß ist und weil der Mensch ohne sie nicht reif und überhaupt nicht er selbst werden kann – die Person im Tiefsten prägt, kann sie, wenn sie aus der Einheit des Menschen heraustritt, natürlich den Menschen auch zerreißen und zerstören.

Nun muß man allerdings zugeben, daß sich dieses Bild von der Sexualität als allgegenwärtiger Macht in unseren Tagen auch zunehmend aufdrängt.

Offenbar ist dieses Losreißen aus der Ganzheit der Person und dem Miteinander von Mann und Frau gerade durch die Technik und die Massenmedien in einer Weise möglich geworden, wie es sie früher nicht gab. Man kann jetzt den Sex wirklich neutralisiert als Ware anbieten.

Das gibt es allerdings nun seit 2000 Jahren ...

Ja, schon, aber daß ich in einem Laden direkt Sex kaufen kann oder daß ich in der entsprechenden Bilderflut die Menschen nur als Sexobjekt und daher gar nicht mehr als Person wahrnehme, das ist durch die Vermarktung in eine neue Stufe getreten. Die Möglichkeit, Sexualität zur Ware zu machen und in Massenform als Ware zu verbreiten, schafft Möglichkeiten zur Entfremdung, des Mißbrauchs, die über das bisher Gewohnte hinausgehen.

Im Mittelalter gab es öffentliche Bordelle, die zum Teil sogar von der örtlichen Kirche mitbetrieben wurden.

Da gibt es eine Stelle beim heiligen Augustinus, der auch fragt, was soll man da nur tun? Und er gibt zur Antwort, so wie der Mensch beschaffen ist, ist es im Sinne eines geordneten Staatswesens besser, wenn es das in einer geordneten Form gibt. Insofern konnte man sich da durchaus auf Reflexionen eines großen Kirchenvaters berufen, der realistisch genug war zu sehen, daß der Mensch da immer versucht und bedroht war, daß ganze Kulte dahin abgeglitten sind. Aber ich glaube, es gibt inzwischen eine spezifische Bedrohung, die es in früheren Zeiten nicht gegeben hat.

Ist denn nun derjenige, der fest nach der katholischen Sexuallehre lebt, gegen diese Versuchungen gefeit?

Das kann man schon deshalb nicht sagen, weil der Mensch nie einfach rundum fertig ist, sondern er ist, wie wir festgestellt haben, immer auf dem Weg und daher immer auch gefährdet. Er muß immer wieder neu er selber werden. Er ist nie einfach da. Er ist immer frei, und die Freiheit ist nie zu ihrem Abschluß gekommen. Aber ich denke, daß jemand, der wirklich in einer lebendigen Glaubensgemeinschaft steht, in der wir uns gegenseitig tragen, in der durch das gegenseitige Sichtragen Ermutigung geschaffen wird, auch seine Ehe gut leben kann.

Haben Sie in Ihrem Amt Angst vor bestimmten Fragen – weil man sie womöglich nicht wird beantworten können?

Vielleicht ist Angst nicht das richtige Wort. Aber wir sind in der Tat immer wieder Problemen ausgesetzt, wo es nicht möglich ist, in kurzer Zeit die rechte Antwort zu finden. Vor allen Dingen bei Problemen des ethischen Bereichs, der medizinischen Ethik ganz besonders, aber auch im Bereich der Sozialethik. Wir waren zum Beispiel von amerikanischen Krankenhäusern her der Frage ausgesetzt, ob es verpflichtend ist, auch dem sich im irreversiblen Koma befindlichen Patienten bis zuletzt Wasser und Nahrung zu geben. Das ist für die Verantwortlichen enorm wichtig. Schon aus einer wirklichen Sorge heraus und weil es darum geht, eine gemeinsame Politik der Krankenhäuser zu finden. Wir mußten am Schluß, nach sehr langwierigen Studien, sagen, beantwortet das zunächst einmal auf lokaler Ebene, wir sind nicht soweit, daß wir darüber volle Gewißheit hätten.

Gerade im Bereich der medizinischen Ethik entstehen immer neue Möglichkeiten und damit immer neue Grenzsituationen, in denen das Anwenden der Prinzipien eben nicht evident einfach klargestellt werden kann. Wir können Gewißheit nicht einfach hervorzaubern. Wir müssen dann sagen, müht euch zuerst untereinander, so daß wir sozusagen von Ebene zu Ebene im Kontext der Erfahrungen allmählich zu Gewißheiten hinreifen.

Aber Sie denken, es wird und muß Antworten geben?

Es muß nicht immer universale Antworten geben. Wir versuchen auch, unsere Grenzen einzusehen und auf das Antworten zu verzichten, wo es nicht möglich ist. Aber, wie gesagt, in den jetzt genannten Beispielen ist es nicht einfach so, daß wir gleichsam überall antworten wollen, sondern daß wirklich auch die Frage sich stellt und Bedarf nach einer gemeinsamen Wegweisung vorhanden ist. Aber nicht durch den Systemzwang, der alles beantworten will, finden wir Antworten, sondern umgekehrt dadurch, daß viele gerade solcher Menschen Grenzsituationen ausgesetzt sind, die sich in einer gemeinsamen Verantwortlichkeit wissen.

Ich habe jetzt diesen Weg noch nicht ganz verstanden und auch nicht das Handwerkszeug, mit dem man solchen komplizierten Fragen, die sicher nicht weniger werden, beikommen kann.

Es gibt einerseits Grundprinzipien. In diesem Fall das Prinzip: Der Mensch ist Mensch von Anfang und bis zuletzt; wir verfügen nicht über das menschliche Leben, sondern haben es als etwas Gegebenes zu achten und seine Würde zu achten bis zuletzt. Also, es sind gewisse Prinzipien da, nicht viele, es sind einfache, aber doch wesentliche. Es entstehen durch neue medizinische und technische Möglichkeiten nun Grenzsituationen, wo man sich fragt, wie wende ich dieses Prinzip jetzt richtig an. Hier ist dann zunächst Information notwendig. Die Ärzte müssen sagen, was ist der Stand des Könnens, was sind die Probleme, die dabei entstehen.

Nehmen wir den Fall von Wasser und Nahrung. Es tritt eine Situation ein, in der man den Patienten eigentlich medizinisch nicht mehr behandeln kann. Da sagen einige zunächst, es quält den Betreffenden zusätzlich, wenn ihm künstlich Nahrung eingespritzt oder eingegeben wird. Andere sagen, nein, es ist unmenschlich, er verdurstet, und das ist die eigentliche Schinderei. Da stehen sich zunächst zwei Fragestände gegenüber. Man muß nun versuchen, die notwendige Information zu ermitteln. Dazu ist natürlich ein breiter Erkenntnisstand von Medizinern notwendig. Wenn sich die Information allmählich einigermaßen konvergierend zusammensetzt, kann man fragen, was entspricht jetzt dem Prinzip und wie wird es richtig angewandt. Aber erst allmählich, wenn sich gemeinsame Erfahrungen herausbilden, in denen einerseits die Information richtig ist, andererseits das Prinzip dementsprechend angewandt wird, kann die gemeinsame Erfahrung zu einer Aussage werden, dann kann ich sagen, das Prinzip ist dann und dann richtig angewandt.

Können denn für unsere modernen Probleme auch alte Texte herangezogen werden? Ich meine jetzt Texte von Kirchenvätern, Texte von Heiligen.

Sie können in dem grundsätzlichen Sinn verwendet werden, daß sie eben die Prinzipien beleuchten, was Respekt vor dem Menschen, vor seiner Würde heißt, was Leiden bedeutet, aber natürlich nicht für die ganz konkrete Frage. Sie sind insofern wichtig, weil, so glaube ich, unserer Generation der Sinn für das Positive des Leidens verlorengegangen ist. Und da gibt es wirklich Dinge, die wir wieder zu lernen haben.

Wir sprechen gerade von alten Texten. Sind Sie in den Kellern der Heiligen Inquisition auf Geheimnisse gestoßen, gibt es da irgend etwas, was man nie wird preisgeben wollen?

Die »Keller der Heiligen Inquisition« sind unser Archiv, um das auf den richtigen Namen zu bringen, andere Keller haben wir nicht. Ich muß gestehen, daß ich ein geringer Archiv-Benutzer bin, einfach weil ich keine Zeit dafür habe. Deswegen konnte ich auch auf keine besonderen Geheimnisse stoßen. Es ist so, daß Napoleon uns das Archiv weggenommen hat. Ein Teil der Bestände wurde dann zurückgegeben, aber eben nur ein Teil, so daß es keineswegs mehr vollständig ist. Und im allgemeinen ist es bei weitem nicht so interessant, wie es sich die Leute erwarten. Ein durchaus liberaler italienischer Professor hat vor kurzem einige Zeit an verschiedenen Prozessen gearbeitet und festgestellt, daß er doch sehr enttäuscht sei. Statt des Kampfes zwischen Gewissen und Macht, auf den er zu stoßen hoffte, sei er auf ganz gewöhnliche Kriminalität gestoßen. Das lag daran, daß die *römische* Inquisition ein relativ mildes Gericht war. So haben die Leute, die vor dem Zivilgericht standen, sich selbst einen religiösen Faktor angedichtet, Zauberei oder Wahrsagerei, um vor die Inquisition zu kommen, von der sie sich im allgemeinen ein doch relativ mildes Urteil erwarten konnten. Aber das weiß ich nur aus zweiter Hand, ich habe das nicht in den Quellen studiert.

Die herausragenden Dinge aus diesem Archiv kennt die ganze Menschheit, was sonst noch da ist, sind eher Dinge, die den Spezialisten interessieren. Es gibt nur insofern Geheimnisse, die nicht preisgegeben werden können, als auch viele Dinge unter Beichtgeheimnis verhandelt worden sind und damit durch das Beichtgeheimnis geschützt sind. Diese Dinge lagern in einem Sondertresor und dürfen auch nicht veröffentlicht werden.

Wenn sie aber vom Beichtgeheimnis geschützt sind, wieso gibt es sie dann überhaupt in schriftlicher Form?

Das war nicht Beichten im strengen Sinne, aber es sind Dinge, die dem inneren Gewissensbereich zugerechnet sind und daher faktisch mit demselben Geheimhaltungstyp umgeben werden. Ich meine, es ist etwas anderes, wenn jemand einen theologischen Irrtum vertritt, darüber kann man auch öffentlich reden, oder ob er tiefgehende persönliche, moralische Probleme hat.

Ich nehme an, das sind nicht die Beichtgeheimnisse von Hinz und Kunz, sondern von den Mächtigen der Geschichte.

Ich weiß darüber viel zu wenig. Wir haben auch heute noch eine Disziplinärsektion, die bestimmte Vergehen von Priestern abhandelt, die nur in einem engsten Bereich bekannt sind und die zum Schutz des einzelnen auch nicht weiter bekannt werden sollen. Um solche Dinge geht es hier.

Aber lagern in diesem Archiv nicht auch die berühmten Geheimnisse der Prophezeiungen?

Ich wüßte nur Fatima, ob wir andere Prophezeiungen haben, weiß ich nicht.

Wer darf sie einsehen?

Fatima darf der Papst selber einsehen und der Präfekt der Kongregation, andere mit der persönlichen Genehmigung des Papstes.

Ist der Kreis der Menschen, der diese Geheimnisse eingesehen hat, bekannt und überschaubar?

Überschaubar sicher, mehr als drei, vier Personen werden das nicht sein.

Sie haben sich zur Prophezeiung von Fatima einmal insoweit geäußert, daß Sie sagten, es sei das, »woran Jesus selbst sehr oft erinnert, indem er sich nicht scheut zu sagen: ›Wenn ihr euch nicht bekehrt, werdet ihr alle umkommen.‹« Hat Sie die Prophezeiung erschüttert?

Nein.

Warum nicht?

Weil es nirgendwo über das hinausgeht, was die christliche Botschaft als solche beinhaltet.

Aber, ich denke, darin ist doch vom Untergang der Welt die Rede?

Da kann ich jetzt nichts dazu sagen. Jedenfalls, irgendwelche grausigen Erschrecknisse sind nicht auf mich zugekommen.

Und Zeitangaben?

Auch nicht. Ich will aber hier in keine weiteren Details eintreten.

Es heißt manchmal, Papst Johannes Paul II. wäre ohne Kardinal Ratzinger nicht denkbar, und Kardinal Ratzinger nicht ohne den Papst. Sie gelten als der geniale Theologe an der

Seite eines Philosophen. Man wisse allerdings nie, was ist Ziel des Papstes und was ist die Idee Ratzingers. Sie haben dieses Pontifikat wesentlich mitgeprägt. Ohne diese spezielle Verbindung Wojtyla-Ratzinger hätte sich wohl die Kirche am Ende des Jahrtausends anders entwickelt.

Das ist eine Frage, auf die ich natürlich nicht antworten kann. Aber ich würde auch davor warnen, meine Rolle zu überschätzen. Natürlich habe ich eine wichtige Aufgabe, der Papst hat Vertrauen zu mir, wir haben ganz wichtige doktrinelle Fragen immer miteinander besprochen, tun das auch weiterhin. Insofern habe ich in der Lehrverkündigung des Papstes natürlich ein Wort mitgeredet und etwas mit beigetragen, was sicher auch die Gestalt des Pontifikats geprägt hat. Aber der Papst hat sehr wohl seine ganz eigene Linie.

Er hatte ja schon bevor ich kam mit diesem Triptychon – den drei Rundschreiben über den Erlöser der Menschheit, über den Heiligen Geist und über das Erbarmen Gottes – begonnen. Hinzu kommt der ganze Sektor Sozialethik, also die drei Rundschreiben, die er zu dem Problem der kirchlichen Soziallehre verfaßt hat. Das sind Dinge, die sehr tief aus seiner eigenen Lebenserfahrung, seiner eigenen Philosophie aufgestiegen sind. Auch der drängende ökumenische Impuls, der ihn bewegt, ist etwas, was ganz tief in seiner eigenen Seele, in seiner eigenen Persönlichkeit verwurzelt ist – »verwurzelt« ist vielleicht ein zu undynamischer Ausdruck, also was in ihm arbeitet und wirkt. Andererseits hat er natürlich die großen Fragen, die zu behandeln waren, mit mir ausgetauscht, aber nicht nur mit mir. Hier hat sich ein tiefer innerer Einklang herausgestellt. Irgendwann wird dann die Christenheit und die Menschheit einmal darüber urteilen, ob das gut für sie gewesen ist.

Gab es schon mal Differenzen zwischen dem Papst und seinem obersten Glaubenshüter? Haben Sie dem Papst schon einmal widersprochen oder sich ihm gar schon mal verweigert?

Differenzen im eigentlichen Sinn des Wortes gab es nicht. Es ist natürlich so, daß man beim Austausch von Informationen sich auch gegenseitig korrigieren kann, stimmt etwas oder stimmt es nicht, daß man zum Beispiel sagt, das wisse man nicht genau genug. Oder auch, daß man beim Versuch, die Frage zu diskutieren, unterschiedliche Logiken sieht. Aber eine Differenz im eigentlichen Sinn hat es nie gegeben. Und ich habe mich ihm auch nie verweigert.

Wie sieht denn die Zusammenarbeit praktisch aus? Sehen Sie sich häufig?

Da gibt es zunächst einmal den Routinestrang. Der Präfekt der Kongregation hat normalerweise jeden Freitagabend Audienz beim Papst und überbringt die Resultate der Kardinalskongregation (einmal im Monat macht das der Sekretär, manchmal fällt die Audienz auch aus). Das ist der normale Strang, daß auf diese Weise unsere Arbeit dem Papst vorgestellt wird. Der Papst hat auch die Akten in Händen. Wir besprechen die Ergebnisse, der Papst fällt dann die Entscheidung. Zusätzlich gibt es Treffen, die zu außergewöhnlichen Situationen anberaumt werden.

Schon Paul VI. hatte sich den Dienstag immer freigehalten, und der jetzige Papst hat das übernommen. Er nützt das gern, um etwa eine oder eineinhalb Stunden vor dem Mittagessen eine Gesprächsgruppe zu versammeln, die dann noch mit ihm zu Mittag ißt, so daß man von 12 bis 15 Uhr miteinander diskutieren kann. Das kommt in relativer Regelmäßigkeit vor und ist der zweite Strang von Begegnungen. Da ist der Kreis etwas größer – während bei der Freitagsaudienz der Präfekt mit dem Papst allein ist.

Der Papst versammelt je nach Bedarf eine unterschiedlich zusammengesetzte Gesprächsgruppe – oder zum Beispiel auch eine ganze Gruppe von Bischöfen eines Landes –, in der zunächst die einzelnen Personen kurz ihre Position vortragen, so daß daraus dann eine Diskussion entsteht. Das heißt, der Papst will zunächst die Informationen kennenlernen, um die Argumente der beiden Seiten, wenn sie verschieden sind, zu verstehen und um so allmählich die richtige Entscheidung herankommen zu lassen. Die zwei wesentlichen Ebenen sind einerseits die Freitagsaudienz, andererseits diese Mittagsgespräche, in denen man sich austauscht.

Können Sie ein Beispiel für die Themen nennen?

Das sind all die Sachen, die dann zu Entscheidungen geworden sind. Das beginnt mit den Fragen der Befreiungstheologie, mit den Fragen über die Funktion des Theologen in der Kirche, mit den bioethischen Fragen und so weiter, einfach alle Themen, die Gegenstände der Kongregation sind.

Wenn es sozusagen um Großprojekte geht, so werden die Unterlagen in regelmäßigen Abständen ausgetauscht. Wenn zum Beispiel eine Enzyklika entsteht, diskutiert man, wie es zunächst mal angefaßt werden soll. Dann kommt ein erster Entwurf, man bespricht ihn miteinander. Die großen Themen werden nie sozusagen überfallartig an ihn herangetragen, sondern die werden in mehreren Etappen durchgeredet. Da sieht er Stadien und greift dadurch auch selber ein.

Fragt er dann später auch mal nach, was daraus geworden ist?

Wenn wir ihn nicht informieren, schon, ja.

Als Staatsoberhaupt ist der Papst der letzte absolutistische Fürst in Europa, als Kirchenoberhaupt und Apostelnachfolger ist er die letzte Glaubensinstanz. Der Vatikan gilt als überaltert. Das sei ein abgehobener Kreis von Greisen, der sich selbst genügt, der nicht mehr in Verbindung steht mit den Sorgen und Nöten der Gemeinden draußen. Ein Beispiel hierfür sei die sprichwörtliche vatikanische Langsamkeit, mit der man eben der Zeit mittlerweile unendlich hinterherhinke. Was haben Sie, gewissermaßen als Insider, für ein Bild vom Vatikan?

Unterscheiden wir jetzt den Vatikanstaat, wo der Papst Staatsoberhaupt ist, so ist es theoretisch richtig, daß er alle Rechte allein hätte, aber faktisch übt er seine Staatsoberhauptsfunktion kaum aus. Es ist ein winziger Staat, in dem es aber natürlich auch Verwaltungsaufgaben gibt; dafür gibt es ein sogenanntes Governatorato, also eine eigene Vatikan-Regierung. Jetzt gibt es inzwischen auch Mitarbeitervertretungen, so daß das gar nicht in so altmodischen Formen regiert wird, wie man denken mag.

Zu Ihrer anderen Frage: Er ist der oberste Glaubenshüter, das ist richtig, aber auch da entscheidet er nicht absolutistisch, sondern wesentlich im Hinhören auf das Bischofskollegium. Wahr ist, daß dem Vatikan eine gewisse Langsamkeit eignet, einfach schon deshalb, weil so viele Instanzen durchschritten werden müssen und weil dies auch der Sorgfaltspflicht entspricht. Andererseits ist die Langsamkeit natürlich auch durch das geringe Personal bedingt, und an einem Ort, an dem so viele Dinge gleichzeitig laufen, können die einzelnen Vorgänge gar nicht sehr schnell vorangebracht werden. Ich halte das aber nicht für einen Nachteil, sondern gerade in einer solchen Sache, wie es die Leitung der Kirche ist, wäre Hektik unangebracht und ist eigentlich Geduld ein gutes Instrument. Manche Fragen erledigen sich auch dadurch, daß man sie zunächst einmal laufen läßt und nicht immer sofort einschreitet.

Es ist natürlich richtig, daß der Kreis der Kardinäle ein Kreis von alten Männern oder jedenfalls nicht gerade jungen Männern ist. Der Vorteil ist, daß im allgemeinen Entscheidungen nicht überstürzt werden, daß viel Lebenserfahrung da ist, die auch eher nachsichtig machen kann. Aber man muß natürlich auch darauf achten, daß das Element der Jugend vertreten ist. Wir haben an sich die Regel, daß die Mitarbeiter, wenn sie eintreten, unter 35 Jahren sein müssen und dann auch nicht ewig bleiben dürfen, so daß also das mittlere Alter der Mitarbeiter auch andere Aspekte mit einbringt.

Es heißt, man müßte im Vatikan zunächst einmal wissen, wie die Machtspiele laufen, und man müßte auch lernen, diese Machtspiele zu spielen.

Das kann schon ein Aspekt sein, daß da auch Karrierepolitik gemacht wird und daß man sich rechtzeitig sozusagen auf die richtige Seite zu stellen versucht, um voranzukommen und nicht plötzlich herauszufallen. Solche Dinge gibt es schon, weil wir einfach unter Menschen sind. Ich muß sagen, ich weiß davon wirklich ganz wenig. Ich bin als Kardinal hereingekommen, ich brauchte also nicht um Macht zu spielen oder nach Karriere zu fragen. Deswegen interessiert es mich auch nicht so sehr.

Gibt es denn etwas am Vatikan, das Sie stört?

Ich glaube schon, daß man die Verwaltung etwas reduzieren könnte; obwohl ich hier keine konkreten Vorschläge habe. Die einzelnen Ämter sind ja nicht sehr hoch bestückt, und in bezug auf die Weltkirche im ganzen ist es vielleicht auch keine zu große Verwaltung. Trotzdem ist die Frage berechtigt, ob es nicht Reduktionen der Bürokratie geben könnte, die förderlich sind. Aber im ganzen bin ich mit unserem Leben in unserer Kongregation sehr zufrieden. Was mich persönlich stört, ist eigentlich, daß man zuviel machen sollte. Denn ich glaube, es ist realistisch schwer möglich, daß jemand diesem ganzen Anspruch gut genügt. Eine Frage, die ich mir stelle, ist, wie kann ich auch noch in den anderen Kongregationen meine Pflicht tun – und dabei auch noch Mensch bleiben und irgendwo auch die persönlichen Beziehungen nicht ganz zugrunde gehen lassen.

In wie vielen Kongregationen sind Sie denn?

In fünf Kongregationen, zwei Räten und einer Kommission (Latein-Amerika). Aber ständige Arbeit verlangen nur die Bischofs- und Propagandakongregation. Weniger regelmäßig, aber doch spürbar ist die Anforderung durch den Einheitsrat, die Ostkirchenkongregation, die Erziehungs- und Kultkongregation. Die anderen Mitgliedschaften spüre ich kaum. Aber das ist schon ein ganz schönes Paket.

Erzbischof Marcinkus hat einmal von einem »Dorf von Waschweibern« gesprochen, und er hat damit den Vatikan gemeint: »Man hat drei oder vier Priester versammelt, und schon kritisieren sie andere Leute.«

Das geschieht in meiner Gegenwart im allgemeinen nicht. Aber es ist klar, wo so viele Menschen so nah aufeinander leben und auch in so vielen Verflechtungen zueinander stehen, ist auch viel Geschwätz. Das kann man natürlich keineswegs für gut finden, aber irgendwo sehe ich auch die unausweichlichen Grenzen der Menschlichkeit. Man muß da eben von einem zu idealisierten Bild des Priesters Abschied nehmen. Wir müssen, glaube ich, zu unserer heilsamen Beschämung feststellen, daß wir so ganz andere Menschen gar nicht sind und daß die typischen Kollektivgesetze sich auch beim Ansammeln von Priestern ergeben. Da muß jeder einzelne versuchen, dagegenzuarbeiten, da müssen wir uns auch immer wieder gemeinsam in Zucht nehmen lassen, das ist ein Anspruch. Aber ich glaube, es ist schon ganz gut, daß man jeden Dünkel da ablegt, daß man sehen muß: Wir sind halt auch keine anderen Leute.

Resümee

Bequem zu handhabende Rezepturen waren von Ihnen nie zu bekommen, Sie stellen sich nun seit Jahrzehnten gegen den Trend. Fragt man sich da nicht auch manchmal, ob man richtig handelt, ob man die richtigen Zeichen setzt und auch, ob man den zeitgemäßen Ausdruck findet?

Das muß man sich auf jeden Fall fragen. Gott sei dank aber wird es auch andere geben, die es anders ausdrücken können, die das tun können, was ich selber nicht vermag. Man wird bescheidener, lernt die Grenzen des eigenen Vermögens kennen. Man sieht, daß es nur ein Beitrag ist, neben dem ganz andere stehen müssen. Und daß es neben denen, die nachdenken, und neben denen, die Amtsträger sind, vor allem die Charismatiker geben muß, jene, die Leben zünden. Insofern versuche ich natürlich schon zu sehen, daß das, was ich tun kann, nur in einem vielfältigen Zusammenhang seine Bedeutung hat und dabei auch Selbstkritik nicht unwesentlich ist.

Wenn Sie auf eine Insel nur zwei Bücher mitnehmen könnten, so haben Sie einmal geantwortet, wären dies die Bibel und die Bekenntnisse des heiligen Augustinus. Welche Bekenntnisse wären denn von Kardinal Ratzinger zu erwarten?

Ich habe keine so großen Bekenntnisse wie Augustinus abzulegen, der ja wirklich, indem er die Frage seines Lebens und seinen Weg dargestellt hat, die ganze christliche Existenz beleuchtet hat. Ich kann bescheidene Fragmente zurücklassen. Ob das dann einmal für die Menschheit noch etwas bedeutet oder nur im Augenblick nützlich ist, lasse ich ganz offen.

Gibt es denn auch etwas, das Sie, wenn Sie jetzt könnten, gerne ungeschehen machen würden?

Ungeschehen würde ich eigentlich nichts machen. Ich würde vieles jetzt anders machen, weil man in einem anderen Lebensalter einiges aus einer neuen Perspektive heraus sieht.

Oft hat man den Eindruck, Sie wollten etwas aufbewahren, wie ein Vater, der das mühsam geschaffene Erbe bewahren will. Wenn schon nicht für die eigenen Kinder, die es offenbar nicht richtig ehren und gebrauchen können, dann soll wenigstens für die Enkel der Zugriff zumindest noch möglich sein und das Erbe nicht verschludert. Wenn Sie zurückblicken auf Ihre Arbeit als Präfekt, haben Sie etwa auch schlimme Entwicklungen verhindert, was von der Öffentlichkeit gar nicht bemerkt wurde?

Den Gedanken, etwas aufzubewahren, auch für die Enkel,

den finde ich sehr schön. Denn darum geht es mir wirklich, daß diese Kostbarkeit, die der Glaube ist, in seiner Leuchtkraft und auch eben mit dem, was in unserer Geschichte an Schönem und Gutem dazugewachsen ist, nicht verlorengeht. Daß dieses zugänglich bleibt und gesehen werden kann, das finde ich sehr gut. Was die Bilanz angeht, würde ich sagen, daß ich schon denke, daß wir mit den Aussagen über die Befreiungstheologie, mit Aussagen im bioethischen Bereich und mit dem Katechismus etwas geholfen haben in den Entwicklungen der letzten 15 Jahre. Vor allen Dingen haben die Kontakte mit den Bischofskonferenzen zu einem größeren gegenseitigen Verstehen geführt und den Bischöfen auch geholfen, ihren Auftrag gemeinsam zu sehen, gemeinsam untereinander und gemeinsam mit Rom. Insofern war es möglich, Einseitigkeiten, die drohen konnten, auszugleichen, immer wieder das Wesentliche zu sehen und von da aus die Gewichte zu setzen.

In einem von Ihnen unterzeichneten Dokument haben Sie an die Ermahnungen des Apostels Paulus erinnert. Darin heißt es: »Verkünde das Wort, tritt dafür ein, ob man es hören will oder nicht. Weise zurecht, tadle, ermahne in unermüdlicher und geduldiger Belehrung. Denn es wird eine Zeit kommen, in der man die gesunde Lehre nicht erträgt, sondern sich nach eigenen Wünschen immer neue Lehrer sucht, die den Ohren schmeicheln; und man wird der Wahrheit nicht mehr Gehör schenken, sondern sich Fabeleien zuwenden. Du aber sei in allem nüchtern, ertrage das Leiden, verkünde das Evangelium, erfülle treu deinen Dienst.«

Ich will mich nicht übernehmen, aber ich würde schon sagen, daß in diesem Wort sehr wesentlich zum Ausdruck kommt, was ich als meinen Standard in dieser Zeit ansehe.

Gibt es für Sie noch so etwas wie die Fragen aller Fragen? Und wenn Sie eine Frage an den Weltgeist frei hätten, was würden Sie gerne wissen wollen?

Die Frage, die ich haben würde, ist die, die eigentlich jeder hat: Warum ist diese Welt so, was bedeutet das ganze Leid in ihr, warum ist das Böse so mächtig in ihr, wenn Gott doch der eigentlich Mächtige ist?

Einen Mann Ihres Zuschnitts, mit Ihrer Biographie, Ihrer Universalität, mit Ihrer Art, zu denken, zu handeln und zu glauben, wird es auf dem Chefposten der Glaubenskongregation vermutlich nicht mehr geben. Mit Ihnen endet nicht nur ein Jahrhundert, sondern eben auch eine Generation, deren Wurzeln ins 19. Jahrhundert zurückreichen. »Das Neue ist schon im Kommen«, haben Sie einmal gesagt. Wie sehen Sie selbst Ihre Position in der Geschichte? Wie weit, glauben Sie, haben Sie schon die Tür zum Neuen aufgemacht? Oder wird und muß es erst der nächste tun, derjenige, der nach Ihnen kommt?

Ich würde das alles sehr relativieren und sagen, welche Formate hernach kommen werden, das warten wir ab, und das wird man auch sehen. Es werden ganz andere Zeiten sein, insofern werden diese Figuren eine andere Gestalt haben. Und was das Gewicht in der Geschichte betrifft, das können wir jetzt noch nicht absehen. Sicher, wer in diesem Jahrhundert gelebt hat, hat in einer Zeit großer Verwandlungen gelebt und reicht in der Tat irgendwo noch ins vorige zurück. Insofern stimmt es schon, daß hier noch ein sehr lebendiger Kontakt mit inzwischen Verschwundenem da ist. Dadurch, daß wir dann in eine ganz andere Welt hineingestoßen worden sind, erstand auch die Funktion, Kontinuität zu erhalten im

Weitergehen. Dieses habe ich versucht. Ob das aus späteren geschichtlichen Entwicklungen heraus dann auch noch als eine Schlüsselstellung erscheint, muß man ganz offen lassen. Man sieht natürlich die gewaltigen Umwälzungen der eigenen Zeit, aber die großen Perspektiven, die hernach kommen, bleiben uns verschlossen. Was mir zukam, war, glaube ich, das Stehen in dieser Kontinuität, sie weiterzutragen und zugleich sie hineinzuvermitteln in eine allerdings immer mehr sich beschleunigende Geschichte.

Gemeinhin wird vermutet, es gäbe zwei Ratzinger: einen vor Rom, einen progressiven, und einen in Rom, den konservativen und gestrengen Glaubenswächter. Es sei aus dem einstigen theologischen Teenager mit progressiven Zügen ein resignierter Konservativer mit gelegentlich apokalyptischen Anwandlungen geworden. Sie selbst sagten einmal, Joseph Ratzinger wäre sich immer treu geblieben, die anderen hätten sich wegbewegt.

Ich glaube, ich habe hier bereits das Wesentliche gesagt, daß die Grundentscheidung meines Lebens kontinuierlich ist, daß ich an Gott in Christus in der Kirche glaube und darauf hinzuleben versuche. Dieser Entscheid entfaltet sich im Prozeß des Lebens, und insofern finde ich auch gut, daß er nicht an irgendeiner Stelle eingefroren ist. Die Lebensalter ändern den Menschen, er soll nicht, wenn er siebzig ist, versuchen, ein Siebzehnjähriger zu sein und umgekehrt. Ich möchte dem als wesentlich Erkannten treu sein, auch offen bleiben, die notwendigen Variabilitäten zu sehen. Und das, was um einen Menschen herum ist, ändert natürlich seine Stellung, er steht plötzlich in einem anderen Koordinatennetz. Das Diskussionsgefüge in der Kirche heute ist ganz anders als vor dreißig Jahren. Insofern geben die Umstände dem, was einer tut und sagt, einen anderen Stellenwert. Ich bestreite nicht, daß es in meinem Leben Entwicklung und Wandel gibt, aber ich halte fest, daß es Entwicklung und Wandel in einer grundlegenden Identität ist und daß ich, gerade mich wandelnd, dem, worum es mir immer gegangen ist, treu zu bleiben versucht habe. Da stimme ich Kardinal Newman zu, der sagt, zu leben heißt, sich zu wandeln, und der hat viel gelebt, der auch fähig war, sich zu wandeln.

Jede Aufgabe fordert für gewöhnlich einen Preis. Und wohl erst recht eine so hochgesteckte wie die, der Wahrheit zu dienen.

Der Wahrheit dienen ist ein großes Wort und ist der »oberste Wille«, der in diesem Beruf da ist. Aber das zahlt sich natürlich in kleiner Münze aus. Das geschieht in sehr vielfältigen, sehr einfachen und kleinen Dingen, irgendwo im Hintergrund. Der Wille zur Wahrheit bleibt grundlegend, aber faktisch muß ich Korrespondenz bearbeiten, Akten lesen, Gespräche führen und so weiter.

Für mich war der Preis der, daß ich sozusagen nicht ganz das tun konnte, was ich mir vorgestellt hatte, nämlich im großen geistigen Gespräch unserer Zeit wesentlich mitzudenken und mitzureden, ein eigenes Opus zu entwickeln. Ich mußte eben in das Kleine und Vielfältige der faktischen Konflikte und Ereignisse hinuntersteigen. Einen Großteil dessen, was mich interessieren würde, mußte ich beiseite lassen und mich einfach in den Dienst hineinstellen und ihn als meine Aufgabe annehmen. Und ich mußte mich von der Idee befreien, ich müßte unbedingt dies oder jenes schreiben und lesen, statt dessen mußte ich anerkennen, daß das hier meine Aufgabe ist.

Sind Sie nun einverstanden mit Ihrem Leben, sind Sie ein glücklicher Mensch?

Ja, ich bin einverstanden, denn gegen sich selbst und sein Leben anzuleben, hätte keinen Sinn. Und ich glaube, daß ich auf andere Weise, als ich es vorhergesehen und erwartet hatte, doch etwas Sinnvolles tun konnte. Und ich bin wirklich dankbar für das Leben, so wie es von Gott gefügt und gestaltet worden ist.

Glaube, Hoffnung, Liebe, die Kardinalstugenden – was bedeuten sie im Leben des Joseph Kardinal Ratzinger?

Über Glaube haben wir wohl sehr viel gesprochen, daß das zunächst einmal die Wurzel ist, durch die sich das Leben aufschließt, der Grundentscheid, Gott wahrzunehmen und anzunehmen. Und daß das der Schlüssel ist, von dem sich das andere erklärt.

Dieser Glaube bedeutet Hoffnung, denn so wie die Welt ist, ist sie ja nicht einfach gut, und so sollte sie auch nicht bleiben. Wenn man sie rein empirisch betrachtet, könnte man meinen, daß das Böse die Hauptmacht in der Welt ist. Christlich hoffen heißt, um das Böse zu wissen und doch zuversichtlich der Zukunft entgegenzugehen. Glaube beruht in seinem Kern darauf, das Geliebtsein von Gott anzunehmen, und daher bedeutet er nicht nur, zu ihm ja zu sagen, sondern zur Schöpfung ja zu sagen, zu den Geschöpfen, vor allem zum Menschen, in jedem zu versuchen, ein Bild Gottes zu sehen und dadurch ein Liebender zu werden.

Das ist nicht einfach. Aber durch das Grund-Ja, durch die Überzeugung, Gott hat die Menschen geschaffen, er steht dahinter, sie sind gar nicht einfach negativ, kann die Liebe ihren Anhalt finden und vom Glauben her Hoffnung begründen. Hoffnung enthält insofern das Element der Zuversicht gegenüber unserer bedrohten Geschichte, aber sie hat nichts mit Utopie zu tun: Nicht die zukünftige bessere Welt ist Gegenstand der Hoffnung, sondern das ewige Leben. Die Erwartung der besseren Welt trägt niemanden, denn die ist ja nicht unsere Welt, und jeder muß mit seiner Welt, mit seiner Gegenwart auskommen. Die Welt der kommenden Generationen wird wesentlich von der Freiheit dieser Generationen geprägt und kann von uns nur sehr begrenzt vorherbestimmt werden. Aber das ewige Leben ist ja meine Zukunft und darum geschichtsprägende Kraft.

KAPITEL II

Probleme der katholischen Kirche

Rom in Bedrängnis

Noch immer kommen Hunderttausende von Menschen, wenn der Papst auf seinen Reisen Messen liest, über den wirklichen Zustand der Kirche aber können diese Massenmeetings kaum Auskunft geben. Bereits 1984 sprachen Sie, was die Lage der Kirche betraf, von einem Prozeß des Niedergangs. Nun scheint es, als könnte man die katholische Kirche bald schon mit den berühmten schwarzen Löchern im Weltall vergleichen. Mit einem zusammenbrechenden Stern also, der in seinem Zentrum längst unsichtbar geworden ist und allmählich auf Zwergengröße schrumpft. Seine Existenz ist noch bemerkbar, aber nur noch in den verblüffenden Bewegungen im Umkreis seiner einstmals riesigen Masse. Kleine Stücke des alten Brockens, die nicht in der Lage sind, der Anziehungskraft des Mutterkörpers zu entkommen, fliegen hilflos in kleinen neuen Einheiten umher, stoßen ineinander oder zerstören sich selbst.

Das Bild von den schwarzen Löchern, von den schon zerfallenden Sternen, finde ich sehr interessant. So kann es empirisch durchaus aussehen. Sicher ist, daß auf den gerade beschriebenen Prozeß in der gegenwärtigen Geschichtsphase keine Massenbewegung zum Glauben folgt, daß sich die Geschichtsstunde nicht herumwendet und dieser Stern sozusagen wieder kompakt wird und zu seiner alten Größe und

Leuchtkraft kommt. Es wäre zweifellos eine falsche Erwartung, es könne sich sozusagen eine Geschichtstrendwende ereignen, daß der Glaube wieder zum großen Massenphänomen, zum geschichtsbeherrschenden Phänomen wird.

Aber ich glaube nach wie vor, daß es die stillen Aufbrüche gibt, daß sich die Kirche sozusagen wieder neu aus den Heiden sammelt und sich in dem Sinn die Erfahrung wiederholt, die die Jünger Jesu und Jesus selber gemacht haben. Wenn er sagt: »Einen solchen Glauben habe ich in Israel nicht gefunden«, traut er sozusagen dieser ganz heidnischen Welt Glaubensaufbrüche zu, wie sie in dieser Lebendigkeit bei den heutigen Christen nicht da sind, die oft ihres Glaubens müde sind und ihn als ein ganz schweres Gepäck ansehen, das sie halt weiterschleppen, aber dessen sie eigentlich nicht froh werden. In diesem Sinne wird dann auch das Bild vom Stern begrenzt, weil das Christentum, wie ich schon sagte, immer wieder an der Senfkorn-Stelle steht, aber gerade auch von daher sich immer wieder verjüngt. Ob es noch einmal geschichtsgestaltend wird, so wie das Mittelalter als Ganzes unter dem Zeichen des Christentums stand, das kann niemand voraussagen. Aber daß es weiterhin und neu, in neuen Weisen, auch als Lebenskraft in der Geschichte, dastehen wird und Überlebensorte der Menschlichkeit wieder neu bildet, dessen bin ich ganz gewiß.

Die bloße Erfahrung des Negativen allerdings, die Erkenntnis, daß es ohne Glauben schiefgeht und daß wir in eine ungeheure Leere hineingeraten, bringt noch nicht Glauben hervor. Sie kann in der einfachen Resignation oder in der totalen Skepsis oder im Zynismus verpuffen – oder noch weiter zur Zerstörung des Menschen führen.

Es ist doch eine paradoxe Situation entstanden. In einer Weltenwende, deren Veränderungsgeschwindigkeit für viele

Menschen kaum noch zu ertragen ist, hat sich im Grunde eine religionsfreundliche Atmosphäre entwickelt. Neue Hyper- und Mischformen der Spiritualität werden nachgefragt wie noch nie. Die bislang stärksten Bataillone der Religion aber, die christlichen Volkskirchen, können von der allgemeinen Sinnsuche nicht profitieren.

Zunächst ist richtig, daß in gewisser Hinsicht ein neues Zeitalter der Religion angebrochen ist. Daß die Menschen in vielfältiger Form nach Religion suchen, sie aber nicht im christlichen Glauben, nicht in der Kirche zu finden meinen, sondern nach ganz neuen Formen Ausschau halten, in denen allerdings Religion häufig nur eine Verklärungsform darstellt, mit der man Gegengewichte gegen den Alltag schaffen will oder auch ins Magische und Sektiererische abgleitet und dann in kranken Formen sich darstellt. Die großen Volkskirchen ersticken vielleicht auch etwas an ihrer Überinstitutionalisierung, auch an ihrer institutionellen Macht, am Druck ihrer eigenen Geschichte. Das Lebendige, Einfache des Glaubens kommt nicht mehr zur Erscheinung. Christ sein bedeutet dann lediglich, einem großen Apparat zuzugehören und irgendwie zu wissen, daß es da unzählige Moralvorschriften und schwierige Dogmen gibt. Auf diese Weise erscheint das Christentum dann als Traditions- und Institutionsballast, den man nur deshalb nicht wegwerfen mag, weil man die Hilfsfunktion, die darin steckt, irgendwo noch erkennt. Die eigentlich zündende Flamme aber kann sozusagen durch das Übermaß an Asche, das darüberliegt, nicht durchdringen.

Es scheint mehr als nur Asche darüberzuliegen. Nach den Stereotypen des augenblicklichen Mainstreams an Meinung gilt die römisch-katholische Kirche nicht nur als Relikt aus einer vergangenen Zeit und fast als schon verachtungswür-

dig, für die Welt am Ende des zweiten Jahrtausends nach Christus scheint es nachgerade keine größere Provokation zu geben als das bloße Vorhandensein der Amtskirche. Daß es einen Gott gibt, daß er einen Sohn hat und daß Gott diesen Sohn geschickt hat, um die Menschheit zu erlösen, dieser Tatbestand klingt für viele inzwischen wie die Verkündigung eines schier Wahnsinnigen. Man kann wohl sagen, daß kaum eine andere Institution die Welt – und seltsamerweise eben auch die westliche Welt, die vom christlichen Glauben und der Kirche geprägt worden ist – so sehr provoziert wie die katholische Kirche.

Das spricht aber in vielem auch *für* die katholische Kirche, daß sie immer noch eine Provokationsmacht hat, daß sie Stachel und Widerspruch ist, oder wie der heilige Paulus es ausdrückt, Skandalon ist, ein Stolperstein. Das zeigt doch, daß sie etwas bedeutet und man nicht einfach über sie hinweg zur Tagesordnung übergehen kann. Ich habe sehr früh schon gesagt, man muß das primäre und das sekundäre Skandalon unterscheiden. Das sekundäre besteht aus unseren wirklichen Fehlern, Mängeln und Überinstitutionalisierungen, aber das primäre besteht eben darin, daß wir dem Abgleiten ins Banale, Spießige und in falsche Verheißungen einen Widerspruch entgegenstellen, daß wir den Menschen nicht einfach in seinen selbstgeschaffenen Ideologien zur Ruhe kommen lassen. Deswegen würde ich sagen: Insofern die katholische Kirche Skandalon ist, indem sie sich einer scheinbar sich bildenden neuen Weltideologie entgegensetzt und ihr gegenüber Urwerte des Menschseins verteidigt, die sich nicht in diese Einheitsideologie einbauen lassen, ist das an sich positiv.

Was besonders auffällt, ist, wie sehr die Kirche an Glaubwürdigkeit verloren hat. Hierfür ein besonders groteskes

Beispiel: Als der Papst vor Jahren demonstrativ auf die Existenz und die Bedeutung der Engel hinwies, klang das für viele wie ein Witz. Aber plötzlich wurden Engel en vogue. Das waren freilich jetzt die richtigen, die guten Engel. Sie waren offensichtlich gleichfalls aus der Kirche ausgetreten.

Das ist eigentlich auch ganz lustig, zu beobachten, wie schnell sich die geistigen Moden verändern. Da gab es zunächst eine Art rationalistischer Übereinkunft, die sozusagen ein gereinigtes Christentum überlassen wollte, aus dem alles Überflüssige weg mußte. Engel und Heilige, das paßte alles nicht mehr. Dann kommt plötzlich ein neuer Drang nach dem Geheimnisvollen und nach einer doch irgendwie vom Transzendenten erfüllten Welt, und tatsächlich auch eine neue »Engelswelle«, die nun von außerhalb der Kirche auf uns zukommt und mit vielen Fragwürdigkeiten belastet ist. Das ist natürlich ein bedenkenswertes Phänomen, daß Aussagen des Glaubens, wenn sie von der Kirche kommen, entweder nicht wahrgenommen oder als abstoßend empfunden werden, während sie von außen her dann plötzlich wieder ihre Dringlichkeit erhalten. Das zeigt wohl, daß im Innenleben der Kirche eine Ermüdung eingetreten ist, die das Schöne und menschlich Notwendige der Glaubensdinge nicht mehr zum Vorschein kommen läßt. Insofern, denke ich, kann uns auch das von außen Kommende helfen, daß wir wieder für uns selber aufwachen.

Um noch einmal das Ausmaß dieses Prozesses anzusprechen: Auch das Wissen um den Glauben ist weg, so als wenn es urplötzlich und geheimnisvoll von einer fremden Macht abgesaugt worden wäre. In Deutschland beispielsweise glauben dreißig Prozent der Erwachsenen mittlerweile, Weihnachten sei ein Märchen der Gebrüder Grimm. Die Priester wissen nicht mehr, wer sie sind, die Gläubigen nicht mehr, was sie glauben sollen, die Theologen fahren fort, eine um die andere Grundfeste der Überlieferung weiter zu unterminieren, der Schatz der Liturgie wird verschleudert.

Sie haben jetzt eine Menge kritischer Dinge gesagt, die man vielleicht auch im einzelnen beleuchten müßte. Dann müßte ich vielleicht doch auch die Theologen irgendwo verteidigen. Aber wir gehen jetzt nicht in diese Details.

Sie haben recht, es ist ein Absturz auch der einfachen religiösen Information erfolgt. Da müssen wir uns natürlich fragen: Was macht unsere Katechese? Was macht unser Schulwesen, wo Religionsunterricht eigentlich ganz ausgedehnt da ist? Ich glaube, daß man einem Irrtum unterlegen ist, als man wirklich zu wenig Information weitergegeben hat. Mit Recht haben sich zwar unsere Religionspädagogen dagegen gewehrt, daß Religionsunterricht nur Information sei, und gesagt, es ist etwas anderes, es ist mehr, es geht darum, das Leben selbst zu lernen, es muß mehr vermittelt werden. Das hat aber dann dazu geführt, daß man zunächst einmal Sympathien für diesen Lebensstil zu vermitteln versuchte, daß man aber den eigentlichen Informationsgehalt vernachlässigt hat. Da, glaube ich, müßten wir wirklich zu einer Wende bereit sein, zu sagen, wenn wir in dieser profanen Welt überhaupt Religionsunterricht an den Schulen haben, müssen wir davon ausgehen, daß wir viele in der Schule nicht zum Glauben bekehren können. Aber die Schüler sollen erfahren, was Christentum ist, sie sollen die gute Information erhalten, natürlich auf sympathische Weise, so daß sie angeregt werden, sich zu fragen: Ist das vielleicht etwas für mich?

Heute scheint es oft so, daß die Schar derjenigen, die noch Messen besuchen, an Prozessionen teilnehmen und sich po-

sitiv über die Kirche äußern, von der Mehrheit wie ein Häufchen von Exoten betrachtet wird. Und selbst dieses letzte Häuflein muß zunehmend den Eindruck haben, es lebe mit den Vorstellungen des Christentums plötzlich in einer Welt, die mit der Welt ringsherum nichts mehr zu tun hat. Ist der Prozeß des Niederganges nicht schon dramatischer, als man glauben möchte?

Sicher, es gibt zur Zeit einen ungeheuren Bedeutungsverlust des Christlichen und auch einen Gestaltwandel der Gegenwart der Kirche. Die bisherige Existenz einer christlichen Gesellschaft zerbröckelt ganz augenscheinlich. Insofern wird auch das Verhältnis von Gesellschaft und Kirche sich weiter wandeln und vermutlich weiter zu einer entchristlichten Form der Gesellschaft hinführen. Was im Glauben sich zuträgt, wird nicht mehr ohne weiteres innovativ auf das gesellschaftliche Gesamtbewußtsein wirken.

Der zentrale Bereich des Lebens von heute ist nun tatsächlich derjenige der wirtschaftlichen und technischen Innovationen. Dort – und ganz speziell auch in der Unterhaltungswelt der Medien – wird Sprache gebildet, wird Verhalten geformt. Das ist sozusagen der Mittelbereich der menschlichen Existenz, der in den großen Massenbewegungen angesprochen wird. Religion ist dabei zwar nicht verschwunden, aber sie ist in den Bereich des Subjektiven abgewandert. Glaube wird dann als eine der subjektiven Religionsformen toleriert; oder er behält letztlich als Kulturfaktor einen bestimmten Raum.

Aber auf der anderen Seite wird das Christentum auf neue Weise Lebensmodelle anbieten und sich in der Einöde des technischen Daseins wieder als ein Ort einer wirklichen Menschlichkeit darstellen. Das geschieht jetzt schon. Ich meine, man kann gegen die einzelnen Bewegungen von Neokatechumene, Focolarini und so weiter immer Einwendungen erheben, aber hier sind in jedem Fall innovative Aufbrüche zu beobachten. Hier ist Christentum als Neuheitserlebnis da und wird von Menschen, die oft von sehr weit außen herankommen, plötzlich als die Chance zu leben und in diesem Jahrhundert leben zu können, empfunden. Von daher wird wohl die Öffentlichkeitsfunktion der Kirche nicht mehr die gleiche sein, die sie in der bisherigen Verschmelzungsgestalt von Kirche und Gesellschaft hatte, aber sie wird immer noch als eine neue Chance für den Menschen auch öffentlich sichtbar werden.

Begriffe aus dem Spektrum der Kirche, die doch einmal eine Weltsprache sprach, spielen heute keine Rolle mehr. Und der Kirche gehen offenbar zunehmend auch die schöpferischen Kräfte verloren. Bis fast in unsere Tage hinein war es selbstverständlich, daß auch Künstler und Intellektuelle sich zur Kirche bekannten. Jahrhundertelang war dies ohnehin keine Frage. Raffael, Michelangelo oder Johann Sebastian Bach, begnadete Menschen, waren in ihrer Dienstbereitschaft für die Kirche ungeheuer schöpferisch. Heute dagegen engagieren sie sich, wenn überhaupt, für Greenpeace oder amnesty international.

Das hängt mit dem vorhin beschriebenen Geschichtsgang zusammen. Die öffentliche, von den Medien vertretene Gegenwartskultur ist eine Kultur der Abwesenheit von Transzendenz, in der das Christentum nicht als die prägend bestimmende Macht zu erfahren ist. Hier suchen sich auch die moralischen Kräfte zum Teil andere Wege, wie Sie gerade gesagt haben. Aber ich bin ganz sicher, daß es der Kirche auch weiterhin nicht an schöpferischen Kräften fehlen wird. Wenn Sie an die Spätantike denken: Hier ist der heilige Benedikt vielleicht gar nicht aufgefallen. Das war auch ein Aussteiger, der der noblen römischen Gesellschaft entstammte und etwas Absonderliches gemacht hat. Das hat sich dann später als die »Arche des Überlebens für das Abendland« erwiesen. Und in diesem Sinn, glaube ich, gibt es heute christliche Aussteiger, die aus diesem merkwürdigen Konsens der modernen Existenz heraustreten, neue Lebensformen versuchen; die zwar keine besondere öffentliche Beachtung finden, aber etwas tun, was wirklich in die Zukunft weist.

Können Sie diesen »merkwürdigen Konsens der modernen Existenz« näher beschreiben?

Er besteht in dem, was ich eben andeutete: Gott zählt nicht im Ethos der Menschen. Wenn es ihn gibt, so hat er jedenfalls mit uns nichts zu tun – das ist praktisch die allgemeine Maxime. Er befaßt sich nicht mit uns, wir nicht mit ihm. Infolgedessen zählt auch die Frage nach dem ewigen Leben nicht. Die Verantwortung vor Gott und seinem Gericht ist durch die Verantwortung vor der Geschichte, vor der Menschheit ersetzt. Daraus entstehen durchaus moralische Maßstäbe, die dann sogar mit ziemlichem Fanatismus vorgetragen werden können, etwa der Kampf gegen die Überbevölkerung, der mit dem allgemeinen Kampf um die Erhaltung des biologischen Gleichgewichts gekoppelt ist. Aber zugleich bedeutet dies, daß alles erlaubt ist, was damit nicht konkurriert. Weil es keine Verantwortungsinstanz gibt außer der öffentlichen Meinung und ihren Gerichten (die grausam sein können), ist die Motivationskraft dieser Ideale im individuellen Leben oft sehr gering. Die Schubkraft der Ideale kommt mehr den Fernen als den Nahen zugute; im Nahbereich wächst häufig eher der Egoismus ...

Vom Zustand der Kirche

Eine Weltkirche muß zwangsweise mit vielen Ungleichzeitigkeiten zurechtkommen. Die kulturellen und historischen Unterschiede der einzelnen Völker ergeben ein gewaltiges Gefälle. Die katholische Kirche besteht eben nicht bloß aus dem emanzipatorisch-kritischen, autoritätsmüden Westen. Da gibt es auch die östlichen Märtyrerkirchen, die sozialpolitisierten Kirchen in Südamerika. Hinzu kommen die vielen gegeneinander streitenden Glaubens- und Denkrichtungen. Es scheint heute leichter, in der Kirche die Unterschiede festzuhalten als die Gemeinsamkeiten. Gibt es eigentlich noch einen Konsens?

Ja. Das sehe ich, wenn wir allein das Bild der Bischöfe aus dem ganzen Erdenrund an uns vorüberziehen lassen. Natürlich sind die Gesprächslagen, die Temperamente, die kirchlichen Situationen, die sie repräsentieren, sehr verschieden. Aber es gibt doch das gemeinsame Katholischsein, das sich zum Beispiel in der Liturgie ausdrückt, in anderen Formen der Frömmigkeit, in moralischen Grundentscheidungen, in prägenden Überzeugungen. Auch wenn die Kirche wesentlich vielfältiger geworden ist, ist sie doch ihrem Kern nach eine Kirche, die sich im Bekenntnis ausdrückt und auch ganz praktisch in der Bindung an Rom, die eben als Bindung an eine gemeinsame Glaubensidentität verstanden wird. Insofern leben hier zweifellos ganz verschiedene Welten beieinander, die aber über diese großen Differenzen hin eine so große Einheit haben, daß man jederzeit miteinander Messe feiern kann, miteinander sprechen kann und sich in den Grundbegriffen und -elementen versteht. Das ist, glaube ich, auch etwas Wichtiges, was die katholische Kirche für die Menschheit beiträgt, daß sie so verschiedene Welten in einem Grundkonsens beieinanderhält und damit auch Brükken über Welten hin schafft.

Ist dieser Grundkonsens nicht eher nur noch ein Minimalkonsens?

Nein, das würde ich nicht sagen. Er hat keine so kristalline, uniforme Gestalt mehr, wie er sie vielleicht vor 50 Jahren, oder ich weiß nicht wann, hatte. Er ist mehr aufgefächert nach Kulturen. Aber er hat eine ganz solide Einheit. Das heißt, alle lesen die gleiche Bibel, lesen sie in dem gleichen Geist der katholischen Überlieferung und wissen sich dem gleichen Credo und dem gleichen Lehramt verpflichtet. Das realisiert sich in unterschiedlichen Umständen verschieden, aber es ist eine durchaus spürbare Einheit, die ich in der Begegnung mit Bischöfen, aber auch mit Jugendgruppen aus aller Welt sehr greifbar erfahre. Die katholische Identität ist da über alle Grenzen hin ein ganz reales Erlebnis.

Dazu muß man natürlich berücksichtigen, daß es in den Ungleichzeitigkeiten und Kulturkontrasten andererseits weltweite Einheitsströmungen, Uniformierungsströmungen gibt. Die Technik und die Medien schaffen auch ein Welteinheitsklima. Das Fernsehen dringt heute auch in die ärmsten Winkel der Welt vor und strahlt eine bestimmte Ideologie aus, und auch Technik ist kaum noch irgendwo ganz abwesend. Was also heute miteinander streitet, ist einerseits eine Uniformierungstendenz, die alle auf dieses gleiche Niveau einer erreichten Welttechnik und ihrer Ideen zusammenführt. Gegen sie steht andererseits eine Identitätsrevolte, in der die Eigenkulturen sich verstärkt gegen diese Uniformierungen wehren und nach ihrer ursprünglichen Physiognomie suchen. Da zeigt sich, daß diese Uniformität und die Reichweite der technischen Weltkultur, die überallhin vordringt, trotzdem nicht ausreicht, um eine tiefere Einheit in der Menschheit zu stiften, die die eigentlichen inneren Schichten des Menschen anrührt. Darin liegt die kompliziertere und in mancher Hinsicht auch viel wichtigere Situation der Kirche.

Was meinen Sie damit?

Die Überzeugungen und die Verhaltensweisen, die die Kirche zusammenhalten, liegen tiefer als die Redewendungen und die Verhaltensmuster, die sich uns von den Massenmedien her aufdrängen. Die Handhabung eines Computers, der Umgang mit einem Auto, die Bedienung eines Fließbandes, die Konstruktion eines Hochhauses und so weiter sind Dinge, die in der ganzen Welt mit geringen Varianten nach den gleichen technischen Gesetzen auf gleiche Weise vor sich gehen. Aber damit können sich ganz verschiedene Lebenshaltungen verbinden. Das äußere Tun ist überall dasselbe, aber das besagt nicht, daß die Menschen, die das gleiche tun, sich gegenseitig verstehen können, daß sie Respekt voreinander und Frieden miteinander haben können. Dafür sind die religiösen und ethischen Überzeugungen entscheidend, die ganze Art der Gewissensbildung. Darum aber geht es in der Kirche. Es liegt wohl auf der Hand, daß diese äußerlich kaum greifbare Formung des inneren Menschen schwieriger und zugleich wichtiger ist für den Zusammenhalt der Menschheit und für den Erhalt ihrer Menschenwürde. Von daher kann man wohl verstehen, daß ein gemeinsamer sinnlicher Ausdruck der gemeinsamen Formung des Gewissens in der Gemeinsamkeit des Glaubens wesentlich ist, denn was gar nicht nach außen tritt, bleibt wirkungslos. Deswegen ist es zum Beispiel wichtig, daß in der Liturgie wie überhaupt im kirchlichen Leben diese inneren Gemeinsamkeiten über die Kulturgrenzen hinweg sinnlich faßbar werden.

Lassen sich innerhalb der Kirche grundsätzliche Konstellationen und Fronten oder sogar vielleicht Fraktionen definieren?

Es gibt hier natürlich Strömungen, die quer über den Erdkreis hingehen. Zunächst einmal ist da der Grundgedanke der Befreiungstheologie. Er hat in eigentlich allen Kontinenten Widerhall gefunden, wobei er ja auch ins Positive gewendet sein kann. Der Kerngedanke ist ja, daß sich das Christentum auch in der irdischen Existenz des Menschen auswirken muß. Es muß ihm die Freiheit des Gewissens geben, es muß aber auch versuchen, die sozialen Rechte des Menschen geltend zu machen. Wenn dieser Gedanke dagegen ins Einseitige gewendet wird, versucht er das Christentum generell als Instrument einer politischen Umgestaltung der Welt zu fassen. Aus diesem Ansatz hat sich die Idee gebildet, alle Religionen seien eigentlich nur Instrumente, um für Freiheit, Frieden und Bewahrung der Schöpfung einzutreten; sie müßten sich also eigentlich durch einen politischen Erfolg und eine politische Zwecksetzung rechtfertigen. Diese Thematik variiert je nach den politischen Situationen, aber sie geht quer durch die Kontinente hindurch. Sie hat heute in Asien, aber auch in Afrika stark Fuß gefaßt. Sie ist übrigens sogar in die islamische Welt eingedrungen. Es gibt auch hier Versuche, den Koran befreiungstheologisch zu interpretieren. Das bleibt dort natürlich marginal, aber in den islamischen Terrorbewegungen hat es zum Beispiel eine bedeutende Rolle gespielt, daß der Islam doch eigentlich eine Befreiungsbewegung – etwa gegen Israel – sei.

Inzwischen hat sich die Befreiungsidee – wenn wir überhaupt Freiheit als Grundnenner der neuzeitlichen Geistigkeit und unseres Jahrhunderts nennen dürfen – sehr stark auch mit der feministischen Ideologie verschmolzen. Die Frau gilt nun als das eigentlich unterdrückte Wesen; daher sei die Befreiung der Frau der Kern jeder Befreiungstätigkeit. Hier hat man gleichsam die politische Befreiungstheologie durch eine anthropologische überholt. Dabei ist nicht bloß an die Befreiung von Rollenzwängen gedacht, sondern letztlich eine Befreiung von der biologischen Bedingtheit des Menschen anvisiert. Man unterscheidet nun das biologische Phänomen Sexualität von dessen historischen Ausformungen, die man »gender« nennt, aber die geforderte Revolution gegen die ganze Geschichtsgestalt von Sexualität läuft doch auf eine Revolution auch gegen die biologischen Vorgaben hinaus: Es darf gar keine Aussage der »Natur« mehr geben; der Mensch soll sich beliebig modellieren können, der Mensch soll frei sein von allen Vorgaben seines Wesens: Er macht sich selbst zu dem, was er will, so erst sei er wirklich »frei« und befreit. Dahinter steckt ein Aufruhr des Menschen gegen die Grenzen, die er als biologisches Wesen in sich selber trägt. Es handelt sich letztlich um einen Aufstand gegen unsere Geschöpflichkeit. Der Mensch soll sein eigener Schöpfer sein – eine moderne Neuauflage des uralten Versuchs, selber Gott – wie Gott – zu sein.

Das dritte Phänomen, das weltweit zu beobachten ist – gerade in einer zunehmend uniformierten Welt –, ist die Suche nach der eigenen kulturellen Identität, ausgedrückt in dem Begriff »Inkulturation«. In Lateinamerika ist die Wiedererweckung der versunkenen Kulturen jetzt, nachdem die marxistische Welle abgeebbt ist, eine neue starke Strömung. Die »theologia india« will die präkolumbianische Kultur und Religion wiedererwecken und sich sozusagen freimachen von der europäischen Überfremdung, die einem aufgedrängt worden ist. Dabei sind Querverbindungen zum Feminismus interessant: Der Kult der Mutter Erde und überhaupt des Weiblichen in Gott wird herausgestellt. Das verstärkt die

Tendenzen des amerikanisch-europäischen Feminismus, der nicht mehr bloß anthropologische Aussagen machen will, sondern auch den Gottesbegriff neu formen will, weil man ja das Patriarchat in Gott hineinprojiziert und damit die Unterdrückung der Frau vom Gottesbegriff her fixiert habe. Das kosmische Element (Mutter Erde usw.) dieser Erneuerung alter Religionen berührt sich dann mit den Tendenzen von New Age, das auf eine Verschmelzung aller Religionen und auf eine neue Einheit von Mensch und Kosmos abzielt. Zurück zur Inkulturation: Es gibt sie auf je eigene Art natürlich auch und gerade in Afrika und in Asien, besonders in Indien. Die Frage ist: Wieweit kann man Kulturen als Gewänder verschiedener Religionen benützen? Sind sie nur Gewänder? Sind sie nicht lebendige Ganzheiten? Was ist das überhaupt, »Kultur«? Hier gibt es große Fragen und Aufgaben.

Dann würde ich noch zwei weitere Themen nennen, die auch um die Erde gehen. Das eine ist die Ökologie. Die Idee kommt aus dem Bewußtsein, daß wir mit der Erde nicht so umgehen können, wie wir das tun. Daraus entstand dann fast eine Beschämung über das Menschsein, das gleichsam die Schöpfung aussaugt, und die Frage, was ist der Mensch eigentlich, muß er sich nicht wieder unter die anderen Lebewesen zurücknehmen und dergleichen mehr. Man kann Ökologie christlich, vom Schöpfungsglauben her betreiben, der der menschlichen Willkür Maße setzt, der Freiheit Maßstäbe vorgibt; man kann sie gegenchristlich, von New Age her, aus der Göttlichkeit des Kosmos her entwickeln. Das andere Thema, auf das ich hinweisen möchte, ist die relativistische Strömung, die sehr stark geworden ist. Sie entstammt verschiedenen Wurzeln. Zum einen scheint es dem modernen Menschen undemokratisch, intolerant und auch mit der nötigen Skepsis des Wissenschaftlers unvereinbar, zu sagen, wir haben die Wahrheit, und das andere ist die Wahrheit nicht oder nur in Scherben. Gerade aus einem demokratischen Lebensverständnis und aus der ihm dazugehörigen Toleranzidee heraus ist die Frage, ob wir unser christliches Selbstverständnis fortführen dürfen, sehr brennend geworden.

In Indien hat sich das mit der dortigen religiösen Tradition verbunden, der es immer schon eigen war, Gott nur im Unnennbaren zu suchen. Alles, was an Religion ist, sind danach nur Reflexe, Abbildungen, Brechungen des nie selbst Erscheinenden. Demgemäß kann es also die wahre Religion gar nicht geben. Christus sei hierbei sicher eine große, herausragende Gestalt, aber man müsse ihn doch sozusagen zurücknehmen in das Bewußtsein, daß in ihm erscheint, was auch in anderen erschienen ist. So daß sich also hier die demokratisch-tolerante Weltstimmung und eine große Kulturtradition miteinander verbinden.

Wie bedeutend oder gefährlich sind diese Weltstimmungen für die katholische Kirche? Es scheint doch heute im öffentlichen Bewußtsein vielfach bereits skandalös, daß der christliche Glaube sich weiterhin als wahre Religion ausgibt, daß er sagt, Christus ist mehr als eine herausragende Gestalt, Religion ist mehr als nur eine Abbildung.

Mir scheint, daß die Frage, »Inwieweit darf man überhaupt von Wahrheit sprechen?«, und »Wie muß das Christentum sich im Gesamtgefüge der Religionen einordnen?«, eine ganz neue Dramatik erhalten hat. Das Schwergewicht dieser Diskussion liegt heute in Indien, aber sie wird auch, etwa über die »theologia india«, in der südamerikanischen Theologie ventiliert. In Amerika und Europa ist sie natürlich ohnehin aus unserem Relativitätsbewußtsein heraus sehr gegenwärtig.

Wie steht es um jene Strömungen innerhalb der Kirche, die von einigen als reaktionär bezeichnet werden, als katholischer Fundamentalismus?

Angesichts all dessen, was geschieht, und der ungeheuren Unsicherheiten, die nun auftauchen und die den Menschen bedrohen, der sich plötzlich seiner geistigen Heimat, seiner Grundlage, beraubt fühlt, gibt es die Reaktion der Selbstverteidigung und der Verweigerung gegenüber der Moderne, die als solche als religionsfeindlich oder jedenfalls als glaubensfeindlich aufgefaßt wird. Ich würde allerdings hinzufügen, daß das Stichwort Fundamentalismus, wie es heute verwendet wird, ganz unterschiedliche Realitäten abdeckt und man da doch etwas mehr spezifizieren sollte. Der Begriff Fundamentalismus ist zunächst im amerikanischen Protestantismus des 19. Jahrhunderts entstanden. Die historisch-kritische Auslegung der Bibel, die sich im Gefolge der Aufklärung gebildet hatte, nahm der Bibel ihre Eindeutigkeit, die sie bisher gehabt hatte und die die Voraussetzung des protestantischen Schriftprinzips gewesen war. Das Prinzip »Die Schrift allein« lieferte plötzlich keine klaren Grundlagen mehr. Da ein Lehramt fehlt, war dies eine tödliche Bedrohung für die Gemeinschaft im Glauben. Dazu kam die Evolutionstheorie, die nicht nur den Schöpfungsbericht und den Schöpfungsglauben überhaupt in Frage stellte, sondern Gott überflüssig machte. Das »Fundament« war weg. Dagegen stellte man das Prinzip der strengen Wörtlichkeit der Bibelauslegung: Der buchstäbliche Sinn gilt unverrückbar. Diese These richtet sich ebenso gegen die historisch-kritische Bibelauslegung wie gegen das katholische Lehramt, das einen solchen Verbalismus nicht zuläßt. Das ist »Fundamentalismus« im ursprünglichen Sinn. Die protestantischen fundamentalistischen »Sekten« verzeichnen heute in Südamerika und auf den Philippinen große Missionserfolge. Sie geben den Menschen das Gefühl der Sicherheit und der Einfachheit des Glaubens. Bei uns aber ist inzwischen »Fundamentalismus« zu einem Allerweltsschlagwort geworden, mit dem man alle möglichen Feindbilder abdeckt.

Welche fundamentalistischen Strömungen, um bei diesem Ausdruck zu bleiben, sehen Sie denn eher als positiv und welche empfinden Sie als fragwürdig oder pathologisch, wie Sie sagten?

Sagen wir so: Das gemeinsame Element in den sehr unterschiedlichen Strömungen, die man bei uns als Fundamentalismus bezeichnet, ist die Suche nach Sicherheit und Einfachheit des Glaubens. Das ist an sich nichts Schlechtes, denn schließlich ist der Glaube – wie uns das Neue Testament wiederholt sagt – gerade den Einfachen und Kleinen zugedacht, die nicht mit komplizierten akademischen Subtilitäten leben können. Wenn heute das Leben in der ausgehaltenen Unsicherheit glorifiziert und Glaube als gefundene Wahrheit verdächtigt wird, so ist dies gewiß nicht die Lebensform, in die die Bibel uns führen möchte. Gefährlich wird die Suche nach Sicherheit und Einfachheit dann, wenn sie zu Fanatismus und Engstirnigkeit führt. Wenn man die Vernunft überhaupt verdächtigt, dann wird auch der Glaube verfälscht und zu einer Art von Parteiideologie, die nichts mehr mit der vertrauensvollen Hinwendung zum lebendigen Gott als dem Urgrund unseres Lebens und unserer Vernunft zu tun hat. Dann entstehen pathologische Formen der Religiosität, etwa die Suche nach Erscheinungen, nach Botschaften aus dem Jenseits und ähnliches mehr. Aber anstatt schlichtweg auf den immer weiter definierten Fundamentalismus einzuschlagen, sollten sich die Theologen überlegen, wieweit sie selber daran schuld sind, daß immer mehr Menschen Zuflucht in engen oder kranken Religionsformen suchen. Wenn man nur noch Fragen anbietet und dem Glauben keinen positiven Weg zeigt, dann sind solche Fluchten unvermeidlich.

Wo ist die Kirche noch am gesündesten? Gibt es so etwas wie ein neues katholisches Kernland?

Das würde ich so nicht zu sagen wagen. Nein. Es gibt einerseits Inseln, in denen sich Traditionen stärker verteidigen, und es gibt andererseits Orte, in denen die Krise nicht so radikal geworden ist oder in denen Neuaufbrüche ein größeres Echo erlangt haben. Aber bedroht ist der Glaube überall, und das gehört wohl zu seinem Wesen.

Sie haben als Präfekt der Glaubenskongregation und Mitglied der Propagandakongregation einen gewissen Überblick. Sicher kann man der Problematik nicht gerecht werden, wenn man versucht, quasi mit Streiflichtern die Weltsituation der Kirche zu beleuchten, aber es ergibt zumindest einen gewissen Eindruck von der unterschiedlichen Thematik.

Können wir auf die Situation in einzelnen, ausgewählten Ländern eingehen, zunächst in Europa, vielleicht mit Italien beginnend? Die Kirche ist hier von jeher sehr unterschiedlich geprägt, von der eher aufgeklärten Kirche im Norden zu der volkstümlicheren und traditionelleren im Süden. Nun gibt es offenbar eine Polarisierung zwischen einem progressiven und einem konservativen Flügel und auch einen zunehmend stärkeren Einfluß der Laienbewegung.

Auch Italien ist natürlich nicht von Polarisierungen verschont geblieben, aber soweit ich es beobachten kann, sind sie weniger stark als in Deutschland. Natürlich hat auch hier die Theologie kritische Bewegungen aufgenommen und auf ihre Weise akzentuiert. Die Spaltung der Christdemokraten, die nun vollzogen ist, weist nicht nur auf verschiedene politische Schulen im italienischen Katholizismus hin; in ihr blicken auch tiefere theologische Spannungen durch. Aber die Bindung an das Papsttum und an das Lehramt des Papstes ist im italienischen Katholizismus viel tiefer verankert als bei uns, und das hält die Katholiken Italiens bei allen Spannungen sehr stark zusammen.

Richtig ist, daß der Katholizismus im Süden Italiens ganz anders aussieht als im Norden. Er ist viel mehr vom Gemüt her, vom Folkloristischen, von Traditionen und Prozessionen bestimmt. Im Norden ist er sehr viel stärker auch rational und sehr viel mitteleuropäischer geprägt. Und richtig ist, wie ich schon sagte, daß in der Theologie durchaus eine beträchtliche Spannweite da ist und kritische Theologen, bis in die päpstlichen Universitäten hinein, keineswegs fehlen. Aber es ist hier zu keinen so radikalen Konfrontationen gekommen wie weiter im Norden, sondern irgendwo wird doch versucht, beieinander zu bleiben. Und es gehört auch zum italienischen Bewußtsein, daß der Papst in seinem Lehramt ein wesentlicher Orientierungspunkt in der Kirche ist.

Natürlich ist die Zahl der Kirchenbesucher in Italien zurückgegangen wie in allen Ländern Europas auch, ähnlich ist es mit den geistlichen Berufungen. Ein gewisses, zum Teil sicher sehr vages katholisches Grundbewußtsein ist aber bei fast allen Italienern vorhanden. Auch bei Angehörigen der linken Parteien, den alten Kommunisten. Man kann immer wieder sehen, daß sie sich irgendwo doch als katholisch verstehen, auch wenn das wenig Auswirkungen auf ihr Denken und auf ihr Handeln hat. Es gehört viel stärker zur italienischen Identität und Kultur als etwa in Deutschland.

Kritiker sagen der italienischen Kirche eine gewisse Müdigkeit nach, man helfe sich derzeit vorwiegend mit kulturellen Projekten über die Runden.

Von dieser Müdigkeit ist Italien natürlich nicht ausgenommen, und das, was Sie sagen, gibt es schon, auch diese Ausflucht. Aber es gibt auch sehr viele wirklich lebendige Pfarreien und sehr viele Laienaktivitäten in Italien. Das Normale, Geordnete ist vielleicht nicht so ausgebaut wie in Deutschland, aber dafür sind meiner Meinung nach die spontanen Initiativen stärker und lebendiger. Der Priesternachwuchs zum Beispiel ist zur Zeit in der Diözese Rom besser als vor 50 Jahren.

Wie stark hat der Zusammenbruch des politischen Systems auch die italienische Kirche erschüttert?

In Italien ist es immer schwer zu sagen, inwieweit überhaupt etwas erschüttert worden ist. Da brechen politische Systeme zusammen und dann ändert sich eigentlich gar nichts. Richtig ist, daß die Politik der italienischen Bischofskonferenz sich ändern mußte. Gerade in den Schlußjahren der »Democrazia Cristiana« wurde sehr stark auf die politische Einheit der Katholiken gepocht und es als ein Hauptziel angesehen, daß Katholiken entsprechend ihrer politischen Verantwortung auch im politischen Bereich sich einig zeigen müßten. Das hat nichts daran geändert, daß die »Democrazia Cristiana« dann doch zerfallen ist, so daß dieses Ziel von der italienischen Bischofskonferenz aufgegeben werden mußte. Sie zieht sich jetzt stärker in die politische Neutralität zurück und sieht es als neues Ziel an, daß die Christen in allen Parteien »transversal«, wie man hier sagt, über die Parteigrenzen hinweg, in den wesentlichen ethischen Fragen der Politik aus ihrer gemeinsamen Verantwortung einträchtig handeln sollten. Ziel also ist ein ganz neuer parteienübergreifender politischer Konsens, der sich in den ethischen Grundfragen bilden sollte.

Und den Sie unterstützen würden?

Ja, wenn das gelingt, fände ich es auch sehr schön, daß über Parteigrenzen hinweg eine wesentliche Einheit entstehen kann.

Auch mit den Kommunisten?

Jedenfalls sollte es in der nach-kommunistischen PDS das geben können. Die Rifondazione comunista bleibt natürlich bei den marxistischen Prinzipien.

Ganz anders als in Deutschland spielen offensichtlich Kirchenvolksbegehren in Italien keine Rolle. Richtet sich das Hauptaugenmerk weniger auf dogmatische und dafür mehr auf soziale Fragen nach dem angewendeten Christentum? Was ist der Unterschied? Was bewegt die Italiener?

Man muß vielleicht zunächst sagen, daß die Versuche eines Kirchenvolksbegehrens in Belgien und Frankreich praktisch ohne Echo geblieben sind und vermutlich auch in den Vereinigten Staaten ins Leere laufen. Es handelt sich wohl um etwas sehr Deutsches. Man hatte übrigens schon in Belgien die Fragen des deutschen Kirchenvolksbegehrens erheblich umformen müssen, um sie interessant zu machen. Wie es in anderen Ländern steht, weiß ich nicht. In Italien würde meiner Meinung nach kein Mensch die Alternative zwischen Drohbotschaft und Frohbotschaft verstehen, denn daß uns das Evangelium durchaus auch mit dem Gericht drohen muß, um unserer Schwachheit aufzuhelfen, ist jedermann einsichtig. Auch die verschwommene Formel von der geschwisterlichen Kirche wird hier niemandem etwas sagen. Man weiß zu gut, daß Geschwister nicht immer ein Vorbild für das friedliche Miteinander darstellen. Daß der Zölibat auch menschliche Probleme und Tragödien hervorruft, weiß man sehr gut, aber man ist realistisch genug, um zu wissen, daß es mit der Ehe nicht einfacher ist. So hält man den Zölibat doch für ein Stück katholischer Kultur, dessen Größe man bei allem Versagenkönnen anerkennt und nicht missen möchte. So könnte man fortfahren. Italien hat keine Kirchenspaltung gekannt, aber es ist gespalten in Cattolici und Laici. Unter letzteren versteht man die Verfechter einer Staatsphilosophie und einer Lebensanschauung, als deren großer geschichtlicher Ausdruck die Französische Revolution erscheint. Die Freimaurer, die an der Gründung des italienischen Nationalstaats als exemplarische Laici einen wesentlichen Anteil hatten, verstehen sich als die Siegelbewahrer dieser Weltanschauung. Die Auseinandersetzung geht zwischen diesen beiden Welten, zu denen seit dem Zweiten Weltkrieg noch die kommunistische Alternative dazukam. Die Frage ist also hauptsächlich, in welcher Weise ein Ausgleich zwischen diesen drei Kräften stattfinden kann, welche Synthesen zwischen ihnen notwendig oder möglich, welche abzuweisen sind.

Werfen wir einen Blick nach Spanien.

In Spanien ist die Krise des Endes des Franco-Regimes und

des Umbruchs in die Demokratie mit der Krise der Nachkonzilszeit zusammengefallen. Das hat eine große Erschütterung in die Kirche Spaniens hineingetragen. Bisher war sie durch eine bestimmte Gesellschaftsordnung ganz stark mit der Gesellschaft, ja mit dem Staat identifiziert. Nun wurde dies als Irrtum angesehen. Die Kirche mußte sich aus dem Gesellschaftlichen lösen, sich selbst neu bestimmen. Dieser Umbruch hatte auch ein ruckartiges Zurückgehen von Priesternachwuchs und Ordensberufungen, Polarisierungen im theologischen Feld und auch sehr kritische Theologien zur Folge. Es ist ein starker Bestand an kritischem Katholizismus und auch an kritischer Theologie erhalten geblieben. Es ist aber auch ein sehr lebendiger Aufbruch zu einer neuen, vom Konzil geformten Katholizität im Gange, die von den alten staatskirchlichen Traditionen abgelöst ist.

In Frankreich fühlen sich laut einer Umfrage von 1994 83 Prozent der Gläubigen allein ihrem Gewissen verpflichtet, und nur angeblich ein Prozent der Katholiken lassen sich noch von der offiziellen Lehre der Kirche leiten.

Ja, Frankreich ist in gewisser Hinsicht vielleicht das am meisten säkularisierte Land Europas. Und das Selbstbewußtsein des gallischen Geistes war immer schon ein Faktor besonderer Art in der Kirche. Wieweit man solche Prozentzahlen nun ganz wörtlich nehmen muß, würde ich mit einem Fragezeichen versehen. Es ist richtig, daß auch der französische Katholizismus seine große Spannweite hat, sehr kritische Bewegungen, wenn man an die Zeitschrift »Golia« oder auch an »Témoignage chrétien« denkt. Andererseits gibt es eine sehr starke Traditionsbetontheit. Die Bewegung von Lefebvre oder auch innerkirchliche traditionelle Bewegungen sind nirgends so stark wie in Frankreich. Insofern klaffen die Gegensätze weit auseinander. Aber es gibt auch hier große lebendige Aufbrüche und freudiges christliches Leben in Formen, die statistisch nicht groß zu Buche schlagen, aber menschlich groß sind und zukunftsformende Kraft in sich tragen.

Der augenblicklich wohl größte Umbruch findet in Osteuropa statt. Hier muß die Kirche nach dem Ende des Kommunismus, zu dessen Zeiten sie auch Widerstandskirche war, jetzt offensichtlich eine vollkommen neue Rolle in der Gesellschaft finden.

Hier fehlen mir genaue Informationen, weil theologische Strömungen, die bei uns kritisch vermerkt würden, mir nicht bekannt oder nur in geringem Maße bekannt sind. In Ungarn geht die von dem Piaristenpater Bulány gegründete Bokor-Bewegung etwas in diese Richtung. Es handelt sich um eine aus den Erfahrungen der Verfolgung entstandene Basisgemeinde, die zunächst als Ausdruck christlicher Radikalität eine streng pazifistische Position entwickelt und sich zusehends auch kritisch zu den als systemhörig eingestuften Bischöfen stellt. Leider sind alle Versöhnungsversuche bisher mißlungen. Statt dessen hat sich die Bewegung stark mit den kritischen, antihierarchischen Theologien des Westens liiert. Mitglieder können nun Angehörige beliebiger Religionen sein, wenn sie nur das Liebesgebot als oberste Maxime anerkennen. In Tschechien und der Slowakei hat sich im Umkreis der »klandestinen« (Untergrund-)Priester bis zu einem gewissen Grad eine Anlehnung an die kritische Theologie entwickeln können. Aber das sind keine prägenden Vorgänge. Daß man aber nach der Phase der Märtyrerkirche nicht einfach in die vorige Phase von Staatskirchen zurückkehren kann und daß sich von daher sozusagen eine freie Gefolgschaft des Glaubens neu bilden und auch im Verhältnis zur Gesellschaft neu bestimmen muß, das ist offenkundig. Insofern wird noch viel inneres Ringen dasein. Aber es ist doch aus der Leidenszeit auch eine starke Glaubenskraft geblieben, und auch gewisse Gegengifte gegen bestimmte Versuchungen wirken immer noch stark.

Besonders in Polen sind Erscheinungen zu beobachten, die man sich zumindest in Westeuropa längst nicht mehr vorstellen kann. Ich meine die enge Verbindung der Kirche zu speziellen Richtungen in der Politik bis hin zu einzelnen Personen.

Das ist natürlich ein Sonderproblem, von dem ich auch keine genauen Kenntnisse habe. Man muß sich immer gegenwärtig halten, daß Polen ja eine bewegte Geschichte hinter sich hat und der eigentliche Identitätsfaktor in den ganzen Ab-, Um- und Zusammenbrüchen der polnischen Geschichte immer der Katholizismus gewesen ist, der insofern mit dem Patriotismus und mit dem Nation-Sein Polens auf eine ganz einzigartige Weise verschmolzen ist. Auch als Polen als Staat nicht existierte: Durch die Kirche bestand es als Polen, durch die Kirche hatte das Land über die Teilungsgrenzen hinweg seinen inneren Zusammenhalt. Insofern ist der Kirche in Polen ein politischer Faktor zugewachsen, der natürlich jetzt neu bedacht und umgelebt und umgelitten werden muß. Da sind sicher Klärungsprozesse im Gang, die nicht von heute auf morgen bewältigt werden können.

Nur der englische Katholizismus scheint stärker zu werden. Und offenbar ist England schon immer der römischen Kirche abgefallenes Lieblingskind?

Im Anglikanismus ist eben doch viel von Katholizismus übriggeblieben. Insofern hat England mit dem Anglikanismus immer ein merkwürdiges Zwischengebilde bewahrt. Einerseits hat es sich von Rom gelöst und sehr entschieden von Rom distanziert. Man braucht sich nur an Hobbes erinnern, der gesagt hat: Ein Staat muß Religion haben, und speziell zwei Arten von Bürgern darf es nicht geben, erstens Atheisten und zweitens Papisten, solche, die einem ausländischen Souverän untertan sind. Also einerseits gibt es da eine schroffe Distanzierung, aber andererseits doch ein sehr starkes Festhalten an katholischer Tradition. Im Anglikanismus sind immer Strömungen lebendig geblieben, die das katholische Erbe verstärkt haben. Er war immer merkwürdig zwiegespalten zwischen einer mehr protestantischen und einer mehr katholischen Auslegung. Das zeigt sich auch in seiner gegenwärtigen Krise. Eine neue Situation ist durch zwei Umstände eingetreten – durch die Ausdehnung des Mehrheitsprinzips auf Fragen der Lehre und durch die Übertragung der Entscheidung von Lehrfragen auf die nationalen Kirchen. Beides ist in sich widersinnig, denn Lehre ist wahr oder nicht wahr, also nicht durch Mehrheiten und nicht durch Nationalkirchen zu definieren. Der Widerstand gegen die Frauenordination und die Konversion zum Katholizismus sind von diesen beiden Punkten her zu verstehen. Aber es bleibt, daß auch die Staatskirche das katholische Element nicht verlieren möchte und darum bewußt auch Bischöfe zuläßt, die nicht für Frauenordination sind und die gleichsam dem katholischen Teil des Anglikanismus Zuflucht geben. Eine starke Potenz an Katholizität ist im Anglikanismus immer dageblieben, und sie wird gerade in der jetzigen Krise wieder sehr sichtbar.

In Südamerika sammeln neue evangelische Sekten Millionen

von Anhängern um sich, katholische Gläubige laufen in Scharen über. Im größten katholischen Land der Erde, in Brasilien, ist regelrecht ein Kirchenkampf entbrannt, mit handgreiflichen Auseinandersetzungen zwischen Katholiken und Sektenanhängern. Ist dies auch eine Folge des Scheiterns der Befreiungstheologie – oder hätte vielleicht umgekehrt eine Stärkung der Befreiungstheologie seitens Rom diese Entwicklung verhindern können?

Da sind die Diagnosen sehr verschieden, und da fehlen uns auch die empirischen Erkenntnisse. Sehr viele sagen, daß es der Befreiungstheologie nie gelungen ist, die Schicht, um die sie sich eigentlich kümmern wollte, nämlich die der Ärmsten, zu gewinnen. Gerade die Ärmsten sind vor ihr davongelaufen, weil sie sich nämlich von einer doch sehr intellektuellen Versprechung gar nicht angesprochen fühlten, sondern nur einen Verlust an Trost und Wärme der Religion gefühlt haben. Deswegen sind sie zu den Sekten gegangen. Natürlich, die Befürworter der Befreiungstheologie bestreiten das. Aber ein gut Teil Wahrheit ist sicher dran. Für die eigentlich Ärmsten war die so in Aussicht gestellte bessere Welt zu weit weg, so daß sie zutiefst an gegenwärtiger Religion, an einer in ihr Leben hereinreichenden Religion, interessiert blieben. Und gerade in diesem Bereich ist ein Zustrom zu Sekten erfolgt, die dann die Elemente boten, die man in einer mehr politisierten religiösen Gemeinschaft nicht mehr finden konnte.

Es gibt dann den umgekehrten Vorwurf, Sekten würden durch Geld Leute anziehen und sie auf eine eigentlich unlautere Weise gewinnen, was auch zum Teil stimmen wird, aber keineswegs die Ausbreitung der Sekten im ganzen erklärt. Es ist so, daß vor allem charismatische und pentekostalistische, also Pfingstbewegungs-Kirchen das Rennen machen, aber auch sogenannte fundamentalistische, auf ihre Weise sehr glaubensstrenge Sektenbildungen, wenn man es so nennen will. Die charismatische, pentekostalistische Strömung zeigt, daß man mehr Spontaneität, mehr konkret erfahrbare Gemeinschaft in der Kirche erwartet. Also weniger Doktrin und dafür mehr Erfahrung, unmittelbare Freude des Glaubens. Die fundamentalistische Welle zeigt, daß man gleichsam einen Grund an Glaubenssicherheit erwartet, der in dem irdischen Versagen als Lebensboden bleibt.

Insgesamt muß man aber sagen, daß die Konstanz der Sekten relativ gering ist. Die Wanderungsbewegungen zwischen den Sekten sind groß. Auch ist die Wanderung von Sekte zu Sekte häufig nur die Vorstufe für den Verzicht auf Religion überhaupt. Diese Entwicklungen sind natürlich auch mit den soziologischen Umstrukturierungen verbunden, mit der immer stärkeren Urbanisierung. Die Menschen verlassen das Land, sie leben in diesen Massenansammlungen der Städte, wo sie dann auch gar keine gewachsene Religion vorfinden und Gruppen sich ihrer annehmen, die ihnen mit der religiösen Beheimatung auch eine geistige Heimat geben. Die Ursachen sind also ganz vielfältig, und man sollte keine zu einfachen Diagnosen geben.

In den USA will eine große Zahl von Bischöfen der römischen Kirche künftig Schlag auf Schlag, wie sie sagen, mit eigenen Streitschriften antworten.

Groß ist die Zahl nicht, höchstens dreißig Bischöfe, wobei ich mit einem der Hauptanführer gesprochen habe und er mit großem Nachdruck gesagt hat, sie seien da völlig falsch interpretiert worden. Wir sind natürlich ganz gute Katholiken, ganz papsttreu, sagte er, wir wollen nur bessere Methoden einführen. Ich habe die entsprechenden Schriften sorgfältig gelesen, und ich habe auch gesagt, daß ich mit einer ganzen

Reihe von Dingen, die sie anführen, voll übereinstimme, andere allerdings für eher bedenklich halte. Ich würde sagen, eine wirklich grobe antirömische Stimmung gibt es in der amerikanischen Bischofskonferenz nicht. Sie hat eine breite Spannweite, was auch gut ist, darunter sind einige wenige, die vielleicht wirklich etwas extrem sind. Aber mein Eindruck ist, nach 15 Jahren, die ich jetzt hier bin, daß sich das Miteinander zwischen Rom und den USA sehr verbessert hat. Insgesamt besteht mit der amerikanischen Bischofskonferenz ein sehr gutes Verhältnis. Es ist eine Konferenz mit großer intellektueller und religiöser Kapazität, mit vielen hervorragenden Hirten, die gerade für die Entwicklung der Lehre in der Weltkirche einen bedeutenden Beitrag leisten. Wir haben jedes Jahr zweimal das Präsidium bei uns zu Besuch, und es ist wirklich ein herzliches Verhältnis, das wir haben.

Kann denn die Kirche in Nordamerika von dem religiösen Aufbruch profitieren, der sich in diesem Land nun abzeichnet?

Das glaube ich schon, ja. Auch wenn man gewisse Vorgänge und Massenauftritte des Katholizismus nicht überinterpretieren darf, so zeigen sie doch, daß junge Menschen, die im religiösen Aufbruch sind, in der katholischen Kirche eine Adresse sehen und daß auch der Papst für sie ein Bezugspunkt und ein religiöser »leader« ist. Da hat sich wirklich in den letzten 15 Jahren viel entkrampft und positiv neu entfaltet. Es gibt hier nicht nur die Konversionsbewegung von anglikanischen Priestern, sondern auch ein ganz neues Verhältnis zu den Evangelikalen, die früher die schärfsten Kritiker der katholischen Kirche waren. In den Konferenzen von Kairo und Peking hat sich da eine ganz eigentümliche

Nähe zwischen Evangelikalen und Katholiken herausgebildet, einfach weil sie sehen, daß der Katholizismus nicht, wie sie bisher meinten, die Bibel bedroht und durch eine Papstherrschaft überlagert, sondern eine Gewähr dafür ist, daß die Bibel ernst genommen wird. Diese neuen Annäherungen werden jetzt nicht schnell zu Vereinigungen führen, aber sie lassen den Katholizismus wieder als eine »amerikanische« Möglichkeit erscheinen.

Von was mag die neue Religiosität in Amerika angefeuert sein?

Da gibt es sicher viele Faktoren, die ich nicht analysieren kann, weil ich Amerika zu wenig kenne. Aber es ist ein Willen zum Moralischen und ein Wunsch nach Religion da. Es gibt zudem einen Protest gegen die Übermacht der modernen Medienkultur. Auch was Hillary Clinton gesagt hat – »Schaltet die Fernseher ab, laßt euch das nicht mehr gefallen!« –, zeigt, daß es eine breite Strömung gibt, die sagt, wir möchten uns nicht mehr länger einfach dieser Kultur unterwerfen.

Afrika. Schwarze Katholiken fühlen sich von Rom immer noch stiefmütterlich behandelt und kämpfen um eine Aufwertung. Auf dem Kontinent selbst hat die Kirche Probleme mit der Eingliederung afrikanischer Riten und Kulturmerkmale. Ob zum Beispiel im Gottesdienst getrommelt oder getanzt werden darf, wie mit der Bigamie umzugehen ist. Etliche bekennen: »Ich bin ein guter Katholik, und meine drei Frauen sind es auch.« Zugleich hat offenbar ein Wettlauf mit dem Islam begonnen, der für die Afrikaner attraktiver wird, weil sie glauben, darin ihre Tradition besser integrieren zu können.

Afrika ist ein Kontinent der Hoffnung, wie man sagt, aber auch ein Kontinent, wie wir wissen, mit ganz großen Problemen und Spannungen. Es beschämt uns natürlich, daß so katholische Länder wie Ruanda und Burundi nun auch zum Schauplatz der größten Grausamkeiten geworden sind. Insofern muß man sehr darüber nachdenken, was wir tun müssen, damit das Evangelium auch im gesellschaftlichen Leben wirksamer wird.

Ich habe nach der Afrika-Synode und auch nach den vielen Begegnungen, die wir mit afrikanischen Bischöfen haben, nicht das Gefühl, daß Afrika sich von Rom schlecht behandelt fühlt. Eigentlich sind die Afrikaner alle stolz, daß sie zu einer so großen Sache wie die katholische Kirche gehören und daß sie voll ebenbürtig dazugehören, daß ein afrikanischer Bischof und Kardinal so viel ist wie ein italienischer oder ein spanischer oder ein amerikanischer. Es gibt auch eine wirklich von Herzen kommende Treue zu Rom bei ganz vielen, die Liebe zum Papsttum und die Freude über das Katholischsein. Wenn wir über solche Fragen oder über theologische Streitigkeiten sprechen, sagen uns die afrikanischen Bischöfe immer: Wenn jemand wirklich über die Stränge schlägt, dann sind das doch die europäischen Theologen, nicht die afrikanischen. Vielleicht ist das ein wenig vereinfacht, aber richtig ist, daß hinter negativen Kritiken meistens Europäer stehen. Das bedeutet nicht, daß es keine wirklichen Fragen gäbe; die sind natürlich da. Aber man kann nicht sagen, daß in der afrikanischen Theologie eine antirömische Stimmung herrscht.

Sie haben die beiden Hauptsektoren angesprochen, die beides Aspekte der Inkulturation sind: Ehe und Liturgie. Ich glaube, man stellt sich die Polygamie-Frage in Europa etwas unter verfälschten Gesichtspunkten vor. Das ist kein Problem der großen Gefühle, sondern überwiegend ein vermögensrechtliches und soziales Problem. Wie kann das Leben dieser Frauen gesichert werden? Wie kann ihre Stellung in der Gesellschaft gefestigt werden? Denn man heiratet ja nicht aus Liebe, sondern es heiraten zwei Sippen, das ist ein Vermögensaustausch. Im allgemeinen bilden also nicht die Affekte das Problem, sondern wirklich die Frage, wie kann eine Frau, die keinen Mann mehr hat und die dadurch keinem festen Verband zugehört, nun in dieser Gesellschaft noch ihren richtigen Platz haben. Es ist also eigentlich ein Problem der Sozialstruktur, und die Frage ist, wie kann man Strukturen finden, die die Monogamie als die Grundzelle der Sozialform erscheinen lassen. Aber viele afrikanische Bischöfe sind da sehr optimistisch. Ich kann es im einzelnen nicht beurteilen.

In der Liturgie gibt es einerseits inzwischen Freiheiten genug, daß auch afrikanische Bräuche und Lebensgefühle ihren Ort finden können. Andererseits ist es wichtig, die christliche Liturgie nicht zu schnell überwuchern zu lassen und etwas von ihrer Nüchternheit festzuhalten. Das wird auch von vielen Afrikanern so gesehen. Sie sind wie wir der Meinung, mit der Inkulturation sollte man nicht gerade bei der Eucharistie beginnen.

Der Islam dringt natürlich in gewaltiger Form – auch durch finanzielle Macht – in Afrika vor und preist sich als die den Afrikanern gemäße Hochreligion an. Es ist klar, daß die Afrikaner über die Stammesreligionen hinaus müssen, und der Islam sagt: Wir sind die Hochreligion für Afrika, weil wir keine komplizierte Lehre haben und weil wir eine Moral haben, die zu euch paßt. Das zündet zum Teil, aber keineswegs allgemein. Es ist auch nicht vergessen, daß der Islam in der Sklavenbewegung ganz vornean war und durchaus keine große Achtung vor den Schwarzen gezeigt hat. Und vor allen Dingen macht der Islam keinerlei Inkulturationszugeständnisse. Der Islam ist arabisch, und wer islamisch wird, nimmt diese Lebensform an, da gibt es keine Inkulturation. Dadurch hat der Islam das Problem, wie ja die Kirche auch, daß sozusagen die eine Lebensschicht die islamische ist, daß darunter allerdings die ganze alte heidnische Lebensschicht fortbesteht und der Islam sozusagen nur eine dünne Decke über den tatsächlichen Lebensgewohnheiten bildet. Insofern wird das Ringen um die religiöse Gestalt Afrikas noch andauern und auch nicht einfach sein.

Asien. Dem pazifischen Raum wird eine große wirtschaftliche und auch politische Bedeutung für das nächste Jahrhundert vorhergesagt. Welche Konsequenzen hat das für die Kirche?

Das ist ganz schwer vorauszusagen. Bislang ist es ja den Kirchen, von den Philippinen abgesehen, nicht gelungen, in Asien in größerem Stil Fuß zu fassen. Das bedeutet nicht, daß das Christentum sozusagen bedeutungslos geblieben wäre. Es hat die bestehenden Religionen transformiert und wirkt auf vielfältige Weisen in die Gesellschaften hinein. In Japan gibt es sehr wenige Katholiken, die Zahl ist im ganzen konstant. Aber es gibt ein großes Interesse an katholischen Gebräuchen und an katholischer Kultur. Das Christentum ist insofern als eine gesellschaftliche Realität existent. Zwar nicht in der Weise, daß man es lebenslang annimmt, aber es wird zu einer mitprägenden Gestalt in der Gesellschaft.

In Indien sind die Anteile ganz gering, aber der ganze Neohinduismus, der ja auch weltweit an Bedeutung gewonnen hat, hat viele Elemente aus dem Christentum in seiner eher liberalen Form in sich aufgenommen. Und dann liegt vor uns immer noch unerschlossen China, wo prozentual gesehen auch die Christen eine verschwindende Minderheit sind, aber eine geistige Bedeutung haben. Und daß sie von den roten Machthabern so ernst genommen werden, zeigt doch, daß sie in ihnen eine Kraft sehen. Aber wie sich das nun in der neuen Gewichtung Asiens im ganzen Weltgefüge auswirken wird, das wage ich nicht vorherzusagen.

Eine neue kritische Situation für die Kirche entsteht durch die weltweit zunehmende Christenverfolgung.

Ja, und zwar in verschiedener Gestalt. Wir haben in China, trotz gewisser Ansätze zur Toleranz, noch immer eine Unterdrückung des Christentums, vor allen Dingen dort, wo es voll zum Papst stehen will. Und das trifft nicht nur auf China zu, sondern auch auf eine Reihe anderer Länder. Es gehört immer wieder von neuem zum Schicksal der Kirche, daß sie sich – unter verschiedenartigsten Regimen – der Verfolgung ausgesetzt sieht. Und zunehmend wird auch eine neue Gefahr immer größer, daß sich sozusagen eine Art von moderner Weltanschauung herausbildet, die das Christentum oder den katholischen Glauben als eine intolerante und mit der Modernität nicht zu vereinbarende antiquierte Angelegenheit ansieht und es damit unter Druck setzt. Diese Gefahr ist, glaube ich, schon ziemlich groß, auch wenn das jetzt noch nicht ganz nahe erscheint. Aber der gesellschaftliche Druck, daß die Kirche sich im wesentlichen an die Standards angleichen muß, die heute gültig sind, ist jetzt schon vorhanden.

Ist das schon Christenverfolgung? Es macht doch einen Unterschied, ob Christen in diktatorischen oder islamischen Staaten eingesperrt oder gefoltert werden oder ob sie im Westen ins gesellschaftliche Abseits geraten?

Natürlich ist das noch keine Christenverfolgung; es wäre

Unsinn, diesen Ausdruck hier anzuwenden. Aber es gibt sehr wohl Lebensbereiche – und gar nicht wenige –, in denen heute bereits wieder Mut dazu gehört, sich als Christ zu bekennen. Vor allem wächst die Gefahr angepaßter Christentümer, die dann als menschenfreundliche Weisen des Christseins von der Gesellschaft freudig aufgegriffen und dem vorgeblichen Fundamentalismus derer gegenübergestellt werden, die so stromlinienförmig nicht sein mögen. Die Gefahr einer Meinungsdiktatur wächst, und wer nicht mithält, wird ausgegrenzt, so daß auch gute Leute nicht mehr wagen, sich zu solchen Nonkonformisten zu bekennen. Eine etwaige künftige antichristliche Diktatur würde vermutlich viel subtiler sein als das, was wir bisher kannten. Sie wird scheinbar religionsfreundlich sein, aber unter der Bedingung, daß ihre Verhaltens- und Denkmuster nicht angetastet werden.

Die Lage in Deutschland

Anscheinend gibt es nirgendwo anders so viel Unruhe, Uneinigkeit und Abfall vom alten Glauben wie in Deutschland und in den deutschsprachigen Ländern. Die deutsche Kirche ist wohl mit die reichste der Welt, aber sie hat weniger Einfluß auf die Gesellschaft als andere, ärmere Kirchen in ärmeren Ländern. Der Protest gegen den Papst und die römische Kurie war seit dem ersten vatikanischen Konzil vor mehr als hundert Jahren nicht mehr so laut wie heute. Was passiert da? Sehen Sie mit Wehmut und Sorge in Ihre alte Heimat?

Mit Sorge schon, denn auch die innere Spaltung in der Kirche, die Unlust am Glauben, nimmt auf allen Seiten zu. Einerseits sind da die modernen Kreise: Von denen wissen wir ja, wie ihnen alle Reformen ungenügend sind, wie sie sich dem Papsttum und der päpstlichen Lehre widersetzen. Aber auch die anderen, sozusagen die braven Katholiken, wenn man sie so nennen will, finden, daß es in der Kirche insgesamt immer ungemütlicher wird. Sie fühlen sich nicht mehr zu Hause, leiden und trauern darüber, daß nun die Kirche gar kein Ort des Friedens mehr ist, wo man Zuflucht findet, sondern ein Ort der ständigen Auseinandersetzungen, so daß sie selbst auch unsicher werden und protestieren. Und diese innere Spaltung in der Kirche, die zum gemeinsamen Verdruß an der Kirche, zum gemeinsamen Trauern über die Kirche führt, ist schon etwas, was einen beunruhigen muß. Zumal auch eine beängstigende Überalterung der Kirche sichtbar wird, etwa wie Schwesterngemeinschaften langsam ihrem Untergang entgegengehen und große Aufbrüche, die einmal etwas bedeutet haben, immer antiquierter erscheinen.

Ein großer Teil der Bevölkerung verlangt nach einer stärkeren Trennung von Kirche und Staat. Diskutiert wird die Aufhebung des Gottesbegriffes im Grundgesetz, die Streichung von Feiertagen, die Entheiligung des Sonntags, die Abschaffung der Kirchensteuer. Daß Schulkreuze im Klassenzimmer hängen, ist zu einem Verfassungsstreit geworden.

Die Frage, wie das richtige Verhältnis zwischen Kirche und Staat beschaffen sein muß, muß natürlich immer neu gestellt werden. Solange es einen gesellschaftlichen Konsens darüber gibt, daß die Grundwerte des Christentums auch Vorgabe für die Gesetzgebung sind, kann eine relativ nahe Verflechtung von Staat, Gesellschaft und Kirche durchgehalten werden, gibt Sinn und steht der Freiheit der Religion nicht entgegen. Aber wenn da keine Überzeugungen mehr dahinterstehen, kann natürlich eine zu starke institutionelle Verflechtung zur Gefahr werden. Deswegen bin ich nicht grundsätzlich dagegen, daß man in entsprechenden Situationen auch zu stärkeren Trennungsmodellen schreitet. Es hat insgesamt der Kirche eher gutgetan, daß sie sich nach dem Ersten Weltkrieg aus den staatskirchlichen Systemen lösen mußte. Die zu starken Verbindungen sind ihr immer schlecht bekommen. Insofern, denke ich, müssen die Bischöfe in Deutschland ganz realistisch überlegen, welche Formen der Verbindung von Staat und Kirche wirklich von innen her durch Überzeugungen gedeckt und dadurch fruchtbar sind, und wo wir nur Positionen aufrechterhalten, auf die wir eigentlich kein Recht mehr haben. Eine solche Bestandsaufnahme ist sicher angebracht und nötig.

Die einzelnen Punkte, die Sie nennen, würde ich sehr unterschiedlich beantworten. Gott in der Verfassung zu haben, erscheint mir nach wie vor als etwas sehr Wichtiges, denn das hängt ja gar nicht an einem bestimmten christlichen Bekenntnis. Wenn man sich völlig davon löst, daß es ein Maß und einen Herrn über uns gibt, dann muß man Ideologien an die Stelle setzen oder sich allmählich alles auflösen lassen. Ein so kritischer Theologe wie Bultmann hat einmal gesagt: »Ein unchristlicher Staat ist möglich, ein atheistischer nicht.« Ich glaube, daß er im Prinzip recht hat. Wo kein Maß über unsere eigenen aktuellen Meinungen hinaus besteht, herrscht immer mehr die Willkür, verfällt der Mensch.
Die anderen Dinge, wie etwa die Frage der Kirchensteuer, das sind alles Fragen, die man sorgsam und bedachtsam überlegen muß.

Eine brisante Frage; wie könnte die Antwort aussehen?

Das wage ich nicht zu beurteilen. Im großen ganzen wird, wie mir scheint, das deutsche Kirchensteuersystem heute noch von einem ziemlich breiten Konsens getragen, weil man die Sozialleistung der Kirchen anerkennt. Vielleicht könnte in Zukunft einmal der Weg in die Richtung des italienischen Systems gehen, das zum einen einen viel niedrigeren Hebesatz hat, zum anderen aber – das scheint mir wichtig – die Freiwilligkeit festhält. In Italien muß zwar jeder einen bestimmten Satz seines Einkommens – 0,8 %, glaube ich – einem kulturellen bzw. wohltätigen Zweck zuführen, worunter die katholische Kirche figuriert. Aber er kann den Adressaten frei wählen. Faktisch wählt die ganz große Mehrheit die katholische Kirche, aber die Wahl ist freiwillig.

Wie haben Sie das Karlsruher Urteil empfunden?

Ich war natürlich empört, weil die Begründungen, meiner Meinung nach, sehr fragwürdig waren und weil ich davon überzeugt war und bin, daß bei uns doch noch soviel christliche Gemeinsamkeit besteht, daß dieses Zeichen in unseren Schulen wirklich einen Sinn hat. Empört auch in dem Sinn, daß ich glaube, daß da der Konsens der Mehrheit geachtet werden muß. Insofern ist dieses Urteil auch unter demokratischen Gesichtspunkten auf eine zu schwache Basis gestellt gewesen. Noch, das hat die Reaktion gezeigt, ist ein christliches Grundbewußtsein in unserem Lande da. Das ist in den einzelnen Bundesländern sehr verschieden. Ich habe mir sagen lassen, daß in der Bischofskonferenz die bayerischen Bischöfe anders empfinden als etwa die Bischöfe von Mecklenburg-Vorpommern. Dort hängen ja längst keine Kreuze mehr, auch nicht in großen Teilen Norddeutschlands. Daran sieht man auch, daß das keine dogmatische Frage ist. Aber daß wir uns ganz leichtfertig dieses uns noch zusammenhaltende Zeichen entreißen lassen, das würde ich ganz und gar nicht für richtig finden. Zumal ja die bayerische Verfassung immer noch unangefochten und, soweit ich weiß, auch ganz unbestritten das Christliche als Erziehungsgrundlage angibt.

Der Präfekt der Glaubenskongregation würde also sagen: Laßt das Kreuz in den Schulen!

Ja.

Warum wachsen gerade in Deutschland die Spaltpilze so gut? Was ist das für ein Land, welcher Geist oder Ungeist hält es gefangen? Leiden wir hier vielleicht an einem Mangel an Sein, der lange Zeit kompensiert wurde durch Leistung? Grillparzer sprach einmal davon, Gott habe »keine Wirklichkeit für die Deutschen. Sie achten ihn als ihr Werk, nicht sich als seines.«

Ich meine, wir sollten auch nicht zuviel deutsche Selbstanklage betreiben. Auch Länder wie Frankreich, Spanien, Italien oder auch Großbritannien haben ihre antichristlichen Bewegungen, wenn man so will, und ihre großen innerkirchlichen Probleme. Deutschland hat natürlich seine eigene geschichtliche Last, die seit 1933/45 sehr schwer geworden ist. Und der Frage, was ist da eigentlich in unserem Volk gewesen, daß so etwas sein konnte, müssen wir uns mit großem Nachdruck stellen.

Ich glaube, daß die Tugenden der Deutschen und ihre Gefährdungen sehr eng zusammenhängen. Wir sind einerseits ein Volk, das Disziplin, Leistung, Arbeit, Pünktlichkeit schätzt und damit wirklich auch etwas zuwege bringt, auch heute wieder die stärkste Wirtschaftsmacht in Europa geworden ist, die stabilste Währung hat. Aber das führt leicht zu einer gewissen Selbstüberschätzung und zu einem einseitigen Denken, das nur Leistung, Arbeit, Produktion, das Selbsthervorgebrachte und die Disziplin schätzt und damit viele andere Dimensionen der menschlichen Existenz verkümmern läßt. Auch kann es immer wieder zu einem gewissen Hochmut anderen Nationen gegenüber führen, daß man sagt, nur das Deutsche ist eigentlich wirklich gut, die anderen sind doch alle »Schlamper« und so weiter. Diese Versuchung zur Selbstgerechtigkeit, zur einseitigen Bewertung nach Leistungsparametern gehört zweifellos zur deutschen, jedenfalls zur jüngeren deutschen Geschichte, und ihr müssen wir uns stellen.

Offensichtlich nicht nur zur jüngeren deutschen Geschichte. Stefan Zweig hat einmal versucht, deutschen Nationalcharakter und Religiosität in Abgrenzung der Figuren Erasmus von Rotterdam und Luther darzustellen. Denn, so schreibt er, »selten hat das Weltschicksal zwei Menschen so sehr zu vollkommenem Kontrast herausgearbeitet wie Erasmus und Luther«. Hier stünden demnach Konzilianz gegen Fanatismus, Vernunft gegen Leidenschaft, Kultur gegen Urkraft, Weltbürgertum gegen Nationalismus, Evolution gegen Revolution. Da sei bei Luther »der demagogische, der fanatische Akzent in allem«. Die gelagerten Ressentiments eines ganzen Volkes seien diesem begabten, aber fanatischen und unfriedsamen Menschen in die Hände gefallen, »das gesamte deutsche Nationalbewußtsein, begierig, gegen alles Welsche und Kaiserliche revolutionär aufzustehen, der Pfaffenhaß, der Fremdenhaß, die dunkle, soziale, religiöse Glut«.

Durch das Jahrhundert der Reformation hat Deutschland zweifellos eine ganz besondere Physiognomie erhalten, auch seine künftige Geschichte bis zu einem gewissen Grade programmiert. Die Gegenüberstellung von Erasmus und Luther finde ich sehr interessant, aber vielleicht sind die Akzente auch etwas einseitig verteilt. Man darf ja nicht vergessen, daß Erasmus in seiner Scheu, endgültige Positionen zu beziehen, wohl von Luther innerlich weit abgerückt war, aber daß er eigentlich – das ist ihm von katholischer Seite sehr stark vorgeworfen worden – keinen klaren Charakter gehabt hat. Daß er sich – wir würden heute sagen akademisch – aus den eigentlichen Entscheidungen herauszuhalten versuchte und daß das eigentlich nicht geht, daß man sich damit um die Dramatik des Menschseins herumdrückt. Insofern ist Erasmus nicht der helle Charakter und Luther der finstere, sondern alle beiden haben ihre Probleme. Wir müssen natürlich auch die Frage stellen, welche Fragwürdigkeiten durch die Reformation in den deutschen Charakter hereingetreten sind – gerechterweise natürlich immer mit der Frage verbunden: Was ist vom Katholizismus her problematisch in uns? Ich glaube, daß darin eine ganz besondere Verantwortung des ökumenischen Gesprächs in Deutschland liegt. Wir dürfen uns das Negative, das – neben vielem Positiven – durch Luther in die deutsche Geschichte eingetreten ist, nicht verbergen, aber daraus darf keine Selbstgerechtigkeit und keine einseitige Polemik werden.

Es geht offenbar in der heutigen Auseinandersetzung mit der Kirche immer weniger um die Inhalte des Glaubens selbst, um die Forderungen der Religion. Auffälligerweise auch nicht um soziale Themen, um Armut, Verelendung, Ausbeutung. Sie äußerten einmal den Verdacht, zu viele wollen, daß sich die Kirche der Tagesmeinung anschließt, der spießigen Bequemlichkeit des modernen Menschen, der in Langeweile versinkt.

Ich denke, das ist in einer breiten Strömung der Fall. Vielleicht sollten wir das aber noch etwas ausweiten und sagen, daß sich insgesamt auch die innerkirchliche Debatte auf ein paar Themen festgebissen hat und darüber die großen Herausforderungen unserer Zeit beiseite liegen läßt. Wo immer man hinkommt, wo ein Diözesanforum zusammentritt oder sonst irgendwas stattfindet, weiß man schon, welche Fragen gestellt werden: Zölibat, Frauenordination und wiederverheiratete Geschiedene. Das sind durchaus ernste Fragen. Aber es gibt sozusagen eine ständige kirchliche Selbstbeschäftigung mit ein paar Fixpunkten. Dabei wird zu wenig beachtet, daß draußen 80 Prozent Nichtchristen da sind, die auf das Evangelium warten oder für die jedenfalls das Evangelium auch bestimmt ist, und daß wir uns nicht ständig mit unseren eigenen Fragen quälen, sondern überlegen sollten: Wie können wir als Christen heute in dieser Welt ausdrükken, was wir glauben und damit denen etwas sagen?

Im kirchlichen Bewußtsein ist, jedenfalls in Deutschland, eine ungeheure Verengung vor sich gegangen. Wir schauen nur auf uns selber, beschäftigen uns mit uns selber, lecken unsere Wunden, wollen uns die schöne Kirche konstruieren und sehen kaum noch, daß die Kirche ja nicht für sich selber da ist, sondern daß wir ein Wort haben, das der Welt etwas zu sagen hat und das gehört werden sollte, das etwas geben könnte. Wir vergessen zu sehr unsere eigentlichen Aufgaben.

Wird im Vatikan die Entwicklung in Deutschland nicht auch zu nachlässig behandelt? Man hat den Eindruck, der Brisanz dieser Entwicklung wird nicht genügend Rechnung getragen.

Richtig ist, daß die deutsche Sprache in der Kurie traditionellerweise nicht sehr stark anwesend ist. Man kennt die romanischen Sprachen, inzwischen auch Englisch; Deutsch liegt dann doch etwas außerhalb des Beobachtungsfeldes. Andererseits gibt es inzwischen auch eine nicht zu übersehende Präsenz des Deutschen und der Deutschen in Rom. Vielleicht ist es in Rom auch schwer, das Spezifische der deutschen Situation so ganz wahrzunehmen, weil es oft eben auch mit sehr hintersinnigen akademischen Theorien verbunden ist, die nicht leicht verständlich werden für jemanden, der in einer ganz anderen kulturellen Welt lebt. Insofern stimmt es schon, daß der Dialog mit Deutschland etwas hinkt. Aber ich meine, wenn nicht zu schnell reagiert wird, hat das auch immer etwas für sich. Trotzdem denke ich, daß der Dialog mit den deutschen Bischöfen verstärkt werden muß.

Welche Relevanz hat die augenblickliche Krise der Kirche? Ist dies die größte Herausforderung seit Anbeginn? Und was bedeutet die Krise der Kirche für die Welt? Sie selbst haben einmal erklärt, das Erlöschen der Kirche würde einen geistigen Erdrutsch auslösen, dessen Ausmaß wir uns noch gar nicht vorzustellen vermögen.

Zur ersten Frage: Das weiß ich nicht. Es ist sicher eine der ganz großen Herausforderungen. Aber wir hatten auch in der alten Kirche zwei ganz schwere Herausforderungen. Die erste war die Gnosis, als sich in der Kirche eine allmähliche Umbildung sowohl des Kultes als auch des Glaubens in Ideologien, in Mythen und Bildern abspielte, die unbemerkt sich allmählich der ganzen Kirche zu bemächtigen schien. Wenn man das heute liest, denkt man, da gab es auf der einen Seite die Gnostiker, auf der anderen Seite die Kirchenväter. Aber das stimmt nicht, sondern das war vollkommen ineinander verflochten und mußte erst langsam zur Klärung gebracht werden. Es gab auch den Versuch, das Alte Testament abzustoßen, der sehr verständlich und sehr einladend war, um sich auf Paulus zu beschränken. Also, da waren Bewegungen der Selbstfindung, die von äußerster Komplexität gewesen sind. Obendrein existierte höchstens in Anfängen ein zentrales Lehramt, das da wirksam hätte eingreifen können. Der Streit mußte folglich Stück um Stück innen bestanden werden. Und es hätte aus dem Christentum also leicht etwas anderes werden können. Das war, denke ich, schon eine große Krise, gerade am Aufgang der Christenheit, als es überhaupt erst sich selbst formen mußte.

Eine zweite Krise – zwar nicht ebenso schwerwiegend und groß, aber eine doch auch gewichtige Herausforderung – war die arianische Krise, als die Kaiser zeitweise voll auf den Arianismus gesetzt haben, weil das mit der herrschenden Mentalität leichter vereinbar war. Das Modell war: Es gibt einen Gott, und dann gibt es Christus, das ist ein gottartiges Wesen. Das konnte jeder verstehen. Der ganze politische Apparat wurde aufgeboten, um das durchzusetzen. Selbst die Bischöfe sind reihenweise umgefallen, ganze Konferenzen, wenn man so sagen will. Schließlich ist ja die ganze germanische Welt arianisch geworden, so daß dann die Alte Welt, die Romanen, Katholiken waren, und die Neue Welt, die Germanen, Arianer. Man glaubte damit auch leicht erkennen zu können, in welcher Richtung sozusagen das Neue, wo die Zukunft liegt.

Ich denke, daß auch die Krise des 16. Jahrhunderts gravierend war, auch wenn sie nicht so an die Wurzeln ging, weil ja die gemeinsame Annahme der Glaubensbekenntnisse geblieben ist. Aber die inneren Verwirrungen der Kirche waren sehr groß, zumal sich ja sofort das Reformatorische auch in verschiedene, zum Teil radikale Bewegungen aufgespalten hat.

Was wir heute erleben, ist also von daher gesehen vielleicht nicht die größte Herausforderung seit Beginn der Geschichte, aber schon eine, die an die Wurzeln geht.

Ursachen für den Niedergang

Wie war es möglich, daß sich die Krise der Kirche so verschärfen konnte? Lassen Sie mich bitte als erstes nach Gründen fragen, die möglicherweise außerhalb der Kirche zu suchen wären.

Es ist sicher seit der Aufklärung eine starke Bewegung im Gang, für die die Kirche als etwas Antiquiertes erscheint. Je stärker sich das neuzeitliche Denken entfaltet hat, desto radikaler ist die Frage geworden. Auch wenn im 19. Jahrhundert Rückkehrbewegungen entstanden, so hat sich aufs Ganze gesehen die Linie doch fortgesetzt. Das wissenschaftlich Vertretbare wird zum obersten Maßstab; so aber entsteht – deutlich sichtbar bei Bultmann – ein Diktat des sogenannten modernen Weltbildes, das sich höchst dogmatisch gebärdet und Eingriffe Gottes in die Welt wie Wunder und Offenbarung ausschließt. Der Mensch kann zwar Religion haben, aber die liegt dann im Subjektiven und kann daher keine objektiven und gemeinsam verbindlichen, dogmatischen Inhalte haben; wie ja überhaupt Dogma ein Widerspruch zur Vernunft des Menschen zu sein scheint. In diesem Gegenwind der Geschichte, wenn man so will, steht die Kirche, und dieser Gegenwind wird auch weiter anhalten.

Trotzdem zeigt sich dann natürlich auch die Einseitigkeit einer radikalen Aufklärungsposition, denn eine Religion, die auf das rein Subjektive reduziert ist, hat keine formende Kraft mehr, sondern das Subjekt bestätigt sich selber. Die bloße, auf die Naturwissenschaften eingeschränkte Rationalität kann ja auf die eigentlichen Fragen auch nicht antworten. Die Fragen: Woher kommen wir, was bin ich, wie muß ich richtig leben, wozu bin ich überhaupt da? Diese Fragen liegen auf einer anderen Ebene von Rationalität. Und die kann man auch nicht einfach der bloßen Subjektivität oder der Irrationalität überantworten. Kirche wird deswegen in absehbarer Zeit nicht mehr einfach die Lebensform einer ganzen Gesellschaft sein, es wird kein Mittelalter mehr geben, jedenfalls in absehbarer Zeit nicht. Sie wird immer sozusagen eine Komplementärbewegung, wenn nicht eine Gegenbewegung zur herrschenden Weltanschauung sein, sich zugleich aber auch in ihrer Notwendigkeit und in ihrer menschlichen Begründetheit immer neu ausweisen.

Schon am Ende der Aufklärung, vor der Französischen Revolution, hat man gesagt, jetzt muß der Papst, dieser Dalai Lama der Christenheit, endlich verschwinden, damit das Vernunftzeitalter beginnt. Tatsächlich verschwand er einen Augenblick – ins französische Exil. Aber das Papsttum ist im 19. Jahrhundert stärker geworden, als es je vorher gewesen war. Und das Christentum hat zwar im 19. Jahrhundert keine Mittelalterkraft und -gestalt mehr erlebt, aber dafür etwas viel Schöneres, nämlich ganz große soziale Aufbrüche und Wirkungen. Insofern werden auch weiterhin zwei starke, voneinander unabhängige Strömungen und Kräfte vorhanden sein, die aber auch immer wieder ein Miteinander versuchen müssen. Die neue Weltsituation macht den Glauben komplizierter, und die Entscheidung dafür wird persönlicher und schwieriger, aber sie kann das Christentum nicht als antiquiert hinter sich lassen.

Die Kirche hat neue Mitbewerber gefunden, die Menschen vergleichen, wägen ab und suchen neue Zufluchten. Vielleicht war es früheren Generationen schon deshalb einfacher, sich ihre Glaubenskraft zu bewahren, weil sie ihre Religion als eine erprobte Religion der Ahnen verstanden, die man nicht mehr hinterfragen muß. Heute hat sich in diesem Verhältnis ein grundsätzlicher Vorbehalt eingeschli-

chen. Es ist eine Art von modernem weltlichem Dogma entstanden, Kirche gründe sich in erster Linie auf Unterdrückung und Macht. Es sei jetzt, da die Menschen aufgeklärt und die Staaten säkularisiert sind, ganz folgerichtig, daß ihr Stern zu sinken beginne.

Hierzu würde ich zwei Dinge sagen: Erstens hat sich gerade in Unterdrückungssystemen gezeigt, daß die Kirche, die sich nicht in eine Einheitsweltanschauung hinein konformieren läßt, als ein Gegenpol bleibt und als eine weltweite Gemeinschaft da ist, eine Kraft gegen die Unterdrückung. Das 20. Jahrhundert hat in einer bis dahin unbekannten Weise sichtbar werden lassen, daß gerade die gemeinschaftliche Bindung, die die Kirche ist, eine Gegenkraft gegen alle weltlichen, politischen und wirtschaftlichen Unterdrückungs- und Uniformierungsmechanismen bildet; sie gibt den Menschen einen Ort der Freiheit und setzt der Unterdrückung sozusagen eine letzte Grenze. Die Märtyrer haben das immer wieder exemplarisch für die anderen durchgestanden. Daß Kirche ein Freiheitselement ist, das zeigt sich in Osteuropa so gut wie in China, das zeigt sich aber auch in Südamerika, in Afrika. Sie ist gerade dadurch ein Freiheitselement, weil sie eine gemeinschaftliche Gestalt hat, die auch eine gemeinschaftliche Verbindlichkeit einschließt. Wenn ich von daher gegen die Diktatur auftrete, tue ich es nicht nur im privaten Namen, sondern aus einer inneren Kraft heraus, die über mein eigenes Ich und über meine Subjektivität hinausgeht.

Nun zum zweiten. Es gibt eine Ideologie, die im Grunde alles, was besteht, auf Machtverhalten zurückführt. Und diese Ideologie verdirbt die Menschheit und zerstört auch die Kirche. Ich nehme ein ganz konkretes Beispiel: Wenn ich Kirche nur unter dem Gesichtspunkt Macht sehe, dann ist natürlich jeder, der nicht ein Amt innehat, schon ein Unterdrückter. Und dann wird zum Beispiel die Frage der Frauenordination als eine Machtfrage zu einer zwingenden Frage, denn jeder muß ja Macht haben können. Ich glaube, diese Ideologie des Verdachts, daß es im Grunde überall immer nur um Macht gehe, zerstört den Zusammenhalt nicht nur in der Kirche, sondern im menschlichen Leben überhaupt. Sie gibt auch eine völlig falsche Optik, als ob Macht in der Kirche ein letztes Ziel sein würde. Als ob Macht die einzige Kategorie wäre, um die Welt und die Gemeinschaft, die es in ihr gibt, zu erklären. Wir sind ja nicht in der Kirche, um dort in einem Verein Macht auszuüben. Wenn Zugehören zur Kirche überhaupt einen Sinn hat, dann doch nur den, daß sie uns das ewige Leben und so überhaupt das richtige, das wahre Leben gibt. Alles andere ist zweitrangig. Wenn das nicht ist, ist auch jede »Macht« in der dann zu einem Verein herabsinkenden Kirche bloß absurdes Theater. Ich glaube, aus dieser Machtideologie und dieser Reduktion, die noch aus dem marxistischen Verdacht herrührt, müssen wir wieder herauskommen.

Die Kirche hat eine nicht unbedeutende Menge von Verbotsmomenten entwickelt, also eine Art von Verkehrsregelwerk, das gleichsam die Geschwindigkeit des Lebens ordnen soll. Der Lifestyle hingegen signalisiert uns an jeder Kreuzung ein »Du darfst: Gib Gas«. Gesellschaftsfähig ist in diesem Taumel der schnellen Glückseligkeit Religion ja auch nur als Traum von leidfreiem Glück, als mystischer Seelenzauber. Vielleicht wird die Kirche deshalb um so heftiger kritisiert und profitiert nicht vom spirituellen Aufbruch, weil sie Ansprüche stellt, weil sie von Sünden spricht und von Leid und einem Lebensweg der Gerechtigkeit.

Nur ein Beispiel für dieses merkwürdige Verhältnis: Auf der Ebene des Staates ist es ja gerade so, daß, sobald es zu vermehrten Übergriffen kommt und sich die Gesellschaft in ihrer Sicherheit bedroht fühlt, sofort nach schärferen Gesetzen verlangt wird. Gegenüber der Kirche, deren Gesetze moralischer Art sind, ist es genau umgekehrt; hier wird eine weitere Lockerung gefordert.

In der Weltanschauung von heute sind der Autonomiegedanke und der antiautoritäre Gedanke, wenn man es so ausdrücken darf, äußerst dominant geworden. So dominant wie eben der Begriff Macht. Beide Begriffe werden zur einzigen Kategorie, die im Miteinander der Menschen wirklich zählt. Die Folgen freilich sind offensichtlich: Wenn das autonome Subjekt das letzte Wort hat, dann muß es einfach alles wollen können. Dann will es soviel vom Leben einpacken, wie man überhaupt davon haben kann. Das ist, glaube ich, wirklich ein ganz großes Problem der heutigen Existenz. Man sagt, das Leben ist an sich kompliziert und kurz, ich will soviel davon haben, wie nur irgend möglich, und da darf mich niemand daran hindern. Ich muß vor allen Dingen mein Stück vom Leben an mich reißen, mich selbst verwirklichen können, und da darf mir niemand hineinreden. Wer mich in diesem Zugriff aufs Leben beengen will, der ist ein Feind meiner selbst.

Wir können auch im Hintergrund der Papiere von Kairo und Peking [der UN-Konferenz für Bevölkerung und Entwicklung und der UN-Weltfrauenkonferenz] diese Weltanschauung durchscheinen sehen. Der Mensch wird rein individualistisch konzipiert, er ist nur er selbst. Die Beziehung, die zu ihm gehört und durch die er eigentlich erst er selber wird, wird ihm weggenommen. Dieser Anspruch, über sich selbst letztliche und einzige Instanz zu sein, und der Anspruch, soviel vom Leben sich zuzueignen, wie es nur irgendwie geht, und von niemand behindert werden zu dürfen, gehört zu dem Lebensgefühl, das sich heute dem Menschen anbietet. Insofern ist natürlich das »Du darfst nicht« – es gibt die Maßstäbe, denen wir uns zu unterwerfen haben – ein Eingriff, der ein Angriff geworden ist und gegen den man sich zur Wehr setzt. Letztlich steht hier wieder die Grundfrage überhaupt zur Debatte: Wie wird der Mensch glücklich? Wie macht er es richtig mit seinem Leben? Ist es wahr, daß er sich nur sich selbst Maßstab sein darf, um glücklich sein zu können?

Ich habe unlängst mit Freunden darüber gesprochen, daß man hier in der Gegend von Frascati gerade dabei ist, die Weinreben zu beschneiden, und daß sie nur, wenn sie jährlich beschnitten werden, fruchtbar sind, daß das Beschneiden zur Fruchtbarkeit gehört. Vom Evangelium her, Johannes 15, ist uns das sofort als ein Gleichnis auch der menschlichen Existenz und auch der Gemeinschaft der Kirche deutlich. Wenn nicht der Mut des Beschneidens da ist, dann wachsen nur noch Blätter. Auf die Kirche bezogen: Dann gibt's nur noch Papier, und dann kommt eigentlich kein Leben mehr heraus. Aber sagen wir es mit Worten Christi, der uns sagt: Genau, wenn du meinst, du mußt dich selbst besitzen und dich selbst verteidigen, genau dann machst du dich kaputt. Weil du eben nicht als eine Insel eines Selbst, das auf sich selber steht, gebaut bist, sondern weil du auf Liebe hin, und daher auf Geben hin, auf Verzicht hin, auf Beschnittenwerden deiner selbst hin gebaut bist. Nur wenn du dich gibst, dich verlierst, wie Christus es ausdrückt, dann wirst du leben können.

Dieser Grundentscheid muß ganz deutlich heraustreten, er ist der Freiheit des Menschen angeboten. Aber es sollte doch wirklich sichtbar werden, daß es ein falsches Lebensrezept ist, aus dem reinen Anspruch zu leben. Die Leidverweigerung und die Verweigerung der Kreatürlichkeit, also des Stehens unter einem Maßstab, ist letzten Endes die Verweigerung der Liebe selbst, und das ruiniert den Menschen. Denn gerade dadurch, daß er sich einem Anspruch unterstellt und sich beschneiden läßt, kann er reifen und Frucht bringen.

Bei jungen Leuten ist jetzt immer häufiger zu beobachten, daß sie sich sozusagen unterfordert fühlen. Zum Teil erklärt sich ja auch der Zugang zu Sekten mit radikalen Binnenansprüchen dadurch, daß sie erstens Sicherheit suchen, geborgen sein wollen, aber dann doch auch gefordert sein wollen. Irgendwo steckt das im Menschen drin, daß er weiß: Ich muß gefordert werden, und ich muß mich nach einem höheren Maß bilden und mich zu geben und zu verlieren lernen.

Die Diskrepanz zwischen Glaube und Gesellschaft rührt wohl auch daher, daß die Gesellschaft versucht, Kirche, Kirchengeschichte und die Lehre der Kirche heute auf eine gewisse Plausibilität hin zu prüfen. Aber ist dieser Ansatz so verkehrt?

Er ist dann nicht verkehrt, wenn man eine gewisse Einsichtigkeit des Glaubens zu finden versucht. Das ist ja von Anfang an ein Teil der christlichen Verkündigung. Der Glaube konnte überhaupt nur missionarisch in die Welt treten, weil er etwas war, was man verstehen konnte und was den Leuten auch einleuchten konnte. Paulus konnte in den Synagogen nicht nur mit den Juden, sondern auch mit den sogenannten Gottesfürchtigen sprechen, das heißt mit Heiden, die im Monotheismus Israels den wahren Gott erkannt hatten. Er machte ihnen mit Argumenten einsichtig, daß erst mit Christus das Judentum und das vom Judentum angerührte monotheistische Heidentum zu seiner vollen Konsequenz gelangte. Insofern ist das Bemühen des Christentums, eine Antwort auch einsichtig zu machen, sogar wesentlich.

Wenn man allerdings den Begriff Plausibilität so eng faßt, daß man nur noch jene Dinge am Christentum gelten läßt, die auch zu unseren augenblicklichen Lebensgewohnheiten passen, dann allerdings machen wir das Christentum zu billig und sind gerade dann gar nichts mehr wert.

Die Fehler der Kirche

Kardinal König hat die heutige Situation der Kirche in der Welt einmal so dargestellt: »Im Grunde geht es um eine jahrhundertealte Entwicklung, die zu einem Auseinanderleben von Kirche und Welt geführt hat. Es ist dies eine wachsende Diskrepanz zwischen der Bewußtseinslage des modernen Menschen und der christlichen Lehre.« Und dann fährt der Kardinal fort: »Es liegt allerdings auch an der Kirche selber, sich kritisch zu befragen, wie weit sie an einer solchen Kommunikationsstörung schuld ist, um sie zu überwinden.«

Die Kommunikationsstörung, von der Kardinal König spricht, ist ganz offenkundig, und ich denke, eine Teilschuld ist auf unserer Seite sicher auch da. Zum einen finden wir nicht die Sprache, um uns im gegenwärtigen Bewußtsein auszudrücken. Wir kommen vielleicht später noch auf Begriffe wie Erbsünde, Erlösung, Sühne, Sünde und so weiter, das alles sind Worte, die eine Wahrheit ausdrücken, die aber in der heutigen Sprache für die meisten Menschen nichts mehr ergeben. Deren Sinn wieder kommunikabel zu machen, ist zweifellos eine Aufgabe, um die wir uns bemühen müssen. Das kann allerdings nur gelingen, wenn wir selber diese Dinge inwendig leben. Wenn sie uns durch das Gelebtwerden wieder neu verständlich werden, kann man sie auch neu aussagen. Ich muß hinzufügen, daß die Kommunikation des Christlichen nie eine bloße Verstandeskommunikation ist. Sie sagt etwas, was den *ganzen* Menschen umgreift und was ich nur begreifen kann, wenn ich mich in die Weggemeinschaft hineinbegebe. Insofern sind zwei Anforderungen da, es wirklich zu leben und damit zum Verstehen selbst zu kommen und zudem neue Aussagemöglichkeiten durch überzeugende Weggemeinschaft zu schaffen, die das sozusagen ratifiziert.

Das Bild der Kirche in der Öffentlichkeit ist vielfach das einer drohenden, verknöcherten Instanz. Warum ist die Amtskirche so streng? Müßte sie als Hüterin der Herde nicht mütterlicher um die Seelen ringen?

Richtig ist, daß für viele Leute von den Worten der Kirche am Schluß nur einige Moralverbote – hauptsächlich aus dem Bereich der Sexualethik – übrigbleiben und daß sie insofern den Eindruck haben, hier werde eigentlich nur verurteilt und das Leben eingeengt. Vielleicht ist in der Richtung auch zu viel und vieles zu oft gesagt worden – und nicht mit der nötigen Verbindung von Wahrheit und Liebe. Es liegt, glaube ich, auch etwas an der Auswahl, die dann durch die Medien übermittelt wird. Solche Verbote sind irgendwie interessant als Meldungen, sie haben gleichsam einen faßbaren Inhalt. Wenn statt dessen über Gott, über Christus und so viele zentrale Dinge des Glaubens gesprochen wird, kann dies in die säkulare Sprache gar nicht eintreten, kann von ihr gar nicht wahrgenommen werden. Insofern muß man sich auch fragen, wie die Kirche, anstatt einfach die Medien zu schelten, selbst ihre Öffentlichkeitsdarstellung richtig dosieren kann. Im inneren Glaubensleben, dort, wo man den eigentlichen Kern des Glaubens verkündet, können die einzelnen Dinge richtig aufeinander bezogen werden und könnten dann solche Verbote auch ihren Stellenwert in einem viel größeren und positiven Ganzen haben. Alles möglichst öffentlich machen zu wollen, verzerrt sozusagen die Proportionen. Die Kirche muß überlegen, wie sie die Binnenverkündigung, die ein gemeinsames Glaubensgefüge aussagt, und das Reden in die Welt hinein, in dem nur Teilwahrnehmungen erfolgen können, in die richtige Proportion bringt.

Die Öffentlichkeit hat vielfach den Eindruck, Kirche reagiere nur, sie setze auf Beharrung, verweise streng auf göttliche Gebote und vertraue im übrigen darauf, daß Gott seine Kirche schon nicht untergehen lassen werde. Ringsum Dynamik, aber die Kirche scheint unfähig, ihre Logik zu verändern und bleibt bei der trotzigen Selbstbehauptung. Sie wirkt deshalb auch nicht besonders radikal, sondern eher erstarrt, eingemauert wie eine Festung. Die Botschaft bleibt eine Floskel.

Das ist natürlich je nach Kulturnation sehr verschieden. In der Zeit der Unterdrückung in den kommunistischen Regimen hat bei den glaubenden Menschen, aber auch bei Ungläubigen oder suchenden Menschen wie zum Beispiel Václav Havel, ein ganz anderer Eindruck bestanden. Da wurde wirklich wahrgenommen, daß die Kirche die Botschaft der Freiheit verkündet. Daß sie Gegengewichte setzt. Daß sie eine Kraft ist, die auch für den Nichtglaubenden etwas zu geben hat und ihm die Zuversicht gibt, daß die totalitären Mächte nie ganz das Feld beherrschen können.

Auch in Afrika, wo die Kirche in vielfältigen Konfrontationen mit dem Staat, mit der Korruption, die ja das große Problem der afrikanischen Staaten ist, steht, herrscht nicht der Eindruck vor, daß die Kirche hauptsächlich in trotziger Selbstbehauptung da ist, sondern daß sie durchaus eine dynamische Kraft ist; die auch die Dritte Welt verteidigt; die dafür auch Initiativen ergreift; die auch nicht einfach einen bestimmten Typ von rein materiell ausgerichteter Entwicklungshilfe betreibt, sondern wirklich einen lebendigen Austausch fördert. Auch in Südamerika ist der Eindruck ein ganz anderer. Es ist also je nach Empfänger sehr unterschiedlich, ob die Kirche als wirklich dynamisch vorangehend empfunden wird oder nicht. Daß sie bei uns in Deutschland, in Mitteleuropa, nur als Gegner des Fortschritts und als Selbstverteidiger erscheint, beruht doch, glaube ich, umgekehrt auf einer eigenen Selbstverteidigung, die den Einspruch der Kirche gegen vieles, was uns bequem und recht ist, nicht dulden will.

Gleicht euch nicht der Welt an, fordert der Papst. Aber hat sich nicht auch die Kirche selbst zu sehr angeglichen? Sie scheint an der Sicherung ihrer Erbhöfe zu kleben, sie inve stiert viel Geld, Zeit und Energie in die Erhaltung ihrer Immobilien. Müßte sie statt dessen nicht wieder deutlicher machen, worin ihre Heilsangebote liegen?

Da würde ich Ihnen recht geben. Auch in der Kirche ist das Beharrungsvermögen ein sehr starker Faktor. Sie neigt infolgedessen dazu, einmal erworbenes Gut und erworbene Positionen zu verteidigen. Die Fähigkeit zur Selbstbescheidung und Selbstbeschneidung ist nicht in der richtigen Weise entwickelt. Ich glaube, daß uns das gerade auch in Deutschland trifft. Hier haben wir weit mehr kirchliche Institutionen, als wir mit kirchlichem Geist decken können. Und gerade das bringt die Kirche dann in Mißkredit, daß sie am Institutionengefüge festhält, auch wenn eigentlich nichts mehr dahintersteht. So entwickelt sich der Eindruck, in einem Krankenhaus oder zum Beispiel in einer Schule würden Menschen, die eigentlich nichts damit zu tun haben, auf eine kirchliche Haltung festgelegt, nur weil eben die Kirche der Eigentümer ist und das Sagen hat. Hier muß es eine wirkliche Gewissenserforschung geben. Leider war es in der Geschichte aber immer so, daß auch die Kirche nicht die Fähigkeit hatte, selber das irdische Gut abzustoßen, sondern daß es ihr immer wieder genommen werden mußte und dieses Genommenwerden ihr dann zum Heil gereichte.

Mitunter allerdings war das etwas anders; ich denke an die Trennung von Staat und Kirche in Frankreich unter Pius X., also zu Beginn dieses Jahrhunderts. Damals wurde der Kirche eine Formel zum Festhalten ihres Besitzes angeboten, die allerdings eine gewisse Einbindung in die staatliche Oberaufsicht mit sich gebracht hätte. Dazu hat dann Pius X. erklärt, das *Gut* der Kirche ist wichtiger als ihre *Güter*. Wir geben die Güter weg, weil wir das Gut verteidigen müssen. Das ist, glaube ich, ein großer Satz, den man sich immer wieder vor Augen halten muß.

Ich frage mich, warum die Kirche uns Ahnungslosen und christlichen Analphabeten nicht den Glauben auch besser vermittelt, warum sie nicht häufiger an das Große am Katholischen erinnert, an Freiheit des Denkens, an Versöhnung und Barmherzigkeit. Ich vermisse auch ihre traditionellen Riten, ihre Bräuche, ihre Feste, die sie doch mit Stolz und immerhin mit einem Können aus zweitausendjähriger Erfahrung begehen könnte. In einem Buch von Isaac Singer fand ich die Beschreibung eines traditionellen jüdischen Laubhüttenfestes. Da psalmodierte der Rabbi die Tischgebete und hielt eine Predigt. Eine solche Auslegung der Thora, begeisterten sich die Chassidim, sei noch niemals vernommen worden. Heilige Geheimnisse habe der Rabbi enthüllt. Am Abend wurde schließlich ein Festtagstuch über den Tisch gebreitet, dann legte man einen Brotzopf darauf und stellte eine mit Wein gefüllte Karaffe und einen Kidduschbecher daneben. Nach dem Eindruck der Beteiligten schien sich dann die Laubhütte in eine der Wohnungen im Hause Gottes zu verwandeln. Bei uns ist es eher so, daß die christlichen Zusammenkünfte sich in Bürgerfeste mit Leberkäs' und Bier verwandeln.

Hier ist natürlich auch wieder das Thema Verschmelzung von Christentum und Gesellschaft und Hineinschmelzung des Christlichen in Brauchtum und in gesellschaftliche Feste mit angesprochen, das wir schon beredet haben. Ich würde aber ein anderes Thema in diesem Zusammenhang angehen. Der Rabbi hat sicher nichts ganz Neues gesagt, aber der gläubig und festlich begangene Ritus setzt es wirklich immer wieder neu und macht es zu einer neuen Gegenwart.

In unserer Liturgiereform gibt es eine Tendenz, die meiner Meinung nach falsch liegt, nämlich die vollkommene »Inkulturation« der Liturgie in die moderne Welt hinein. Sie soll also noch kürzer werden; und es soll alles, was vermeintlich unverständlich ist, noch weiter daraus entfernt werden; es soll im Grunde auf eine noch »plattere« Sprache heruntertransponiert werden. Damit aber ist das Wesen von Liturgie und liturgischer Feier ganz gründlich mißverstanden. Denn in der Liturgie begreift man ja nicht einfach auf rationale Art, so wie ich etwa einen Vortrag verstehe, sondern auf vielfältige Weise, mit allen Sinnen und mit dem Hineingenommenwerden in eine Feier, die nicht von irgendeiner Kommission erfunden ist, sondern die gleichsam aus der Tiefe der Jahrtausende und letztlich der Ewigkeit her zu mir kommt.

Als das Judentum den Tempel verloren hat, hat es an den synagogalen Festen und Riten festgehalten und wurde vor den großen Festriten als Riten des gläubigen Hauses zusammengehalten. Es liegt eine bestimmte Art von gemeinsamer

Lebensform in den Riten, in denen es nicht auf die pure Oberflächenverständlichkeit ankommt, sondern in denen die große Kontinuität der Glaubensgeschichte sich aussagt und sich sozusagen als eine Vollmacht darstellt, die nicht von dem einzelnen kommt. Der Priester ist eben kein Showmaster, der sich jetzt etwas ausdenkt und sehr geschickt vermittelt. Er darf im Gegenteil als Showmaster völlig unbegabt sein, weil er etwas ganz anderes vertritt und es gar nicht auf ihn ankommt.

Natürlich gehört zur Liturgie auch Verständlichkeit, und deswegen muß das Wort Gottes gut verlesen und dann gut interpretiert und ausgelegt werden. Aber zur Verständlichkeit des Wortes kommen andere Weisen des Verstehens. Vor allem ist sie nicht etwas, was sich immer wieder neue Kommissionen ausdenken. Auf diese Weise wird sie zu einer selbstgemachten Sache, ob die Kommissionen dann in Rom, in Trier oder in Paris sitzen. Sie muß statt dessen wirklich ihre große Kontinuität haben, ihre letzte Unbeliebigkeit, in der ich wirklich den Jahrtausenden und durch sie hindurch dem Ewigen begegne und in eine Feiergemeinschaft hineingehoben werde, die etwas anderes ist, als was Komitees oder Festkomitees sich ausdenken.

Ich glaube, hier ist eine Art von Klerikalismus entstanden, von der her ich dann auch die Forderung nach der Frauenordination besser verstehen kann. Dem Priester wird *in Person* eine Wichtigkeit zugemessen, er muß es geschickt machen können und muß das alles gut darstellen können. Er ist das eigentliche Zentrum der Feier. Folglich muß man sagen: Warum nur diese Sorte von Leuten? Wenn er dagegen als Person ganz zurücktritt und wirklich nur Vertretung ist und lediglich das durch seinen gläubigen Vollzug hinstellt, dann kreist es eben nicht mehr um ihn, sondern dann tritt er zur Seite, und etwas Größeres tritt in Erscheinung. Insofern muß man, glaube ich, die Wucht und die Kraft der unmanipulierbaren Tradition wieder stärker sehen. Ihre Schönheit und ihre Größe rührt auch jenen an, der nicht alle Details rational verarbeiten und verstehen kann. In der Mitte steht dann freilich das Wort, das verkündigt und ausgelegt wird.

Wäre es nicht denkbar, daß man, um dieser Gleichmacherei und Entzauberung entgegenzuwirken, den alten Ritus wieder reaktiviert?

Das würde allein keine Lösung sein. Ich bin zwar der Meinung, daß man viel großzügiger den alten Ritus all denen gewähren sollte, die das wünschen. Es ist überhaupt nicht einzusehen, was daran gefährlich oder unannehmbar sein sollte. Eine Gemeinschaft, die das, was ihr bisher das Heiligste und Höchste war, plötzlich als strikt verboten erklärt und das Verlangen danach geradezu als unanständig erscheinen läßt, stellt sich selbst in Frage. Denn was soll man ihr eigentlich noch glauben? Wird sie nicht morgen wieder verbieten, was sie heute vorschreibt? Aber eine einfache Rückkehr zum Alten wäre, wie gesagt, keine Lösung. Unsere Kultur hat sich in den letzten dreißig Jahren so radikal verändert, daß eine ausschließlich in Latein gefeierte Liturgie ein Fremdheitserlebnis mit sich brächte, das für viele unüberwindbar wäre. Was wir brauchen, ist eine neue liturgische Erziehung, besonders auch der Priester. Es muß wieder klar werden, daß Liturgiewissenschaft nicht dazu da ist, ständig neue Modelle hervorzubringen, wie es für die Autoindustrie passen mag. Sie ist dazu da, in das Fest und in die Feier einzuführen, den Menschen für das Mysterium fähig zu machen. Da sollte man nicht nur von der Ostkirche lernen, sondern von den Religionen in der Welt insgesamt, die alle wissen, daß Liturgie etwas anderes als das Erfinden von Texten und Riten ist, daß sie gerade vom Unmanipulierbaren lebt. Die Jugend spürt das sehr stark. Zentren, in denen die Liturgie ohne Mätzchen ehrfürchtig und groß gefeiert wird, ziehen an, auch wenn man nicht jedes Wort versteht. Solche maßstäblichen Zentren brauchen wir. Leider ist bei uns die Toleranz selbst für abenteuerliche Spielereien fast unbegrenzt, die Toleranz dagegen für die alte Liturgie praktisch inexistent. Damit ist man sicher auf dem falschen Weg.

Die Krise der Kirche – kann man denn feststellen, wann es angefangen hat? Sind es die Folgen von Fehlern aus der Vergangenheit? Hat Kirche auch zuviel Ballast aufgehäuft, zu viele Schulden, für die sie jetzt die Quittung bekommt?

Es gibt natürlich einerseits das Geschichtskontinuum, aus dem wir uns nicht hinausstehlen können. So wie unsere deutsche Geschichte mit allem Guten und Schlechten beladen ist und uns in allen Generationen angeht, ist natürlich auch die Kirchengeschichte da. Man muß fragen: Was sind die belastenden Dinge, die Irrtümer darin, die wir eingestehen und erkennen müssen? Aber daneben gibt es auch die Neuheit der jeweils lebenden Generation.

Ich würde also die Krise, die ihre Wurzeln und ihre Ermöglichungen auch in Vergangenem hat, doch nicht zu weit aus langen historischen Ursprüngen herholen. Es ist doch so, daß neue geschichtliche Konstellationen auch zu neuen Höhepunkten oder Tiefpunkten führen. Als Beispiel nenne ich immer folgendes: Als der politische Liberalismus aufblühte, gab es innerhalb der Kirche dementsprechend die Auseinandersetzung um den Modernismus, die Pius X. in großer Schärfe geführt hat. Nach dem Ersten Weltkrieg war das plötzlich vorbei. Heute sagen viele, man hätte die Probleme damals ausdiskutieren statt unterdrücken sollen. Die Wirklichkeit ist aber die, daß der Erste Weltkrieg als das Scheitern des Liberalismus empfunden wurde, der damit zunächst als geistig bestimmende Kraft abgetreten ist. So ist damals unerwartet eine ganz neue Bewußtseinslage entstanden. Nicht nur in der katholischen, sondern auch in der evangelischen Christenheit. Harnack, der große Meister liberaler Theologie, tritt ab, Karl Barth mit seiner radikalen neuen Gläubigkeit tritt an seine Stelle; Erik Peterson, der große evangelische Exeget und Historiker, konvertiert zum Katholizismus. Eine neue liturgische Bewegung entsteht in der evangelischen Kirche, wo vorher die liberale Theologie betont antikultisch gewesen war. Das heißt also, in einer völlig anderen Generationenlage interessieren plötzlich die modernistischen Probleme nicht mehr. Man kann es in der Autobiographie von Romano Guardini sehr schön sehen, wie er noch in dieser liberalen Phase studiert und dann zu einer bewußt antiliberalen Entscheidung kommt.

Nach dem Zweiten Weltkrieg hält diese Lage zwar noch einige Zeit an, aber sehr schnell hat sich dann eine Wohlstandswelt gebildet, die noch weit über diejenige der Belle Époque hinausgeht. Es bildet sich dadurch eine Art Neoliberalismus, und plötzlich erscheint das Christentum dann noch rückständiger, verkehrter und anachronistischer als in der Situation vor dem Ersten Weltkrieg.

Insofern muß man die Krisenerscheinungen auch epochengeschichtlich betrachten. Da gebe ich bis zu einem gewissen Punkt Karl Marx recht, daß die ideologische Verfassung einer Epoche immer auch Reflex ihrer ganzen ökonomischen und sozialen Struktur ist.

Kann es sein, daß in dem heutigen Prozeß des Niedergangs der Kirche auch starke Selbstreinigungskräfte am Werke sind?

Selbstreinigungskräfte sind am Werke, davon bin ich überzeugt. Aber man sollte natürlich nicht leicht den Glaubensverlust, die Glaubensermüdung schon in sich als Reinigungsvorgänge auffassen. Die Situation ist ein Angebot, sich zu reinigen, das allerdings unterschiedlich gebraucht wird. Wir kommen da auch wieder auf die Frage der Verflechtung mit Besitz und Institutionen zurück. Es kann zur Reinigung führen. Ganz automatisch, bloß durch das Verfallen allein aber tritt eine Reinigung nicht ein.

Man kann die Kirche wohl schwer an ihrem Erfolg messen, zumindest nicht nach politischen oder wirtschaftlichen Kriterien, nicht anhand von Umsatz oder Mitgliederzahlen. Immerhin sprach Christus von Verwaltern, denen der Herr seine Güter anvertraut hat. Sie sollten sie pflegen und mehren – übrigens auch durch unorthodoxe Mittel.

Die erste Frage ist zunächst: Wie muß man Gleichnisse richtig interpretieren? Daß Jesus hier die Geschichte von der Bank nimmt, vom Geschäftemachen, durch das man das vorhandene Geld mehrt, sollte man nicht als Methodenangabe ansehen. Auch die Sache mit dem ungerechten Verwalter – ein besonders schwieriges Gleichnis –, wo er sagt: Na ja, immerhin hat er sich damit eine Lösung verschafft, seid klug, wie er klug gewesen ist, bedeutet nicht, daß man gleichsam mit unredlichen Mitteln zu Werke gehen soll. Wohl bedeutet es, daß man eben auch klug und wach sein und die Chancen wahrnehmen muß; daß auch der Phantasie, der Kreativität etwas anvertraut ist. Und sicher bedeutet es, daß es nicht genügt, selber brav gläubig zu bleiben, zu sagen, ich bin fromm, ich werde nach meiner Fasson selig, was die anderen machen, geht mich nichts an. Sondern Glaube ist in der Tat etwas zum Weitergeben Geschenktes, das man gar nicht richtig hat, wenn man es nur für sich selbst haben will. Ein wirklich innerlich angenommenes Christentum ist mit der Dynamik behaftet, daß ich davon mitteilen muß. Ich habe sozusagen etwas gefunden, wie man es richtig macht – und da kann ich nicht sagen, das reicht mir. In dem Augenblick nämlich zerstöre ich auch schon wieder den Fund. Es ist genauso, wie wenn jemand eine große Freude hat, er muß es irgendwie sagen und mitteilen, sonst ist es gar keine echte Freude. So ist tatsächlich die Dynamik des Weitergebens ein Bestandteil der Sendung, die Christus den Seinigen gegeben hat; und eben auch die Ermutigung zur Phantasie und zur Kühnheit, selbst mit dem Risiko, dabei etwas zu verlieren. Insofern können wir uns nicht beruhigt hinsetzen und sagen, na ja, eine Mengenverheißung ist nicht da, Erfolg ist keiner der Namen Gottes, gut, wir haben das Unsrige gemacht, und wer kommt und wer nicht, das wird sich schon zeigen. Diese innere Unruhe, daß wir eine Gabe haben, die für die Menschheit bestimmt ist, muß immer in der Kirche vorhanden sein.

Auf der anderen Seite gibt es auch die Worte: »Ich sende euch wie Schafe unter die Wölfe«, und »Ihr werdet verfolgt werden.« Das heißt also, es ist uns vorausgesagt, daß unser Werk immer auch mit dem Schicksal Christi selber zu tun haben wird. Und ich glaube, in dieser Spannung muß die Christenheit leben. Es darf keine Selbstzufriedenheit in dem Sinne geben: Wir haben unseren Stand erreicht, mehr können wir nicht – sondern der Auftrag stellt sich immer wieder neu, gute Verwalter zu sein, also solche, die wuchern, wie Christus sich ausdrückt, und die andererseits den Erfolg nie ganz in Händen haben.

Der Kanon der Kritik

In Zusammenhang mit der Kritik an der Kirche sprachen Sie einmal von einem »klassischen Fragenkanon«: Frauenordination, Empfängnisverhütung, Zölibat, Wiederverheiratung Geschiedener. Diese Punkteaufzählung stammt von 1984. Das Kirchenvolksbegehren von 1995 in Österreich, Deutschland und der Schweiz zeigt, daß sich an diesem Fragenkanon kein Jota geändert hat. Die Diskussion scheint sich ermüdend im Kreise zu drehen. Vielleicht helfen hier gewisse Klarstellungen weiter. Mir scheint, daß viele nicht wissen, von was genau sie reden, wenn sie etwa von Papsttum oder Priesterschaft sprechen, daß sie die Bedeutung dieser Begriffe eigentlich nicht kennen.

Ich würde noch einmal betonen, daß dies alles sicher echte Fragen sind, aber ich glaube auch, daß wir uns verlaufen, wenn wir sie zu Standardfragen erheben und zum einzigen Thema der Christenheit machen. Es gibt eine sehr einfache Gegenerwägung (die übrigens auch Johann Baptist Metz in einem Artikel zum Kirchenvolksbegehren ausgedrückt hat): Diese Fragen sind in der evangelischen Christenheit gelöst. Sie ist in diesen Punkten den anderen Weg gegangen, und es ist ganz offenkundig, daß sie damit das Problem Christsein in der Welt von heute nicht gelöst hat und sich die Problematik des Christentums, die Mühsal, ein Christ zu sein, für sie nach wie vor genauso dramatisch stellt. Metz hat, wenn ich mich recht entsinne, gefragt, warum wir uns denn eigentlich zu einer Doublette der evangelischen Christenheit machen sollten. Es sei eigentlich gut, daß hier das Experiment gemacht worden ist. Denn es zeigt sich, daß *daran*, an diesen Fragen, das Christsein heute nicht scheitert. Daß die Lösung dieser Dinge das Evangelium nicht attraktiver oder das Christsein leichter macht oder auch nur die Zustimmung erreicht, die die Kirche wieder besser zusammenhält. Ich glaube, darüber sollte man sich einmal klarwerden, daß es letztendlich nicht diese Fragen sind, derentwegen die Kirche leidet.

Das Dogma der Unfehlbarkeit

Dann lassen Sie uns doch bitte mit einem Punkt beginnen, den die Protestanten nun wirklich schon sehr früh abgehakt haben, dem Dogma der Unfehlbarkeit. Was drückt dieses Dogma nun wirklich aus? Ist es richtig oder falsch übersetzt, wenn man davon ausgeht, daß alles, was der Heilige Vater spricht, automatisch heilig und richtig ist? Ich möchte diese Frage an den Anfang dieses Kanons der Kritik stellen, weil sie offenbar die Menschen, aus welchen Gründen auch immer, besonders bewegt.

Sie haben ja schon einen Irrtum angesprochen. Dieses Dogma bedeutet tatsächlich nicht, daß alles, was der Papst sagt, unfehlbar ist. Es bedeutet schlicht dieses, daß es im Christentum, jedenfalls nach katholischem Glauben, eine Letztentscheidungsinstanz gibt. Daß schließlich über die wesentlichen Fragen verbindlich entschieden werden kann und wir gewiß sein können, daß dann das Erbe Christi richtig ausgelegt ist. In irgendeiner Form ist diese Verbindlichkeit in jeder christlichen Glaubensgemeinschaft anwesend, nur eben nicht auf den Papst bezogen.

Auch für die orthodoxe Kirche ist klar, daß die Konzilsentscheidungen in dem Sinn unfehlbar sind, daß ich mich verlassen kann: Hier ist das Erbe Christi richtig ausgelegt, das ist unser gemeinsamer Glaube. Es muß ihn nicht jeder neu sozusagen destillieren und aus der Bibel herausziehen, sondern der Kirche ist die Möglichkeit gemeinsamer Gewißheit gegeben. Der Unterschied zur Orthodoxie ist nur, daß das römische Christentum außer dem ökumenischen Konzil eine andere Vergewisserungsinstanz kennt, nämlich den Nachfolger des Petrus, der diese Vergewisserung ebenfalls leisten kann. Der Papst ist darin natürlich an Bedingungen gebunden, die gewährleisten – und ihn zudem zutiefst verpflichten –, nicht aus eigenem subjektivem Bewußtsein zu entscheiden, sondern in der großen Gemeinschaft der Überlieferung.

Es hat allerdings sehr lange gebraucht, diese Lösung zu finden.

Es sind ja auch Konzilien gehalten worden, bevor es überhaupt eine Theorie des Konzils gab. Die Väter des Konzils von Nicäa, 325, dem ersten Konzil, wußten gar nicht, was ein Konzil ist, der Kaiser hatte das ja zusammengerufen. Trotzdem waren sie sich bereits darüber klar, daß sie nun nicht nur selber gesprochen hatten, sondern daß sie sagen durften (was dann auch das Apostelkonzil sagt): »Dem Heiligen Geist und uns hat es gefallen« (Apg. 15,28) – das heißt: der Heilige Geist hat mit uns, durch uns entschieden. Das Konzil von Nicäa spricht dann von drei Primaten, die es in der Kirche gibt, nämlich Rom, Antiochien und Alexandrien. Es nennt insofern Vergewisserungsinstanzen, die alle drei mit der Petrustradition zusammenhängen. Rom und Antiochien sind die Bischofssitze des Heiligen Petrus, Alexandrien wurde als Markus-Sitz gleichsam an die petrinische Tradition angebunden und in diese Trias aufgenommen.

Die Bischöfe von Rom haben sehr früh sehr deutlich gewußt, daß sie in dieser petrinischen Tradition stehen und daß sie mit der Verantwortung auch die Verheißung haben, die ihnen hilft, ihr zu entsprechen. Das ist dann in der arianischen Krise sehr deutlich geworden, als Rom die einzige Instanz war, die dem Kaiser die Stirn bieten konnte. Der Bischof von Rom, der natürlich auf die Gesamtkirche hören muß und nicht selber schöpferisch Glauben hervorbringt, hat eine Funktion, die in der Linie der petrinischen Verheißung steht. Begrifflich formuliert worden ist es dann definitiv in der Tat erst 1870.

Vielleicht sollte man noch anmerken, daß inzwischen doch auch außerhalb der katholischen Christenheit zusehends ein Verständnis dafür erwacht, daß eine Einheitsinstanz für das Ganze notwendig ist. Das ist zum Beispiel im Dialog mit den Anglikanern zum Ausdruck gekommen. Die Anglikaner sind bereit, sozusagen eine Vorsehungsführung in der Bindung der Primats-Tradition an Rom anzuerkennen, ohne daß sie direkt die Petrusworte auf den Papst beziehen wollen. Auch in anderen Teilen der evangelischen Christenheit ist eine Anerkennung dafür da, daß die Christenheit sozusagen einen Sprecher haben soll, der sie in Person ausdrückt. Und auch die orthodoxe Kirche kennt Stimmen, die sich kritisch gegenüber dem Zerfall der Kirche in Autokephalien (Nationalkirchen) äußern und statt dessen den Rückgriff auf das petrinische Prinzip für sinnvoll erachten. Das ist keine Anerkennung des römischen Dogmas, aber Konvergenzen werden zunehmend deutlich.

Froh-Botschaft statt Droh-Botschaft

Die traditionelle Moral der katholischen Kirche, so eine Kritik, basiere in Wirklichkeit auf Schuldgefühlen. Sie sei vor allem dort besonders negativ, wenn es um die Bewertung der Sexualität geht. Die Kirche habe dem Menschen zudem Lasten auferlegt, die mit der Offenbarung nichts zu tun haben. Nun gibt es die Vorstellung, die christliche Theologie sozu-

sagen nicht mehr länger auf den Boden von Sünde und Zerknirschung zu stellen. Man müsse und könne gerade jenseits religiöser Normierung wieder das Geheimnis des religiösen Erlebens neu entdecken.

Diese plakative Gegenüberstellung Droh- und Froh-Botschaft habe ich eigentlich nie schätzen können. Denn wer das Evangelium liest, sieht, daß Christus die frohe Botschaft verkündet hat, daß zu ihr aber gerade auch die Gerichts-Botschaft gehört. Es gibt geradezu dramatische Gerichtsworte in den Evangelien, die einen eigentlich schaudern machen können. Das sollte man nicht verschweigen. Der Herr selber sieht im Evangelium zwischen Gerichts-Botschaft und Froh-Botschaft offensichtlich keinen Widerspruch, sondern im Gegenteil. Daß es das Gericht gibt, daß es Gerechtigkeit gibt, jedenfalls für die Unterdrückten, für die ungerecht Behandelten, das ist die eigentliche Hoffnung und insofern eine frohe Botschaft. Bedroht fühlt sich zunächst einmal, wer selber zu den Unterdrückern und Unrechttätern gehört.

Adorno hat ja auch gesagt, Gerechtigkeit könne es eigentlich nur geben, wenn es Auferstehung der Toten gäbe, damit auch vergangenes Unrecht rückwirkend sozusagen bereinigt werden kann. Es muß also irgendwo eine Bereinigung des Unrechts, den Sieg des Rechts geben; das erwarten wir jedenfalls. Christus und sein Gericht ist ja auch nicht ein Sieg des Bösen, sondern ER ist der Sieg des Guten, und insofern ist die Tatsache, daß Gott gerecht ist und der Richter ist, zutiefst eine frohe Botschaft. Natürlich nimmt mich diese frohe Botschaft in die Pflicht. Aber wenn ich frohe Botschaft nur als Selbstbestätigung auffasse, dann ist sie letzten Endes bedeutungslos, dann ist sie irgendwo eine Betäubung. Deswegen müssen wir uns mit dem Gerichts-Charakter gerade im Blick auf die Leidenden und die, denen keine Gerechtigkeit widerfahren ist, die aber ein Recht auf Gerechtigkeit haben, wieder neu anfreunden – und dann auch in Kauf nehmen, daß wir uns auch selber unter diesen Maßstab stellen und daß wir versuchen, nicht zu den Unrechttätern zu gehören.

Natürlich liegt in der Gerichts-Botschaft ein beunruhigendes Element, und das ist auch gut so. Ich meine, wenn man sieht, wie die mittelalterlichen Machthaber Unrecht getan haben, aber dann doch, wenn es dem Gericht zuging, versucht haben, durch gute Stiftungen, durch gute Taten es wieder auszugleichen, sieht man, daß das Bewußtsein von Gericht auch ein politischer und sozialer Faktor war. Das Bewußtsein, so darf ich eigentlich nicht weggehen aus der Welt, ich muß das irgendwo wieder ins reine bringen, also daß auch über den ganz Mächtigen noch eine höhere Drohung stand, war äußerst heilsam. Das nützt konkret jedem Menschen.

Allerdings müssen wir hinzunehmen, daß wir von Christus wissen, daß dieser Richter nicht ein eisiger Paragraphenanwender ist, sondern daß er Gnade kennt und daß wir ihm letztendlich ohne Angst entgegentreten dürfen. Aber ich glaube, jeder muß auch innerlich diese Balance finden, sich unter dem Gericht fühlen und erkennen: Ich kann nicht einfach wurschteln, wie ich will, da steht ein Gericht über mir – und andererseits sich aber nicht dem Skrupel und der Verängstigung überlassen.

Damit ist, wie mir scheint, die Linie auch für die kirchliche Verkündigung vorgezeichnet und für die Pastoral. Sie muß gerade den Mächtigen auch drohen können, sie muß auch denen, die ihr Leben »verschlampen«, vertun, es selbst zerstören, mit einer Drohgebärde entgegentreten können, um des Rechts und des Guten und ihres eigenen wahren Wohlbefindens, des eigenen Glückes wegen. Aber sie darf nicht zu einer Verängstigungsmacht werden, sie muß auch wissen, mit wem sie redet. Es gibt empfindsame, schon fast kranke Seelen, die man schnell in die Angst hinabstößt. Die müssen aus der Furchtzone herausgeholt werden, denen muß das Wort von der Gnade ganz mächtig in die Seele hineinleuchten. Und es gibt Dickhäuter, bei denen man auch schon draufschlagen muß. Ich glaube, es gehört das Ganze zusammen, aber so, daß auch das Gericht Froh-Botschaft ist, weil es uns gewiß macht: Die Welt ist richtig, und das Gute siegt.

Wir sind das Volk Gottes

Der Begriff »Volk Gottes« wird heute als die Vorstellung einer Autonomie gegenüber der Amtskirche verstanden, nach dem Motto: »Wir sind das Volk«, und was das Volk sagt, hat zu geschehen. Andererseits gibt es ja auch das Wort »Volkes Stimme ist gleich Gottes Stimme«. Wie sehen Sie den Begriff?

Wenn wir Theologen und Gläubige sind, hören wir zunächst einmal darauf, was die Bibel sagt. Wir können ja die großen Begriffe »Wer ist Gott?«, »Was ist Kirche?«, »Gnade« und so weiter nicht selber erfinden. Die Gabe des Glaubens besteht ja gerade darin, daß es eine Vorgabe gibt. Der Begriff »Volk Gottes« ist ein biblischer Begriff. Die biblische Verwendung ist dann auch normativ dafür, wie wir ihn verwenden können. Es ist zunächst und wesentlich ein alttestamentlicher Begriff, wobei der Begriff »Volk« weit vor dem Zeitalter der Nationen liegt und mehr mit Sippe, mit Familie zusammenhängt.

Vor allen Dingen aber ist er ein Relationsbegriff. Das hat die neuere Exegese sehr deutlich herausgestellt. Israel ist, wenn es sich als lediglich politische Nation betätigt, nicht Volk Gottes. Es wird Volk Gottes dadurch, daß es sich Gott zuwendet. Es ist Volk Gottes nur in der Relation, in der Zuwendung zu Gott, und die besteht in Israel in der Unterwerfung unter die Thora. Insofern schließt im Alten Testament der »Volk Gottes«-Begriff zunächst die Erwählung Israels von Gott her ein, der es ohne eigene Verdienste, obwohl es kein großes, kein bedeutendes, sondern eins der kleinsten Völker ist, erwählt aus Liebe und damit seine Liebe darauf legt. Der Begriff schließt zum anderen das Annehmen dieser Liebe, und das heißt konkret die Unterwerfung unter die Thora, mit ein. Nur in dieser Unterwerfung, die es mit Gott in Beziehung setzt, ist es Volk Gottes.

Im Neuen Testament wird der Begriff »Volk Gottes« (mit vielleicht ein oder zwei Ausnahmen) nur auf Israel, also auf das Volk des alten Bundes bezogen, es ist kein direkter kirchlicher Begriff. Die Kirche wird allerdings als die Fortsetzung Israels verstanden, obwohl die Christen nicht von Abraham abstammen und insofern eigentlich nicht zu diesem Volk gehören. Sie kommen dadurch hinein, so sagt das Neue Testament, daß sie von Christus abstammen und dadurch auch zu Abrahams Kindern werden. Also gehört zum Volk Gottes, wer zu Christus gehört. Man könnte sagen, der Begriff »Thora« ist durch die Person Christi ersetzt, und insofern ist die »Volk Gottes«-Kategorie, die direkt gar nicht auf das neue Volk angewendet wird, eben an die Christus-Gemeinschaft und an das Leben wie Christus und mit Christus gebunden, oder wie Paulus sagt: Seid so gesinnt, wie Jesus Christus ist (Phil. 2,5). Die »Gesinnung Christi« schildert er dann mit den Worten: ER ist gehorsam geworden bis zum Tod am Kreuz. Nur wenn man den »Volk-Gottes«-Begriff in seiner biblischen Verwendung aufgreift, verwendet man ihn christlich. Alles andere sind außerchristliche Konstruktionen, die an dem Eigentlichen vorbeigehen. Sie sind meiner Meinung nach auch Produktionen des Hochmuts. Wer kann von sich aus sagen, wir sind Volk Gottes, und die anderen wären es vielleicht nicht.

Zu dieser Aussage »Wir sind das Volk« würde ich aber noch eine ganz praktische Erwägung hinzunehmen. Aus dem »Wir sind das Volk« wird dann ja auch abgeleitet: »Wir bestimmen.« Wenn sich zum Beispiel jetzt in Deutschland alle Mitglieder eines bestimmten Vereins zusammentun und sagen würden: »Wir sind das Volk und deswegen entscheiden wir, daß es jetzt so ist«, würden alle Leute nur lachen. Jedes Volk hat seine Organe, jedermann weiß, daß über Bundesgesetze nicht im Gemeinderat abgestimmt wird, sondern im Bundestag, also durch ein Organ, das wirklich das Ganze repräsentiert. Und so ist eben auch nicht irgend jemand das erschöpfende Wir der Kirche, das dann bestimmen könnte, sondern nur alle zusammen sind es, und die einzelne Gruppe ist es, insofern sie im Ganzen lebt. Es wäre ja auch schon rein nach demokratischem Volksverständnis absurd, wenn Gruppen selbst über das Ganze bestimmen wollten. Es sollte ein Pfarrgemeinderat oder ein Diözesanforum *seine* Sachen in die Hand nehmen. Sie können aber nicht die Angelegenheiten der Gesamtkirche als solche entscheiden wollen.

In der Kirche kommt über das, was im staatlichen Recht uns vorgebildet ist (und was auch für die Kirche Bedeutung hat), noch dazu, daß sie nicht nur synchron, sondern diachron lebt. Das heißt, daß immer alle – auch die Gestorbenen – leben und die ganze Kirche sind, daß zu einer Mehrheit in der Kirche immer alle gehören. In einem Staat haben wir gestern zum Beispiel die Reagan-Verwaltung, heute die Clinton-Verwaltung, und die jeweils nächste wirft in den Eimer, was die vorige gemacht hat und sagt, wir fangen jetzt wieder ganz neu an. Das gibt es in der Kirche nicht. Die Kirche lebt gerade aus der Identität aller Generationen, aus ihrer zeitübergreifenden Identität, und ihre eigentliche Mehrheit bilden die Heiligen. Jede Generation versucht, sich den Heiligen anzureihen und bringt ihren Beitrag ein. Aber sie kann es nur tun, indem sie diese große Kontinuität annimmt und sich in sie hineinlebt.

Aber natürlich gibt es auch eine Kontinuität des Staates, die unabhängig ist von einzelnen Präsidenten.

Richtig, das war jetzt etwas überzogen. Auch im Staat ist es so, daß nicht jede Regierung wieder von vorn anfängt. Jede steht in der großen staatlichen Tradition und kann, an die Verfassung gebunden, den Staat nicht sozusagen von Null neu konstruieren. Was also in einem Staat gilt, gilt auch in der Kirche, nur eben in einer noch strengeren und tiefer reichenden Weise.

Es gibt nun »Wir sind das Volk«-Bewegungen, die sich nicht mehr um hergebrachte Ordnungen, Regeln, Parlamente scheren und einfach über die Zäune springen.

Im Staat meinen Sie? Ja, ja. Insofern ist das Phänomen auch in der Kirche nichts Besonderes. Aber daß es im Staat eigentlich nicht funktioniert, zeigen uns gerade die basisdemokratischen Bewegungen. Die Sowjetunion hatte einen solchen Anfang. Auf dem Weg über die Räte sollte die »Basis« bestimmen, sollten alle aktiv mitregieren. Diese angeblich direkte Demokratie, die man der repräsentativen (parlamentarischen) Demokratie als Volks-Demokratie entgegensetzte, ist in Wirklichkeit zu einer reinen Lüge geworden. Das wäre in einer Räte-Kirche nicht anders.

Der Slogan »Wir sind das Volk« ist auch deshalb so attrak-

tiv, weil er sich in unserer jüngsten Vergangenheit durch die Protestbewegungen in der früheren DDR als ein Erfolgsslogan erwies.

Das ist schon richtig. Aber da hat dann offensichtlich das Volk im ganzen dahintergestanden. Inzwischen zerfällt freilich dieser Konsens auch schon wieder. Er reichte aus zu einem großen Protest, aber positiv ein Gemeinwesen damit führen kann man nicht.

Heilige Herrschaft und Geschwisterlichkeit

Warum muß die Kirche heute noch mit autoritären Methoden operieren und nach gleichsam »totalitären« Strukturen organisiert sein? Viele haben die Vorstellung, auch in der Kirche könnten demokratische Modelle möglich sein. Man könne nicht in der Gesellschaft Demokratie und Menschenrechte einklagen und sie dann im eigenen Laden vor der Tür lassen. Man könne nicht rundum Mitmenschlichkeit fordern und selbst vorwiegend mit Schuldvorwürfen, Gesetzen, mit dem erhobenen Zeigefinger operieren.

Zunächst zum Wort Hierarchie. Die richtige Übersetzung hierfür ist wahrscheinlich nicht »Heilige Herrschaft«, sondern »Heiliger Ursprung«. Das Wort »archè« kann beides bedeuten, Ursprung oder Herrschaft. Aber die wahrscheinlichere Bedeutung ist »Heiliger Ursprung«. Es vermittelt sich also die Kraft eines Ursprungs weiter, und die Ursprungskraft, die eine heilige ist, ist sozusagen immer wieder der neue Anfang jeder Generation in der Kirche. Sie lebt nicht aus dem bloßen Kontinuum der Generationen, sondern aus der immer neuen gegenwärtigen Quelle selbst, die sich durch das Sakrament immer wieder mitteilt. Das ist, finde ich, zunächst einmal eine wichtige andere Optik, daß die Kategorie, die dem Priestertum entspricht, nicht die der Herrschaft ist. Es hat im Gegenteil Durchlaß und Vergegenwärtigung eines Anfangs zu sein und sich dafür zur Verfügung zu stellen. Wenn sich Priestertum, Bischofsamt, Papstamt wesentlich als Herrschaft verstehen, dann ist das wirklich verdreht und entstellt.

Wir wissen aus den Evangelien, daß es den Rangstreit der Jünger gab, daß die Versuchung, Jüngerschaft zur Herrschaft zu machen, vom ersten Augenblick an da war und auch immer bleibt. Es ist daher nicht zu bestreiten, daß es diese Versuchung in jeder Generation, auch in der heutigen, gibt. Zugleich aber gibt es die Geste des Herrn, der den Jüngern die Füße wäscht und sie damit tischfähig für die Tischgemeinschaft mit ihm, mit Gott selber macht. Mit dieser Gebärde sagt er gleichsam: Das meine ich mit Priestertum. Wenn ihr das nicht mögt, dann seid ihr eben keine. Oder auch, wie er zu der Mutter des Zebedäus sagt: Die Vorbedingung ist, den Kelch zu trinken, also: mit Christus zu leiden. Ob sie dann rechts oder links oder sonstwo sitzen, das muß offen bleiben. So daß von daher auch wieder gesagt ist, Jünger sein heißt den Kelch trinken, in die Schicksalsgemeinschaft mit dem Herrn eintreten, ein Fußwaschender, ein Vor- und Mitleidender zu sein. Das ist also der erste Punkt, daß der Ursprung, der eigentliche Sinn von Hierarchie jedenfalls nicht ist, eine Herrschaftsstruktur aufzubauen, sondern etwas gegenwärtig zu halten, was nicht aus dem einzelnen herauskommt. Keiner kann von sich aus Sünden vergeben, keiner kann von sich aus den Heiligen Geist mitteilen, kann von sich aus Brot in die Gegenwart Christi hineinverwandeln oder gegenwärtig halten. Insofern muß man einen Dienst leisten, bei dem die Kirche nicht ein Selbstverwaltungsbetrieb wird, sondern immer wieder von ihrem Ursprung her lebt.

Eine zweite generelle Vorbemerkung: Das Wort »Geschwisterlichkeit« ist ja ein schönes Wort, aber man sollte seine Zweideutigkeit nicht vergessen. Das erste Geschwisterpaar der Weltgeschichte ist nach der Bibel Kain und Abel, und der eine hat den anderen erschlagen. Und das ist eine Vorstellung, die in der Religionsgeschichte auch sonst vorkommt. Die römische Ursprungsmythologie hat das gleiche: Romulus und Remus. Es beginnt auch mit zwei Brüdern, und einer erschlägt den anderen. Also, Geschwister sind nicht automatisch das Inbild der Liebe und der Egalität. So wie Väterlichkeit ins Tyrannische umschlagen kann, so haben wir für negative Geschwisterlichkeit ausreichend Beispiele in der Geschichte. Auch die Geschwisterlichkeit muß sozusagen erlöst werden und durch das Kreuz hindurchgehen, damit sie ihre richtige Gestalt findet.

Nun zu den praktischen Fragen. Vielleicht wird in der Kirche zur Zeit wirklich zuviel beschlossen und regiert. Eigentlich sollte das Amt seinem Wesen nach dazu dienen, daß die Sakramente gefeiert werden, daß Christus hereintreten kann und daß das Wort Gottes verkündigt wird. Alles andere ist nur darauf zugeordnet. Es sollte gerade keine ständige Regierungsfunktion sein, sondern an den Gehorsam zum Ursprung und an das Leben mit ihm zurückgebunden sein. Der Amtsträger sollte dafür geradestehen, daß er nicht sich verkündigt und produziert, sondern Durchlaßstelle für den andern ist und damit selber zurücktritt – wir haben das schon angesprochen. Insofern sollte er zu allererst ein Gehorchender sein, der nicht sagt, ich möchte jetzt das sagen, sondern fragt, was sagt Christus und was ist unser Glaube, und sich dem unterwirft. Und in zweiter Linie sollte er ein Dienender sein, der für die Leute zur Verfügung ist und der eben in der Nachfolge Christi sich zum Fußwaschen bereithält. Beim heiligen Augustinus kann man das wunderschön sehen. Wir haben bereits darüber gesprochen, daß er eigentlich ständig mit dem Kleinkram, mit dem Füßewaschen beschäftigt und bereit war, sein großes Leben für das Kleine, wenn man so will, zu vertun, aber in dem Wissen, daß er es damit nicht vertut. Das würde also das eigentliche Bild des Priestertums sein. Wenn es *richtig* gelebt wird, kann es nicht bedeuten, daß man endlich an die Schaltstellen der Macht kommt, sondern daß man auf eigene Lebensprojekte verzichtet und sich in Dienst gibt.

Dazu gehört natürlich, ich zitiere wieder Augustinus, zurechtzuweisen, zu tadeln und sich damit selber Ärger einzuhandeln. Augustinus stellt das in einer Predigt so dar: *Du* willst, daß du schlecht lebst, du willst, daß du zugrunde gehst. *Ich* darf es aber nicht wollen, antwortet er. Ich muß dich trotzdem tadeln, auch wenn es dir nicht paßt. Er gebraucht dann das Beispiel von dem schlafkranken Vater, dessen Sohn ihn immer wieder aufweckt, weil das die einzige Chance ist, geheilt zu werden. Der Vater aber sagt: Laß mich doch schlafen, ich bin todmüde. Und der Sohn sagt: Nein, ich darf dich nicht schlafen lassen. Und das, sagt er, ist genau die Funktion eines Bischofs. Ich darf euch nicht schlafen lassen. Ich weiß, daß ihr gern schlafen würdet, aber genau das darf ich nicht zulassen. Und in dem Sinn muß die Kirche auch den Zeigefinger aufheben und lästig werden. Es muß aber dabei spürbar bleiben, daß sie nicht Menschen drangsalieren will, sondern daß sie selber von der Unruhe des Guten beseelt ist. Ich darf euch nicht schlafen lassen, weil der Schlaf tödlich wäre. Und sie muß in der Ausübung dieser Autorität auch Christi Leiden mit auf sich nehmen. Was, sagen wir jetzt rein menschlich, Christus beglaubigt, ist ja, daß er gelitten hat. Und das ist auch die Beglaubigung der Kirche. Deswegen wird sie auch am glaubwürdigsten dort, wo sie Märtyrer und Bekenner hat. Und dort, wo es bequem geht, verliert sie an Glaubwürdigkeit.

Der Zölibat

Nichts bringt die Leute seltsamerweise mehr in Rage als die Frage des Zölibats. Obwohl sie doch nur einen winzigen Bruchteil des Kirchenvolks wirklich selbst betrifft. Warum gibt es den Zölibat?

Er schließt sich an ein Wort Christi an. Es gibt die, heißt es da, die um des Himmelreiches willen auf die Ehe verzichten und mit ihrer ganzen Existenz Zeugnis für das Himmelreich ablegen. Die Kirche ist sehr früh zur Überzeugung gekommen, daß Priestersein bedeutet, dieses Zeugnis für das Himmelreich zu geben. Sie konnte dabei sachlich analog auf eine alttestamentliche Parallele anderer Natur zurückgreifen. Israel zieht im Land ein. Die elf Stämme kriegen jeder sein Land, sein Territorium. Allein der Stamm Levi, der Priesterstamm, bekommt kein Land, bekommt kein Erbe; sein Erbe ist Gott allein. Das bedeutet praktisch, daß seine Angehörigen eben von den Kultgaben leben und nicht, wie die anderen Stämme, von der Bewirtschaftung eines Landes. Der wesentliche Punkt ist: Sie haben kein Eigentum. In Psalm 16 heißt es: Du bist mein Becheranteil; ich habe dich als Los gezogen, Gott ist mein Land. Diese Figur, daß also im Alten Testament der Priesterstamm landlos ist und sozusagen von Gott lebt – und dadurch natürlich auch ihn wirklich bezeugt –, ist später im Anschluß an das Jesuswort so übersetzt worden: Das Lebensland des Priesters ist Gott.

Wir können die Art dieses Verzichtes heute deshalb so schwer verstehen, weil sich das Verhältnis zur Ehe und zu Kindern deutlich verschoben hat. Ohne Kinder sterben zu müssen, war früher gleichbedeutend mit nutzlos gelebt zu haben: Meine eigene Lebensspur versickert, und ich bin ganz tot. Wenn Kinder von mir da sind, lebe ich in ihnen weiter, es ist eine Art von Unsterblichkeit, die ich durch Nachkommenschaft habe. Deswegen ist es oberste Lebensbedingung, Nachkommenschaft zu haben und dadurch im Land der Lebenden zu bleiben.

Der Verzicht auf Ehe und Familie ist also von dieser Sicht her so zu verstehen: Ich verzichte auf das, was das menschlich eigentlich nicht nur normalste, sondern auch wichtigste ist. Ich verzichte darauf, selber am Lebensbaum weiteres Leben hervorzubringen, ein eigenes Lebensland zu haben, und lebe im Glauben daran, daß mein Land wirklich Gott ist – und mache dadurch für die anderen auch glaubwürdig, daß es ein Himmelreich gibt. Ich lege damit nicht nur mit Worten, sondern mit dieser spezifischen Existenzweise Zeugnis für Jesus Christus, für das Evangelium ab und stelle ihm in dieser Form mein Leben zur Verfügung.

Insofern hat der Zölibat einen christologischen und einen apostolischen Sinn zugleich. Es geht nicht einfach darum, Zeit zu sparen – ich habe also dann ein bißchen mehr Zeit zur Verfügung, weil ich kein Familienvater bin –, das wäre zu primitiv und zu pragmatisch gesehen. Es geht wirklich um eine Existenz, die ganz auf die Karte Gottes setzt und genau das ausläßt, was normalerweise eine menschliche Existenz erst erwachsen und zukunftsträchtig macht.

Andererseits handelt es sich hier um kein Dogma. Ist die Frage vielleicht doch eines Tages verhandlungsfähig in Richtung einer freien Wahl zwischen zölibatärer und nicht-zölibatärer Lebensform?

Ja, ein Dogma ist es sicher nicht. Es ist eine Lebensgewohnheit, die sich aus guten biblischen Gründen in der Kirche sehr früh herausgebildet hat. Neuere Untersuchungen zeigen, daß der Zölibat viel weiter zurückgeht, als die gewöhnlich bekannten Rechtsquellen es erkennen lassen, bis ins zweite Jahrhundert zurück. Auch im Osten war er zunächst viel weiter verbreitet, als wir bislang erkennen konnten. Hier gehen die Wege erst im 7. Jahrhundert auseinander. Nach wie vor ist ja im Osten das Mönchstum auch die tragende Schicht des Priestertums und der Hierarchie, insofern hat der Zölibat da doch auch eine ganz große Bedeutung.

Es ist kein Dogma. Es ist eine Lebensform, die in der Kirche gewachsen ist und die natürlich immer die Gefahr des Absturzes mit sich bringt. Wenn man so hoch einsetzt, gibt es Abstürze. Ich denke, was in unserer Zeit die Leute aufbringt gegen den Zölibat, ist, daß sie sehen, wie viele Priester eigentlich innerlich damit nicht einverstanden sind und ihn entweder heuchlerisch, schlecht, gar nicht leben oder nur gequält leben und sagen ...

... er macht die Menschen kaputt ...

Je glaubensärmer eine Zeit ist, desto häufiger werden die Abstürze. Dadurch verliert der Zölibat an Glaubwürdigkeit, und seine eigentliche Aussage kommt nicht zum Vorschein. Man muß sich aber klarmachen, daß Krisenzeiten des Zölibats auch immer Krisenzeiten der Ehe sind. Denn wir erleben ja heute nicht nur die Zölibatsbrüche, die Ehe selbst wird ja immer brüchiger als Grundlage unserer Gesellschaft. In den Gesetzgebungen der westlichen Staaten sehen wir, wie sie zunehmend mit anderen Formen auf ein Level gestellt wird und damit sozusagen auch als Rechtsform weitgehend aufgelöst wird. Die Mühsal, die Ehe wirklich zu leben, ist letztlich auch keine geringere. Praktisch ausgedrückt, würden wir nach der Abschaffung des Zölibats mit Ehescheidungspriestern nur eine andere Art von Problematik haben. Der evangelischen Kirche ist das nicht unbekannt. Insofern sieht man natürlich, daß die hohen Formen der menschlichen Existenz ihre große Gefährdung in sich tragen.

Die Folgerung, die ich daraus ziehen würde, ist aber nicht, daß wir jetzt sagen, wir können es nicht mehr, sondern daß wir wieder mehr glauben, lernen müssen. Und daß wir freilich auch bei der Auswahl der Priesterkandidaten noch sorgsamer sein müssen. Es geht darum, daß jemand es wirklich nur frei übernimmt und nicht sagt, na ja, ich möchte halt Priester werden, dann schleppe ich das auch mit. Oder daß er sagt, na ja, ich mache mir aus Mädchen ohnehin nicht soviel, dann werde ich das schon hinkriegen. Das ist keine Startbasis. Der Priesterkandidat muß den Glauben als Kraft in seinem Leben erkennen, und er muß wissen, daß er das nur im Glauben leben kann. Dann kann der Zölibat auch ein Zeugnis werden, das Menschen wieder etwas sagt und das ihnen auch wieder Mut zur Ehe gibt. Die beiden Institutionen verflechten sich gegenseitig. Wenn die eine Treue nicht mehr möglich ist, ist die andere nicht mehr da; die eine Treue trägt die andere.

Ist das eine Vermutung, wenn Sie sagen, es gibt einen Zusammenhang zwischen der Krise des Zölibats und der Krise der Ehe?

Das scheint mir ganz offenkundig zu sein. Beide Male steht die Frage einer endgültigen Lebensentscheidung im Zentrum der eigenen Personalität: Kann ich jetzt schon, sagen wir, mit 25 Jahren, über mein ganzes Leben verfügen? Ist das überhaupt etwas dem Menschen Gemäßes? Gibt es die Möglichkeit, das durchzustehen und dabei lebendig zu wachsen und zu reifen – oder muß ich mich nicht vielmehr ständig für neue Möglichkeiten offenhalten? Im Grund ist also diese Frage so angesetzt: Gehört die Möglichkeit des Endgültigen im zentralen Bereich seiner Existenz zum Menschen? Kann er gerade in der Entscheidung seiner Weise des Lebens eine endgültige Bindung verkraften? Ich würde zweierlei sagen: Er kann es nur, wenn er wirklich in einer großen Glaubensverankerung steht; und zweitens: Erst dann gelangt er auch zu der Vollgestalt menschlicher Liebe und menschlicher Reife. Alles was unter der monogamen Ehe bleibt, ist dann doch ein Zuwenig für den Menschen.

Aber wenn die Zahlen über die Brüche des Zölibats stimmen, dann ist der Zölibat de facto längst gestürzt. Um es noch einmal zu sagen: Ist diese Frage vielleicht doch eines Tages verhandlungsfähig in Richtung einer freien Wahl?

Frei muß sie ja auf jeden Fall sein. Es ist sogar so, daß man vor der Weihe eidlich bekräftigen muß, daß man es frei tut und will. Insofern habe ich da doch immer ein schlechtes Gefühl, wenn hinterher gesagt wird, es war ja ein Pflichtzölibat, und der ist uns aufgedrängt worden. Das steht gegen ein Wort, das am Anfang gegeben wurde. In der Priestererziehung muß ganz wesentlich darauf geachtet werden, daß dieses Wort ernst genommen wird. Das ist der erste Punkt. Der zweite ist, daß dort, wo Glaube lebt, und in dem Maß, in dem eine Kirche Glaube lebt, auch solche Kraft entsteht.

Ich glaube, daß man durch das Weggeben dieser Bedingung im Grunde nichts bessert, sondern eigentlich eine Glaubenskrise überspielt. Natürlich ist es eine Tragödie für eine Kirche, wenn viele mehr oder weniger ein Doppelleben führen. Das ist ja leider nicht das erste Mal so. Wir haben im Spätmittelalter eine ähnliche Situation gehabt, die dann auch für die Reformation mit bedingend war. Das ist schon ein tragischer Vorgang, über den man nachdenken muß, auch um der Menschen willen, die ja dann auch wirklich tief leiden. Aber ich glaube, und nach dem Befund der letzten Bischofssynode ist das die Überzeugung der großen Mehrheit der Bischöfe, daß die eigentliche Frage die Krise des Glaubens ist und daß wir durch diese sogenannte Entkoppelung nicht bessere und mehr Priester bekommen, sondern eine Glaubenskrise überspielen und uns Lösungen auf einem vordergründigen Weg erschleichen würden.

Nochmal zu meiner Frage: Glauben Sie, daß sich Priester vielleicht doch eines Tages frei zwischen zölibaterem Leben und nicht-zölibaterem Leben werden entscheiden können?

Das hatte ich schon verstanden. Ich mußte nur deutlich machen, daß es, jedenfalls nach dem, was jeder vor der Priesterweihe sagt, ohnehin keine Zwangszölibatäre gibt. Als Priester wird jemand nur dann angenommen, wenn er es auch aus freien Stücken will. Und das ist jetzt natürlich die Frage: Wie tief gehören Priesterschaft und Zölibat zusammen? Ist der Wille, bloß das eine zu haben, nicht doch auch eine niedrigere Ansicht von Priestertum? Ich glaube, man kann da auch nicht ohne weiteres auf die orthodoxen Kirchen und auf die evangelische Christenheit verweisen. Die evangelische Christenheit hat an sich vom Amt eine völlig andere Vorstellung: Es ist eine Funktion, es ist ein Dienstamt aus der Gemeinde heraus, aber es ist nicht in dem Sinn ein Sakrament, nicht Priestertum im diesem eigentlichen Sinn. In der orthodoxen Kirche haben wir auf der einen Seite die Vollform des Priestertums, das sind die Mönchspriester, die allein Bischöfe werden können. Daneben gibt es dann die »Leutpriester«, die, wenn sie heiraten wollen, vor der Priesterweihe heiraten müssen und die aber kaum Seelsorge ausüben, sondern eigentlich nur Kultdiener sind. Insofern ist auch das eine etwas andere Auffassung von Priestertum. Wir hingegen sind der

Meinung, daß jeder, der überhaupt Priester ist, es in der Weise sein muß, wie es auch ein Bischof ist, und daß es eine solche Teilung nicht geben kann.

Man soll keine noch so tief verankerte und begründete Lebensgewohnheit der Kirche für ganz absolut erklären. Sicher wird sich die Kirche die Frage immer wieder stellen müssen, sie hat es jetzt auch in zwei Synoden getan. Aber ich denke, aus der ganzen Geschichte der abendländischen Christenheit heraus und eben aus der inneren Vision, die dem Ganzen zugrunde liegt, sollte die Kirche nicht glauben, daß sie leicht viel gewinnen wird, wenn sie zu dieser Entkoppelung schreitet; sie wird aber auf jeden Fall verlieren, wenn sie es tut.

Man kann also sagen, Sie glauben nicht, daß es eines Tages in der katholischen Kirche verheiratete Priester geben wird?

Jedenfalls nicht in absehbarer Zeit. Um jetzt ganz ehrlich zu sein, muß ich sagen, wir haben ja verheiratete Priester, die aus der anglikanischen Kirche oder aus verschiedenen evangelischen Gemeinschaften als Konvertiten zu uns gekommen sind. Also in Ausnahmesituationen ist dies möglich, aber es sind eben Ausnahmesituationen. Und ich denke, daß es auch in Zukunft Ausnahmesituationen bleiben werden.

Müßte der Zölibat nicht schon deshalb fallen, weil ansonsten die Kirche keine Priester mehr bekommt?

Ich glaube nicht, daß das Argument wirklich stimmig ist. Die Frage des Priesternachwuchses hat viele Aspekte. Sie hat zunächst einmal schon mit der Kinderzahl zu tun. Wenn heute die Durchschnittskinderzahl 1,5 ist, stellt sich die Frage nach möglichen Priestern schon ganz anders als in Zeiten, in denen die Familien wesentlich größer waren. Und es gibt in den Familien auch ganz andere Erwartungen. Wir erleben heute, daß die Haupthindernisse zum Priesterberuf häufig von den Eltern kommen. Die haben ganz andere Erwartungen an ihre Kinder. Das ist der erste Punkt. Der zweite Punkt ist, daß die Zahl der aktiven Christen viel geringer und von daher auch natürlich die Auswahlgruppe kleiner geworden ist. Relativ zur Kinderzahl und relativ zur Zahl derer gesehen, die gläubige Kirchenteilnehmer sind, hat wahrscheinlich der Priesternachwuchs gar nicht nachgelassen. Insofern muß man diese Proportion berücksichtigen. Die erste Frage ist also: Gibt es Gläubige? Und dann kommt erst die zweite Frage: Wachsen aus ihnen Priester hervor?

Empfängnisverhütung

Herr Kardinal, viele Gläubige verstehen die Haltung der Kirche zur Empfängnisverhütung nicht. Verstehen Sie, daß sie es nicht verstehen?

Ja, das kann man sehr gut verstehen, das ist wirklich kompliziert. In den Bedrängnissen der heutigen Welt, wo nun einmal die Kinderzahl nicht sehr hoch sein kann, von den Wohnverhältnissen, von so vielem anderen her, ist das sehr einsichtig. Man sollte da weniger auf die Kasuistik des Einzelfalles schauen, sondern auf die großen Intentionen, die die Kirche dabei im Auge hat.

Ich glaube, es sind drei große Grundoptionen, um die es hier geht. Die erste ist, ganz grundsätzlich eine positive Haltung zum Kind in der Menschheit einzunehmen. Es gibt ja in diesem Bereich einen merkwürdigen Wandel. Während in den einfachen Gesellschaften bis ins 19. Jahrhundert hinauf Kindersegen als der Segen überhaupt gilt, werden Kinder heute fast schon als Bedrohung aufgefaßt. Sie nehmen uns den Platz für die Zukunft weg, denkt man, sie gefährden unseren eigenen Lebensraum und so weiter. Hier ist es eine erste Intention, wieder die ursprüngliche, die wahre Sicht zu finden, daß das Kind, der neue Mensch, ein Segen ist. Daß wir gerade dadurch, indem wir Leben geben, auch selber Leben empfangen und daß gerade dieses Herausgehen aus sich und eben den Schöpfungssegen anzunehmen, grundsätzlich für den Menschen gut ist.

Das zweite ist, daß wir heute vor einer früher ganz unbekannten Trennung zwischen Sexualität und Fortpflanzung stehen, die es gerade notwendig macht, den inneren Zusammenhang zwischen beiden weiter im Blick zu behalten.

Mittlerweile kommen ja selbst oder gerade von Vertretern der 68er-Generation, die das ausprobiert haben, erstaunliche Wortmeldungen. »Mit der Pille«, so verkündet zum Beispiel Rainer Langhans, der früher in seinen Kommunen der »orgasmischen Sexualität« nachspürte, »wurde die Sexualität von der seelischen Seite abgetrennt und die Leute in eine Sackgasse geschickt.« Langhans beklagt, es gebe nun »kein Geben mehr, keine Hingabe«. Das »Höchste« der Sexualität, so beteuert er jetzt, sei »Elternschaft«, er nennt dies »Mitarbeit am göttlichen Plan«.

Es entwickelt sich ja eigentlich immer mehr dahingehend, daß es zwei völlig getrennte Realitäten sind. Wir sehen bei Huxley, in dem berühmten Zukunftsroman »Schöne neue Welt«, eine sehr begründete und in ihrer menschlichen Tragik voll ausgeleuchtete Vision einer kommenden Welt, in der Sexualität etwas von der Fortpflanzung völlig Abgetrenntes ist. Hier werden Kinder regelrecht geplant und in Laboratorien hergestellt. Das ist nun eine bewußte Karikatur, aber sie bringt, wie alle Karikaturen, etwas zum Vorschein: Daß eben das Kind eher etwas Geplantes und Gemachtes sein soll, daß es sozusagen der Vernunftkontrolle unterliegt. Und damit zerstört der Mensch sich selber. Damit werden Kinder zu Produkten, in denen man sich selber darstellen will, sie werden im voraus eigentlich ihres eigenen Lebensprojektes beraubt. Und Sexualität wiederum wird zu etwas Austauschbarem. Es geht natürlich auch der Zusammenhang von Frau und Mann dabei verloren; die Entwicklungen sehen wir ja.

Es geht also bei der Frage der Empfängnisverhütung um solche Grundoptionen, daß die Kirche den Menschen bei sich selber halten will. Denn die dritte Option in diesem Zusammenhang ist, daß man große moralische Probleme nicht einfach mit Techniken, mit Chemie lösen kann, sondern sie moralisch durch einen Lebensstil lösen muß. Das ist, glaube ich – auch jetzt unabhängig von der Empfängnisverhütung – eine unserer großen Gefahren. Daß wir auch das Menschsein mit Technik bewältigen wollen und verlernt haben, daß es menschliche Urprobleme gibt, die nicht durch Technik gelöst werden können, sondern die einen Lebensstil und gewisse Lebensentscheidungen verlangen. Ich würde sagen, man sollte in der Frage der Empfängnisverhütung mehr auf diese großen Grundoptionen sehen, in denen die Kirche einen Kampf um den Menschen führt. Und den herauszustellen, das ist der Sinn der kirchlichen Einsprüche, die vielleicht in ihren Formulierungen nicht immer ganz glücklich sind, aber in denen solche großen Himmelsrichtungen der menschlichen Existenz im Spiel sind.

Es bleibt die Frage, ob man jemandem, einem Ehepaar zum Beispiel, das bereits mehrere Kinder hat, den Vorhalt machen kann, es fehle ihm an der positiven Einstellung Kindern gegenüber.

Nein, sicher nicht. Und das soll auch nicht geschehen.

Müssen diese Leute aber dennoch die Vorstellung haben, daß sie in einer Art Sünde leben, wenn sie....

Ich würde sagen, das sind Fragen, die mit dem Seelenführer, mit dem Priester besprochen werden sollten, die man nicht ins Abstrakte projizieren kann.

Abtreibung

Die Kirche, so der Papst, werde weiterhin vehement gegen alle Maßnahmen opponieren, »die in irgendeiner Weise die Abtreibung, Sterilisation und auch die Kontrazeption fördern«. Solche Schritte verletzten die Würde des Menschen als Abbild Gottes und unterminierten damit die Grundlage der Gesellschaft. Es geht ganz grundsätzlich um den Schutz des Lebens. Andererseits: Warum wird dann von der Kirche noch immer die Todesstrafe als »Recht des Staates«, wie es im Katechismus heißt, »nicht ausgeschlossen«?

In der Todesstrafe wird, wenn es Rechtens zugeht, jemand, der erwiesenermaßen schwerster Straftaten schuldig ist und eine Gefahr auch für den sozialen Frieden darstellt, bestraft; also jemand Schuldiger bestraft. Während im Fall der Abtreibung über jemand absolut Unschuldigen die Todesstrafe verhängt wird. Und das sind zwei völlig verschiedene Dinge, die man nicht miteinander vergleichen kann.

Wahr ist, daß das ungeborene Kind von manchen wie ein ungerechter Angreifer betrachtet wird, der meinen Lebensraum einengt und der sich in mein Leben hineindrängt und den ich wie einen ungerechten Angreifer erschlagen muß. Aber das ist eben die Optik, von der wir vorhin gesprochen haben, daß das Kind nicht mehr als ein eigenes Geschöpf Gottes, nach Gottes Ebenbild, mit seinem eigenen Lebensrecht betrachtet wird, sondern, jedenfalls solange es ungeboren ist, dann plötzlich als Feind erscheint oder als eine hinderliche Sache, über die ich selber verfügen kann. Ich glaube, es kommt einfach darauf an, das Bewußtsein zu klären, daß ein empfangenes Kind ein Mensch ist, ein Individuum ist.

Daß es eine von der Mutter unterschiedene – wenn auch des Schutzes ihrer Leibesgemeinschaft bedürftige – eigene Person ist und daß es daher wie ein Mensch, weil es ein Mensch ist, behandelt werden muß. Ich glaube, wenn wir dieses Prinzip preisgeben, daß jeder Mensch als Mensch unter Gottes Schutz steht, als Mensch unserer eigenen Willkür entzogen ist, geben wir wirklich die Grundlage der Menschenrechte preis.

Aber kann man denn sagen, daß jemand, der aus höchster Gewissensnot heraus sich für einen Schwangerschaftsabbruch entscheidet, ein Verschwörer gegen das Leben ist?

Wie sich die Schuld auf die einzelnen Personen verteilt, ist immer eine Frage, die man nicht abstrakt entscheiden kann. Aber, sagen wir, das Geschehen als solches – wer immer die Lage herbeigeführt hat, das kann ja auch Druck von Männern sein – bleibt seinem Wesen nach dieses, daß, um eine Konfliktsituation zu bereinigen, ein Mensch getötet wird. Und das ist nie eine Konfliktbereinigung. Wir wissen ja auch von Psychologen, wie stark so etwas in der Seele der Mutter haften bleibt, weil sie doch weiß, daß da ein Mensch in ihr war, daß das ihr Kind wäre und daß das jetzt vielleicht jemand sein könnte, auf den sie stolz wäre. Natürlich muß die Gesellschaft helfen, daß andere Bereinigungsmöglichkeiten zur Verfügung stehen und daß der Druck auf die werdenden Mütter aufhört und daß wieder eine neue Liebe zu Kindern erwacht.

Wiederverheiratete Geschiedene

Die Exkommunikation bei Eheleuten, die als Geschiedene in einer neuen, von der Kirche nicht anerkannten Zivilehe leben, ist heute wohl nur noch von besonders treuen Katholiken nachzuvollziehen. Sie wirkt ungerecht, demütigend und letztlich auch unchristlich. Sie selbst hielten 1972 folgendes fest: »Die Ehe ist Sakramentum... dies schließt nicht aus, daß die Kommuniongemeinschaft der Kirche auch jene Menschen umspannt, die diese Lehre und dieses Lebensprinzip anerkennen, aber in einer Notsituation besonderer Art stehen, in der sie der vollen Gemeinschaft mit dem Leib des Herrn besonders bedürfen.«

Ich muß da zunächst rein rechtlich präzisieren, daß diese Eheleute nicht in formellem Sinne exkommuniziert sind. Exkommunikation ist ein ganzes Bündel von kirchlichen Strafmaßnahmen, ist Einschränkung der Kirchenmitgliedschaft. Diese Kirchenstrafe ist über sie nicht verhängt. Auch wenn sozusagen der Kern, der einem sofort ins Auge fällt, das Nichtkommunizierenkönnen, auf sie zutrifft. Aber, wie gesagt, sie sind nicht im rechtlichen Sinne exkommuniziert. Sie sind allerdings Kirchenmitglieder, die aufgrund einer bestimmten Lebenslage nicht zur Kommunion gehen können. Daß dies gerade in unserer Welt, wo der Anteil der zerbrochenen Ehen immer größer wird, eine große Last ist, daran kann überhaupt kein Zweifel sein.

Ich denke, diese Last kann dann getragen werden, wenn zum einen sichtbar wird, daß es auch andere Leute gibt, die nicht kommunizieren dürfen. Das Problem ist eigentlich erst dadurch so dramatisch geworden, daß die Kommunion gleichsam ein sozialer Ritus ist und man dann wirklich gebrandmarkt ist, wenn man hier nicht dabei ist. Wenn wieder sichtbar wird, daß viele Menschen sich sagen müssen, ich habe etwas auf dem Kerbholz, ich kann so, wie ich jetzt bin, nicht hingehen, und wenn, wie der heilige Paulus es sagt, auf diese Weise wieder die Unterscheidung des Leibes Christi geübt wird, wird das sofort anders aussehen. Das ist eine Bedingung. Das zweite ist, daß sie spüren müssen, daß sie von der Kirche trotzdem angenommen sind, daß die Kirche mitleidet mit ihnen.

Das klingt nun wie ein frommer Wunsch.

Natürlich, das müßte sich dann auch im Leben einer Gemeinde sichtbar machen lassen. Und umgekehrt ist es so, daß man auch, indem man diesen Verzicht auf sich nimmt, etwas für die Kirche und für die Menschheit tut, indem man sozusagen damit ein Zeugnis für die Einzigkeit der Ehe ablegt. Ich glaube, dazu gehört dann auch wieder etwas sehr Wichtiges: Daß man erkennt, daß Leiden und Verzicht etwas Positives sein können, und daß wir dazu wieder ein neues Verhältnis finden müssen. Und endlich, daß wir uns auch wieder bewußt werden, daß man die Messe, die Eucharistie sinnvoll, fruchtbar mitfeiern kann, ohne daß man jedesmal zur Kommunion geht. Also, es bleibt eine schwierige Sache, aber ich denke, wenn etliche zusammenhängende Faktoren wieder besser ins Lot kommen, wird auch dies wieder leichter erträglich werden.

Immerhin spricht der Priester die Worte: »Selig, die zum Mahl des Herrn geladen sind.« Folglich müßten die anderen sich als unselig empfinden.

Das ist leider durch die Übersetzung etwas verundeutlicht. Das bezieht sich nicht direkt auf die Eucharistie. Es ist ja aus der Apokalypse genommen und bezieht sich auf die Einladung zum endgültigen Hochzeitsmahl, das sich in der Eucharistie abbildet. Wer also im Moment nicht kommunizieren kann, muß deswegen nicht vom ewigen Hochzeitsmahl ausgeschlossen sein. Es geht sozusagen immer wieder um eine Gewissenserforschung, daß ich daran denke, einmal für dieses ewige Mahl fähig zu sein, und jetzt auch so kommuniziere, daß es dann darauf zugeht. Auch wer jetzt nicht kommunizieren kann, wird durch diesen Ruf, wie alle anderen auch, ermahnt, auf seinem Weg daran zu denken, daß er einmal für das ewige Hochzeitsmahl angenommen wird. Und vielleicht, weil er gelitten hat, sogar mehr angenommen werden kann.

Wird diese Frage noch diskutiert, oder ist sie bereits ein für allemal entschieden und geregelt?

Grundsätzlich ist sie entschieden, aber es sind natürlich immer faktische Fragen, Einzelfragen, möglich. Zum Beispiel könnte es vielleicht in Zukunft auch eine außergerichtliche Feststellung geben, daß die erste Ehe nichtig gewesen ist. Dies könnte dann vielleicht auch durch die erfahrene Seelsorge vor Ort festgestellt werden. Solche Rechtsentwicklungen, die entkomplizieren können, sind denkbar. Aber der Grundsatz, daß eine Ehe unauflöslich ist und daß jemand, der die gültige Ehe seines Lebens, das Sakrament, verlassen hat und in eine andere Ehe eingetreten ist, nicht kommunizieren kann, der Grundsatz als solcher gilt in der Tat definitiv.

Es geht immer wieder um diesen Punkt: Was muß die Kirche

aus ihrer Überlieferung retten und was muß sie gegebenenfalls ablegen? Wie entscheidet man diese Frage? Gibt es da eine Liste mit zwei Spalten? Rechts steht: Was ist immer gültig, links steht: Was kann renoviert werden?

Nein, so einfach ist das natürlich nicht. Aber es gibt in der Überlieferung unterschiedliche Gewichte. Früher hat man in der Theologie von Gewißheitsgraden gesprochen, und das war nicht so verkehrt. Viele sagen, wir müssen wieder dahin zurückkehren. Das Wort Hierarchie der Wahrheiten deutet ja in dieselbe Richtung: Daß nicht alles das gleiche Gewicht hat, daß es sozusagen Essentials gibt, die großen konziliaren Entscheidungen, das, was im Credo ausgesagt ist, die der Weg sind und die als solche zum Lebensbestand der Kirche, zu ihrer inneren Identität gehören. Und dann gibt es die Verästelungen, die damit zusammenhängen und die sicher zum ganzen Baum gehören, aber nicht alle von der gleichen Wichtigkeit sind. Die Identität der Kirche hat klare Erkennungsmarken, also sie ist nicht starr, sondern Identität des Lebendigen, das in der Entwicklung sich selber treu bleibt.

Frauenordination

Auch in einer anderen Frage, der Frauenordination, ist das absolute Nein hierzu »vom Lehramt auf unfehlbare Weise vorgelegt« worden. Dies wurde noch einmal im Herbst 1995 vom Papst bestätigt. »Wir haben nicht das Recht, das zu ändern«, heißt es in der Erklärung. Es zählt also wiederum das Geschichtsargument. Wenn man das aber ernst nimmt, hätte es nie einen Paulus geben dürfen, denn alles Neue muß auch heilige alte Dinge abschaffen. Paulus hat neue Dinge gemacht. Die Frage ist: Wann kann man Schluß machen mit einer bestimmten Regelung? Was ist mit dem Neuen? Und:

Kann nicht auch die Verkürzung der Geschichte ein Götzendienst sein, der sich mit der Freiheit eines Christenmenschen nicht verträgt?

Da sind, glaube ich, ein paar Präzisierungen nötig. Die erste ist die, daß der heilige Paulus im Namen Christi Neues getan hat, aber nicht im eigenen Namen. Und er hat auch sehr ausdrücklich herausgestellt, daß, wer einerseits die alttestamentliche Offenbarung als gültig anerkennt, andererseits dann aber ein paar Sachen eigenmächtig ändert, unrecht handelt. Neues konnte kommen, weil Gott Neues gesetzt hatte in Christus. Und als Diener dieses Neuen hat er gewußt, daß er es nicht erfunden hat, sondern daß das aus der Neuheit Jesu Christi selbst herauskam. Die dann ihrerseits ihre Bindungen hat; und da war er sehr streng. Wenn Sie etwa an den Abendmahlsbericht denken, so sagt er ausdrücklich: »Ich habe selbst empfangen, was ich euch überliefert habe«, und erklärt also deutlich, daß er an das gebunden ist, was der Herr in der letzten Nacht getan hat und was eben in Überlieferung ihm zugekommen ist. Oder an die Auferstehungsbotschaft, wo er wieder sagt: Das habe ich empfangen, und ich bin ihm auch selbst begegnet. Und so lehren wir, und so lehren wir alle; und wer das nicht tut, der entfernt sich von Christus. Paulus unterscheidet sehr deutlich zwischen Neuem, das aus Christus kommt, und der Bindung an ihn, die allein ihn legitimiert, dieses Neue zu tun. Das ist der erste Punkt.

Der zweite ist, daß in der Tat in allen Bereichen, die nicht wirklich vom Herrn und durch die apostolische Überlieferung her festgelegt sind, sich ständig Wandlungen vollziehen – auch heute. Die Frage ist eben: Kommt es vom Herrn oder nicht? Und woran erkennt man das? Die vom Papst bestätigte Antwort, die wir, die Glaubenskongregation, zum Thema

Frauenordination gegeben haben, sagt nicht, daß der Papst jetzt einen unfehlbaren Lehrakt gesetzt habe. Der Papst hat vielmehr festgestellt, daß die Kirche, die Bischöfe aller Orten und Zeiten immer so gelehrt und es so gehalten haben. Das zweite vatikanische Konzil sagt: Wo das geschieht, daß Bischöfe über sehr lange Zeit hin einheitlich lehren und tun, ist es unfehlbar, ist es Ausdruck einer Bindung, die sie nicht selbst geschaffen haben. Auf diesen Passus des Konzils beruft sich die Antwort (Lumen gentium 25). Es ist also nicht, wie schon gesagt, ein vom Papst gesetzter Unfehlbarkeitsakt, sondern die Verbindlichkeit beruht auf der Kontinuität der Überlieferung. Und tatsächlich ist diese Kontinuität des Ursprungs schon etwas Gewichtiges. Denn selbstverständlich war das nie. Die antiken Religionen haben durchweg Priesterinnen gekannt, und in den gnostischen Bewegungen ist das wieder so gewesen. Ein italienischer Forscher hat vor kurzem entdeckt, daß in Süditalien etwa im 5., 6. Jahrhundert verschiedene Gruppen Priesterinnen eingesetzt haben, wogegen dann sofort die Bischöfe und der Papst eingeschritten sind. Tradition entstand nicht aus der Umwelt heraus, sondern aus dem Inneren des Christentums.

Ich würde aber jetzt noch eine Information hinzufügen, die mir doch sehr interessant erscheint. Das ist eine Diagnose, die eine der bedeutendsten katholischen Feministinnen in der Sache gegeben hat, Elisabeth Schüssler-Fiorenza. Sie ist eine Deutsche, eine bedeutende Exegetin, die in Münster Exegese studiert, dort einen Italoamerikaner aus Fiorenza geheiratet hat und jetzt in Amerika lehrt. Sie hat zunächst auch heftig an dem Kampf für Frauenordination teilgenommen, jetzt aber sagt sie, dies war ein falsches Ziel. Die Erfahrung mit den weiblichen Priestern in der anglikanischen Kirche habe zu der Erkenntnis geführt: ordination is not a solution, Ordination ist keine Lösung, das ist nicht das, was wir wollten. Sie erklärt auch, wieso. Sie sagt: ordination is subordination, also Ordination ist Subordination – Einordnung und Unterordnung, und genau das wollen wir nicht. Und da diagnostiziert sie völlig richtig.

In einen »Ordo« eintreten heißt immer auch, in ein Ein- und Unterordnungsverhältnis eintreten. In unserer Befreiungsbewegung, so sagt Frau Schüssler-Fiorenza, wollen wir aber nicht in einen Ordo, in einen Subordo, eine »subordination« eintreten, sondern genau dieses Phänomen selbst überwinden. Unser Kampf – so sagt sie – muß daher nicht auf Frauenordination abzielen, da machen wir genau das Falsche, sondern er muß darauf zielen, daß Ordination überhaupt aufhört und daß die Kirche eine Gesellschaft von Gleichen werde, in der es nur eine »shifting leadership«, also eine gleitende Führung gibt. Von den inneren Begründungen her, aus denen um Frauenordination gekämpft wird, in denen es in der Tat um Machtbeteiligung und Befreiung aus Unterordnung geht, hat sie das richtig gesehen. Man muß dann eben wirklich sagen, da steht die ganze Frage dahinter: Was ist das Priestertum eigentlich? Gibt es das Sakrament oder soll es nur eine gleitende Führung geben, in der niemandem ein dauerhafter Zutritt zur »Macht« gestattet wird? Ich glaube, daß in diesem Sinn sich vielleicht auch die Diskussion im Lauf der nächsten Zeit etwas ändern wird.

Alle diese Fragen, die wir jetzt angesprochen haben, werden seit Jahren immer wieder neu orchestriert, mal mit mehr, mal mit weniger Echo in der Bevölkerung. Wie beurteilen Sie Unternehmungen wie das Kirchenvolksbegehren in Deutschland?

Einiges habe ich schon dazu gesagt, als wir über die Lage der Kirche in Italien und anderen Ländern gesprochen haben.

Ich finde, was Metz dazu bemerkt hat, in vielem sehr sachgerecht. Er hat, wenn ich mich recht entsinne, den Finger darauf gelegt, daß hier eigentlich nur an den Symptomen herumkuriert, die eigentliche Kernfrage der Kirchenkrise aber ausgeklammert wird, die er mit dem vielleicht nicht ganz glücklichen Wort »Gotteskrise« benennt. In der Sache hat er damit genau den entscheidenden Punkt herausgestellt. Als wir vorhin über den dem Glauben entgegenstehenden modernen Konsens sprachen, hatte ich ihn so beschrieben: Gott zählt nicht, auch wenn es ihn geben sollte. Wenn man so lebt, dann wird die Kirche zu einem Club, der nun nach ersatzweisen Zwecken und Sinngebungen suchen muß. Und dann ärgern alle Dinge, die ohne Gott nicht zu erklären sind. Man klammert also genau den Punkt aus, um den es geht. Metz hat dann – ich folge immer meiner Erinnerung – darauf hingewiesen, daß die Postulate des Kirchenvolksbegehrens im großen ganzen in den protestantischen Kirchen erfüllt sind. Von der Krise sind sie deswegen ganz offenkundig überhaupt nicht verschont. Es wird also die Frage aufgeworfen – so ungefähr hat er wohl gesagt –, warum wir uns zu einer Dublette der evangelischen Christenheit machen wollen. Ich kann alledem nur zustimmen.

Es hat sich hier offenbar so etwas wie ein westlich-liberales Zivilisationschristentum gebildet, eine Art von verweltlichtem Glauben, dem vieles eins und auch einerlei ist. Diese Kultur, die ja oft mit dem Wesen des Christentums – oder hier des Katholizismus – wirklich nicht mehr viel zu tun hat, scheint deutlich attraktiver zu werden. Man hat den Eindruck, dieser speziell von Eugen Drewermann repräsentierten Philosophie ist von amtskirchlicher Seite her, zumindest theologisch, kaum etwas entgegenzuhalten.

Die Drewermann-Welle ist wohl bereits wieder im Abflauen. Was er vorträgt, ist doch wohl nur eine Variante jener allgemeinen Kultur eines verweltlichten Glaubens, von der Sie gesprochen haben. Ich würde sagen, man möchte Religion nicht missen, aber sie dürfte nur geben, nicht ihrerseits Ansprüche an den Menschen stellen. Das Geheimnisvolle der Religion will man nehmen, aber die Mühsal des Glaubens sich ersparen. Die vielfältigen Formen dieser neuen Religion, ihrer Religiosität und ihrer Philosophie sind heute weitgehend unter dem Stichwort »New Age« vereinigt. Eine Art mystischer Vereinigung mit dem göttlichen Grund der Welt ist das Ziel, zu dem verschiedene Techniken hinführen sollen. So glaubt man, Religion in ihrer höchsten Form erleben zu können und zugleich ganz im wissenschaftlichen Weltbild zu verbleiben. Demgegenüber erscheint der christliche Glaube kompliziert; er hat es ohne Zweifel schwer. Aber es hat gottlob gerade in unserem Jahrhundert nicht an großen christlichen Denkern und an exemplarischen Gestalten christlichen Lebens gefehlt. In ihnen wird die Gegenwärtigkeit des christlichen Glaubens sichtbar, und es wird sichtbar, daß er zu erfülltem Menschsein verhilft. Deswegen gibt es durchaus gerade in der jungen Generation neue Aufbrüche zu entschiedenem christlichen Leben, auch wenn das nicht eine Massenbewegung werden kann.

Der zuvor behandelte »Kanon der Kritik« ist offensichtlich nicht so einfach aus der Welt zu bringen. Wenn das schon so ist, wie muß man dann damit umgehen? Kann man alle diese Fragen aussitzen? Wird man sie je wieder loswerden?

Sie werden jedenfalls in dem Augenblick an Dringlichkeit verlieren, in dem man die Kirche nicht mehr als ein Endziel, als einen Selbstzweck und als einen Ort von Machterwerb ansieht; in dem Augenblick, in dem aus einem starken Glauben heraus Zölibat wieder überzeugend gelebt wird; in dem man als Ziel des Christentums das ewige Leben ansieht und nicht das sich Einhausen in einer Gruppe, in der man dann Macht ausüben kann. Ich bin überzeugt, daß die Fragen in einer geistigen Wende, die irgendwann kommt, ihre Dringlichkeit wieder genauso plötzlich verlieren, wie sie aufgestiegen sind. Weil sie letztlich ja auch nicht die wirklichen Fragen des Menschen sind.

Kapitel III

An der Schwelle der neuen Zeit

Zweitausend Jahre Heilsgeschichte – und keine Erlösung?

Seit zweitausend Jahren wird nun die Heilslehre verkündet, und seit zweitausend Jahren gibt es eine Kirche, die in der Nachfolge Jesu für ein neues Menschsein, für Frieden, Gerechtigkeit und Nächstenliebe einsteht. Genau am Ende des zweiten Jahrtausends nach Christi scheint nun aber die Bilanz so dürftig auszufallen wie selten zuvor. Der amerikanische Schriftsteller Louis Begley nennt das 20. Jahrhundert gar schon »ein satanisches Requiem«. Es sei ein Inferno aus Mord und Totschlag, aus Massakern und Gewaltverbrechen, ein Kompendium des Schreckens also.

Im 20. Jahrhundert wurden so viele Menschen gemordet wie niemals zuvor. In diese Zeit fällt der Holocaust und die Entwicklung der Atombombe. Man hatte geglaubt, nach dem Zweiten Weltkrieg würde eine friedliche Epoche anbrechen. Man sollte meinen, der Holocaust habe gelehrt, wohin Rassismus letztlich führt. Nach 1945 aber folgte eine Zeitspanne, in der so viele Kriege geführt wurden wie noch in keiner anderen Epoche zuvor. Und in den 90er Jahren erleben wir Krieg und Religionskrieg in Europa, weltweit eine Zunahme von Hunger, Vertreibung, Rassismus, Kriminalität, die Übermacht des Bösen. Freilich sind im Ausgang des Jahrtausends auch große positive Veränderungen zu registrieren, das Ende der staatlichen Gewaltherrschaft in den ehedem kommunistischen Staaten und der Fall des Eisernen

Vorhangs in Mitteleuropa, Gesprächsbereitschaft in den Krisenregionen, eine Annäherung im Nahen Osten.

Für viele stellen sich beim Überdenken des Wirkens Gottes und des Wirkens der Menschen auf der Welt erhebliche Zweifel ein: Ist die Welt wirklich erlöst worden? Kann man die Jahre nach Christus wirklich noch Jahre des Heils nennen?

Das ist ein sehr großes Bündel von Beobachtungen und Fragen. Die Grundfrage ist tatsächlich, hat das Christentum nun eigentlich Heil gebracht, hat es Erlösung gebracht, oder ist es nicht eigentlich doch fruchtlos geblieben? Hat das Christentum nicht inzwischen vielleicht seine Kraft verloren?

Ich glaube, dazu muß man zunächst einmal sagen, daß das Heil, das von Gott kommende Heil, keine quantitative und daher keine addierbare Größe ist. In technischen Kenntnissen kann es in der Menschheit ein vielleicht gelegentlich knickendes, aber doch irgendwo kontinuierliches Wachstum geben. Das rein Quantitative ist eben meßbar, da kann man feststellen, ist es mehr oder weniger geworden. Einen gleichartigen quantifizierbaren Fortschritt im Gutsein des Menschen kann es dagegen nicht geben, weil jeder Mensch neu ist und weil daher mit jedem neuen Menschen in gewisser Hinsicht die Geschichte neu beginnt.

Es ist sehr wichtig, diese Unterscheidung zu lernen. Die Gutheit des Menschen, um es so auszudrücken, ist nicht quantifizierbar. Man kann also nicht davon ausgehen, daß ein Christentum, das im Jahr Null als Senfkorn beginnt, dann eben am Schluß als der gewaltige Baum dastehen müßte und jedermann sehen müßte, wieviel besser es Jahrhundert um Jahrhundert geworden ist. Es kann immer wieder einbrechen und abbrechen, weil die Erlösung immer der Freiheit des Menschen anvertraut ist und Gott diese Freiheit nie aufheben will.

Die Aufklärung hatte den Gedanken entwickelt, der Prozeß der Zivilisation müsse fast zwangsweise die Menschheit fortlaufend zum Wahren, Schönen und Guten hin weiterentwikkeln, folglich seien barbarische Akte künftig nicht mehr vorstellbar.

Es ist aber sozusagen die Abenteuer-Struktur der Erlösung, daß sie immer auf Freiheit bezogen ist. Von daher ist sie nie einfach von außen verhängt und auferlegt oder durch feste Strukturen zementiert, sondern sie ist in das zerbrechliche Gefäß menschlicher Freiheit hineingehalten. Wenn man glaubt, das menschliche Wesen sei auf eine höhere Stufe gelangt, dann muß man damit rechnen, daß das alles auch wieder zusammenbrechen und abbrechen kann. Das, würde ich sagen, ist genau der Streit, der in den Versuchungen Jesu ausgetragen wird: Muß Erlösung etwas sein, was zementiert als Struktur in der Welt steht und was man dann quantifizierbar nachrechnen kann, in dem Sinn: Alle haben Brot bekommen, es gibt von jetzt an nirgends mehr Hunger? Oder ist Erlösung etwas ganz anderes? Weil sie an die Freiheit gebunden ist, weil sie nicht etwas den Menschen schon in Strukturen Auferlegtes ist, sondern immer wieder auf seine Freiheit Zugehendes und durch sie auch wieder bis zu einem gewissen Grad Zerstörbares ist.

Wir müssen auch sehen, daß das Christentum immer wieder große Kräfte der Liebe entbunden hat. Wenn man vergleicht, was durch das Christentum tatsächlich in die Geschichte hereingekommen ist, ist es schon beträchtlich. Goethe hat gesagt: Es kam die Ehrfurcht vor dem, was unter uns ist. Tatsächlich ist erst durch das Christentum eine geordnete Krankenpflege, ein Sichannehmen um die Schwachen und eine ganze Organisation der Liebe entstanden. Tatsächlich ist durch das Christentum auch ein Respekt vor allen Menschen in allen Stellungen gewachsen. Es ist schon interessant, daß Kaiser Konstantin mit der Anerkennung des Christentums sich zuallererst verpflichtet fühlte, mit Gesetzesänderungen den Sonntag für alle einzuführen, und dafür sorgte, daß die Sklaven bestimmte Rechte bekamen.

Oder wenn ich zum Beispiel an Athanasius, den großen alexandrinischen Bischof des vierten Jahrhunderts, denke, der noch aus eigener Erfahrung schildert, wie sich die Stämme überall gleichsam mit dem Messer in der Hand gegenüberstanden, bis dann mit den Christen eine gewisse Friedensgesinnung entstanden ist. Aber das sind nun Sachen, die nicht durch die Struktur eines politischen Reiches von selbst gegeben sind. Sie können, wie wir heute sehen, auch wieder einstürzen.

Wo der Mensch aus dem Glauben auszieht, kommen die Schrecknisse des Heidentums mit verstärkten Möglichkeiten zurück. Ich glaube, das konnten wir wirklich sehen, daß Gott sich sozusagen viel fragiler in die Geschichte eingelassen hat, als wir das möchten. Aber auch, daß das seine Antwort auf die Freiheit ist. Und wenn wir das wollen und bejahen, daß Gott Freiheit achtet, dann müssen wir auch die Fragilität seines Handelns achten und lieben lernen.

Das Christentum war weltweit noch nie so verbreitet wie heute. Aber mit seiner Ausbreitung geht nicht automatisch ein Heil der Welt einher.

In der Tat bringt die quantitative Ausbreitung des Christentums, die sich ja in der *Zahl* der Bekenner mißt, nicht automatisch die Weltverbesserung mit sich, weil nicht alle, die sich Christen nennen, wirklich Christen sind. Das Christentum wirkt nur indirekt, durch die Menschen, durch ihre Freiheit, auf die Weltgestaltung zurück. Es ist nicht selbst schon die Einrichtung eines neuen politischen und sozialen Systems, das dann Unheil ausschließen würde.

Welche Bedeutung hat im Zusammenhang von Erlösung oder Nichterlösung die Existenz des Bösen?

Das Böse hat auf dem Weg über die Freiheit des Menschen Macht und schafft sich dann seine Strukturen. Denn Strukturen des Bösen gibt es ganz offensichtlich. Sie werden für den Menschen zu einem Druck, sie können seine Freiheit auch blockieren und damit eine Mauer gegenüber dem Eindringen Gottes in der Welt errichten. Gott hat in Christus das Böse nicht in dem Sinne besiegt, daß es die Freiheit des Menschen nicht mehr versuchen könnte, sondern er hat angeboten, uns bei der Hand zu nehmen und uns zu führen, aber er zwingt uns nicht.

Heißt das: Gott hat zu wenig Macht über diese Welt?

Jedenfalls wollte er nicht Macht in der Weise ausüben, wie wir sie uns vorstellen. Das ist natürlich genau die Frage, die auch ich, wie Sie es anfangs formuliert haben, »an den Weltgeist« stellen würde: Warum bleibt er so ohnmächtig? Warum herrscht er nur auf diese ganz merkwürdig schwache Art, eben als Gekreuzigter, als einer, der selbst gescheitert ist? Aber offensichtlich ist das die Art, wie er herrschen will, die göttliche Art von Macht. Und in der anderen Art, in dem sich Aufdrängen und Durchsetzen und Gewalt-Haben, darin liegt offenbar die nichtgöttliche Weise von Macht.

Noch einmal zur Anfangsfrage: Der Zustand dieser Welt, ausgedrückt in dem Wort von dem »satanischen Requiem« des 20. Jahrhunderts, muß uns der nicht erschüttern?

Was wir als Christen wissen, ist, daß die Welt doch immer in Gottes Händen steht. Auch wenn der Mensch sich von ihm loskettet und zur Zerstörung schreitet, wird im Weltuntergang ER einen neuen Anfang setzen. Wir aber, im Glauben an ihn, handeln dafür, daß der Mensch sich nicht von ihm löst und daß insofern, soweit wir können, die Welt als seine Schöpfung und der Mensch als sein Geschöpf wieder neu leben können.

Es ist aber auch die pessimistische Diagnose möglich. Daß eben die Abwesenheit Gottes – Metz hat in einer etwas merkwürdigen Formulierung von »Gotteskrise« gesprochen – so stark wird, daß der Mensch ins moralische Trudeln kommt und daß Weltzerstörung, Apokalypse, Untergang vor uns steht. Auch damit müssen wir rechnen. Die apokalyptische Diagnose kann nicht ausgeschlossen werden, aber auch dann bleibt, daß Gott die Menschen schützt, die ihn suchen; die Liebe ist letztlich doch mächtiger als der Haß.

»Am Ende des zweiten Jahrtausends«, so befand Johannes Paul II., »ist die Kirche erneut zur Märtyrerkirche geworden.« Sie, Herr Kardinal, haben eine ähnliche Bilanz gezogen: »Wenn wir nicht ein Stück unserer christlichen Identität wiederfinden, werden wir die Herausforderung dieser Stunde nicht bestehen.«

Auch die Kirche wird, wir haben darüber gesprochen, andere Formen annehmen. Sie wird weniger mit den Großgesellschaften identisch sein, mehr Minderheitenkirche sein, in kleinen lebendigen Kreisen von wirklich Überzeugten und Glaubenden und daraus Handelnden leben. Aber gerade dadurch wird sie, biblisch gesprochen, wieder zum »Salz der Erde«. In diesem Umbruch ist die Konstanz – daß der Mensch in seinem Wesentlichen eben nicht zerstört wird –

wieder wichtiger, und die erhaltenden Kräfte, die ihn als Menschen tragen können, werden um so notwendiger.

Die Kirche hat deshalb einerseits die Flexibilität nötig, veränderte Einstellungen und Ordnungen in der Gesellschaft annehmen und Lösungen von bisherigen Verflechtungen vornehmen zu können. Andererseits hat sie um so mehr die Treue nötig, um das zu bewahren, was den Menschen Mensch sein läßt; was ihn überleben läßt, was seine Würde bewahrt. Sie hat dieses festzuhalten und ihn nach oben hin, nach Gott hin, offenzuhalten; denn nur von dorther kann die Kraft des Friedens in dieser Welt kommen.

Heute glauben viele, die Kirche habe über Jahrhunderte hinweg vielfach in einer Weise gewirkt, die mit der Offenbarung nicht zu vereinbaren ist. Als Beispiel für die »sündhaften Abgründe« der zweitausendjährigen Geschichte des Christentums nannte der Papst die Intoleranz im Namen der Religion und Komplizenschaft bei Verbrechen gegen die Menschenrechte. Die Kirche spricht nun häufiger von eigenen Irrtümern im Verhältnis zu den Juden, auch im Verhältnis zu den Frauen. Bisher galten solche Eingeständnisse eher als Schwächung der eigenen Autorität. Muß nicht mit noch schonungsloserer Offenheit über die historischen Fehler in der Kirche selbst gesprochen werden?

Ich meine, Wahrhaftigkeit ist immer eine wesentliche Tugend, gerade auch deshalb, damit wir besser erkennen, was Kirche ist und was sie nicht ist. In diesem Sinne ist die neue Ernüchterung, wenn man es so ausdrücken will, die sich die Schattenseiten der Kirchengeschichte nicht verbirgt, als ein Stück Ehrlichkeit, als ein Stück Wahrwerden sehr wichtig. Und wenn sozusagen die Beichte, das Aufarbeiten, Erkennen, Anerkennen von eigener Schuld wesentlich zum

Christsein gehört, weil ich nur dadurch mit mir wahr werde und dann recht werden kann, dann gehört es auch zur Kollektivpersönlichkeit der Kirche, daß sie solches Aufarbeiten, Erkennen, Anerkennen vollzieht. Ein »Bußpsalm« der Kirche ist tatsächlich vonnöten, damit sie redlich vor Gott und vor den Menschen dasteht.

Ich glaube, es ist aber auch wichtig, daß man nicht übersieht, unbeschadet all dieser Fehler und Schwächen ist immer das Wort Gottes verkündigt worden und das Sakrament erteilt worden, und insofern waren die Kräfte des Heilens spürbar, Kräfte, die auch dem Bösen Dämme gesetzt haben. Hier macht sich dann die Kraft Gottes bemerkbar, die genau dann, wenn das Christentum ganz zu Asche zu werden, wenn die Glut auszulöschen scheint, neue Aufbrüche bewirkt. Ich denke zum Beispiel an das 10. Jahrhundert, als das Papsttum an einem Tiefststand angelangt war und man meinen konnte, das Christentum würde in Rom geradezu erlöschen. Es ist dieselbe Zeit, in der das Mönchtum neu aufbricht und eine ganz neue Dynamik des Glaubens entsteht. Es gibt also den Verfall des Christentums mitten in der Kirche, die Möglichkeit, daß es als Form noch da ist, als Realität aber kaum noch gelebt wird. Auf der anderen Seite wirkt die innere Dynamik der Gegenwart Christi, die an unerwarteter Stelle wieder Erneuerung bringt.

Die Last der Geschichte, die auf die Kirche drückt, scheint doch erheblich. Anläßlich der 500-Jahr-Feier der Entdekkung Amerikas durch Kolumbus kamen zum Beispiel so starke Emotionen hoch – gegen die christliche Missionsarbeit –, daß man denken konnte, diese Dinge wären gerade gestern passiert.

Wobei das natürlich zum Teil auch wirklich Pauschalurteile

gewesen sind, die sich nicht aus der Wahrheit der Geschichte speisen, sondern aus den Emotionen des Augenblicks. Ich will nicht Schuld, auch große Schuld, die es da gibt, bestreiten. Aber es wurden gerade in diesem Zusammenhang neue, intensive Geschichtsstudien gemacht, die auch belegen, daß der Glaube und die Kirche auch als Schutzmacht gegen das brutale Zertreten von Kulturen und Menschen durch die Besitzgier der Entdecker aufgetreten ist. Paul III. und die folgenden Päpste haben sich mit Nachdruck für die Rechte der Eingeborenen eingesetzt und entsprechende Rechtsordnungen geschaffen. Auch die spanische Krone, besonders Karl V., hat Gesetze geschaffen, die zum großen Teil nicht durchsetzbar waren, die aber der spanischen Krone Ehre machen, indem sie die Rechte der Eingeborenen, die ausdrücklich als Menschen und damit als Träger von Menschenrechten anerkannt worden sind, herausstellte. In diesem goldenen Jahrhundert Spaniens wurde von spanischen Theologen und Kanonisten die Menschenrechtsidee geboren. Sie wurde später von anderen aufgegriffen, aber ausgearbeitet wurde sie zunächst bei Victoria in Spanien.

Die großen missionarischen Bewegungen, die Franziskaner, die Dominikaner, haben sich wirklich als Anwälte der Menschen gezeigt. Es gibt eben nicht nur Bartholomé de las Casas, sondern viele andere ungenannte. Ein interessanter Aspekt der Missionsgeschichte ist gerade zum Vorschein gekommen. Die ersten Franziskaner, die in Mexiko missioniert haben, haben dadurch, daß sie noch von der Geisttheologie des 13. Jahrhunderts berührt waren, ein sehr einfaches Christentum verkündet, das institutionenarm und sehr direkt gewesen ist. Es hätte zudem kaum eine so große Zuwendung zum Christentum sich ereignen können – wie man das gerade in Mexiko sieht –, wenn die Menschen diesen Glauben nicht als eine befreiende Kraft erfahren hätten. Befreiend auch gegenüber den Kulten, die vorangingen. Mexiko konnte ja nur erobert werden, weil sich unterdrückte Völker mit den Spaniern zusammengeschlossen haben, um von dieser Herrschaft frei zu werden. Das Ganze ist also ein differenziertes Gebilde, dem nichts an Schuld weggenommen werden soll. Wenn nicht eine Kraft dagewesen wäre, die geschützt und gerettet hätte, so daß es eben auch heute noch in Mittel- und Südamerika große indianische Bevölkerungsteile gibt, dann wäre alles noch ganz anders verlaufen.

Wie ist es zu erklären, daß es Jahrhunderte dauerte, bis Galilei rehabilitiert worden ist?

Ich würde sagen, man hat hier dem Prinzip gehuldigt, daß man die Sache nun einfach innerlich verjähren läßt. Niemand hatte das Bedürfnis, ausdrücklich eine Rehabilitation vorzunehmen. Der Fall Galilei ist ja auch erst durch die Aufklärung zum exemplarischen Fall des Konflikts zwischen Kirche und Wissenschaft erhoben worden. Er hat sein eigenes historisches Gewicht, war aber zunächst gar nicht mit einer solchen, alle elektrisierenden, quasi mythischen Spannung aufgeladen. Die Aufklärung hat darin symptomatisch darzustellen versucht, wie Kirche sich zu Wissenschaft verhält. So wurde der Galilei-Fall zunehmend zum Sinnbild der Wissenschaftsfeindlichkeit und der Antiquiertheit der Kirche hochstilisiert. Erst langsam ist dann die Einsicht erwacht: Das ist nicht einfach Vergangenheit, sondern das bohrt in den Geistern herum und muß daher noch einmal explizit bereinigt werden.

Die Frage, welchen Lauf die Welt ohne die Kirche genommen hätte, ist nicht beantwortbar. Währenddessen läßt sich schwer übersehen, daß der christliche Glaube die Welt auch befreit und kultiviert hat, eben durch die Entwicklung der Menschenrechte, Kunst und Wissenschaft, sittlicher Erziehung. Europa ist ohne diese Befruchtung nicht vorstellbar. Der jüdische Publizist Franz Oppenheimer hat geschrieben: »Demokratien sind in der jüdisch-christlichen Welt des Westens entstanden. Diese Entstehungsgeschichte ist eine Grundvoraussetzung unserer pluralistischen Welt. Der gleichen Geschichte verdanken wir auch die Maßstäbe, anhand derer unsere Demokratien bis heute immer wieder überprüft, kritisiert und korrigiert werden konnten.« Und Sie selbst haben darauf hingewiesen, daß der Bestand der Demokratien etwas zu tun hat mit dem Bestand christlicher Werte.

Ich kann das, was Oppenheimer gesagt hat, nur unterstreichen. Wir wissen heute, daß sich das demokratische Modell aus den Mönchsverfassungen entwickelt hat, die mit den Kapiteln und der Abstimmung darin solche Modelle vorgegeben haben. Der Gedanke des gleichen Rechts aller konnte so seine politische Form finden. Gewiß gab es vorher schon die griechische Demokratie, von der entscheidende Anstöße kamen, die aber nach dem Sturz der Götter neu vermittelt werden mußte. Es ist ein offenkundiger Tatbestand, daß die beiden Urdemokratien, die amerikanische und die englische, auf einem aus dem christlichen Glauben kommenden Wertekonsens beruhen und auch nur funktionieren konnten und können, wenn ein grundlegendes Einverständnis über Werte vorhanden ist. Sie würden sich ansonsten auflösen und zerfallen. Insofern kann man auch historisch eine positive Bilanz des Christentums ziehen, das ein neues Verhältnis des Menschen zu sich selbst und eine neue Menschlichkeit entbunden hat. Die antike griechische Demokratie beruhte auf der sakralen Bürgschaft der Götter. Die christliche Demokratie der Neuzeit beruht auf der Sakralität der vom Glauben her verbürgten Werte, die der Willkür der Mehrheiten entzogen sind. Gerade was Sie vorhin über die Bilanz des 20. Jahrhunderts sagten, zeigt ja auch, wie beim Wegnehmen des Christentums plötzlich archaische Mächte des Bösen wieder hervorbrechen, die durch das Christentum gebannt gewesen sind. Man kann rein historisch sagen: Demokratie ohne religiöse, »sakrale« Grundlage gibt es nicht.

Über die Sendung der Kirche für die Welt bemerkte der englische Kardinal Newman einmal: »Nur weil es uns Christen gibt, weil es über die Ökumene verbreitet das internationale Netz von Gemeinden gibt, wird der Untergang der Welt aufgehalten. Der Bestand der Welt ist verknüpft mit dem Bestand der Kirche. Wenn die Kirche in Krankheit fällt, wird die Welt eine Klage erheben um ihrer selbst willen.«

Man kann vielleicht die Formulierung sehr drastisch finden, aber ich würde sagen, gerade die Geschichte der großen atheistischen Diktaturen unseres Jahrhunderts, Nationalsozialismus und Kommunismus, zeigt, daß der Fall der Kirche, das Zerfallen und die Abwesenheit des Glaubens als prägende Kraft dann tatsächlich die Welt in Abgründe hineinreißt. Und wenn das vorchristliche Heidentum noch seine gewisse Unschuld hatte und die Bindung an die Götter auch Urwerte verkörperte, die dem Bösen Grenzen setzten, so wird jetzt, wenn die Gegenkräfte gegen das Böse wegfallen, der Zusammenbruch tatsächlich ein ungeheuerlicher sein.

Mit empirisch gestützter Gewißheit können wir sagen, wenn plötzlich die sittliche Macht, die der christliche Glaube darstellt, aus der Menschheit weggerissen würde, dann würde sie wie ein an einen Eisberg gerammtes Schiff taumeln und dann bestünde höchste Gefahr für das Überleben der Menschheit.

Katharsis – Die Zeitenwende und ihre Zerreißproben

Ausgerechnet am Ende des Jahrtausends scheint die Zeit schneller zu verstreichen, als würden geheime Zusammenhänge walten. So wie die Sandkörner es erscheinen lassen, die ganz am Schluß, bevor die Uhr umgedreht wird, in höchster Geschwindigkeit durch die Öffnung rieseln. Viele sind überzeugt, daß wir uns im Entstehungsstadium einer neuen Weltgesellschaft befinden, die sich von der bisherigen ähnlich fundamental unterscheiden wird, wie sich die Welt nach der industriellen Revolution von der ihr vorausgegangenen langen agrarischen Periode unterschied.

Es ist das, was die Soziologen ein Wasserscheideereignis nennen, also die Umkehrung eines bisherigen Flußverlaufes, nach dem nur noch wenige bedeutende Werte in der neuen Zeit fortleben. Es sind Zeiten, in denen es eigentlich kein Heute gibt, sondern nur ein Nicht-mehr-gestern und ein Noch-nicht-morgen. Müssen wir uns auf eine grundsätzliche Wende einstellen?

Ich sehe jedenfalls diese Beschleunigung der Geschichte. Wenn einmal bestimmte Entdeckungen gemacht sind, dann ergibt sich alles andere sozusagen mit einer ungeheuren weiteren Schnelligkeit. Wenn ich daran denke, wie sich in den letzten 30 Jahren die Welt geändert hat, dann kann ich die Beschleunigung der Geschichte und die Veränderungen, die in ihr vorgehen, geradezu mit den Händen greifen. Die veränderte Welt drängt schon in unsere Gegenwart herein und ist bis zu einem gewissen Grad schon da. Wir sehen, wie dieser Prozeß weitergeht, ohne daß wir seine Richtung, das, was dabei herauskommen wird, schon überblicken könnten.

Sichtbar werden die immer größeren Kollektivierungen. Da sind etwa die europäischen Zusammenschlüsse, der Zusammenschluß der islamischen Welt und der Versuch, auf dem Weg über UN-Konferenzen gleichsam Weltbewußtsein zu schaffen. Gleichzeitig beobachten wir, wie die Selbstbehauptung des Eigenen wächst und trotziger wird. Uniformierung und Spaltung stehen in wechselseitiger Abhängigkeit. Eine immer größere Aufgebrachtheit gegeneinander entwickelt sich paradoxerweise in der immer größeren Uniformierung aller. Welche Formen sich daraus ergeben werden, kann im Moment niemand voraussagen. Ich glaube, daß gerade in einer solchen Situation, einer rapid sich ins Unabsehbare verändernden Welt, die Konstanz des wesentlich Menschlichen umso wichtiger ist.

Die Daten für das Überleben dieses Planeten verschlechtern sich zusehends. Seit Mitte der 80er Jahre nehmen Zahl und Ausmaß der Katastrophen weltweit kontinuierlich zu. Immer deutlicher wird, daß nicht die Natur, sondern der Mensch selbst die meisten Katastrophen verursacht. Sei es, indem er in natürliche Systeme eingreift, sei es, indem er die Kontrolle über seine eigenen Systeme verliert. Viele sprechen in diesem Zusammenhang bereits von einem Zorn Gottes. Möglicherweise geschieht hier ja auch eine gewisse Reinigung, eine Katharsis. Möglicherweise muß das alte erst zerschlagen werden, damit Neues wieder möglich wird. Braucht es den Tanz auf dem Vulkan, den allgemeinen Polterabend, dieses Toben und Gären im Finale der Zeit, diese Wechseljahre der Weltgeschichte, damit wir wieder neu einen An-

fang setzen können? Ist dies womöglich der wirkliche Auftrag der Apokalypse?

Das ist schwer zu sagen. Wir sollten uns jedenfalls anstrengen, daß wir einen neuen Anfang ermöglichen, und zwar aus den Kräften der Schöpfung und der Erlösung heraus. Daß wir sozusagen auch jene Kräfte freisetzen, durch die der Mensch sich selbst *begrenzen* lernt. Denn darauf kommt es jetzt ganz offensichtlich an. Daß er nicht alles tut, was er tun könnte – er könnte ja sich selbst und die Welt zerstören –, sondern daß er weiß, dem Können steht das Maß des Sollen und des Dürfen gegenüber. Daß er nicht nur physische Unmöglichkeiten als Unmöglichkeiten anerkennt, sondern eben auch jene, die das Moralische definieren. Eine Erziehung des Menschengeschlechtes, die der Versuchung des verbotenen Baums widerstehen kann, ist zweifellos grundlegend.

Die Kirche muß sich anstrengen, den Menschen dahinzubringen, daß er sozusagen sich selbst gewachsen ist, daß er seinem physischen Können ein entsprechendes moralisches Können entgegensetzen kann. Wobei wir wissen, daß das nicht aus bloßer Moralität, sondern aus der inneren Gebundenheit an den lebendigen Gott heraus kommt. Nur wenn ER wirklich als Kraft in unserem Dasein steht, dann erhält die Moral Kraft, und nicht bloß aus eigenem Kalkül, das reicht nie.

Vielleicht gibt es ja wirklich keine Möglichkeit mehr, von außen zu heilen, sondern nur noch von innen, die Heilung über ein Bewußtsein, das nicht im Ego liegt. Sie haben es gerade angeführt: Wollten uns die biblischen Warnungen vor dem schlechten Lebenswandel vielleicht dieses sagen: Es ist unser geistiger Zustand, der die Natur beeinflußt.

Ja, das scheint mir deutlich zu sein, daß in der Tat der Mensch es ist, der der Natur ihren Lebensatem wegzunehmen droht. Und daß die äußere Umweltverschmutzung, die wir erleben, der Spiegel und der Ausfluß der inneren Umweltverschmutzung ist, auf die wir zu wenig achten. Ich denke, das ist auch das Defizit in den ökologischen Bewegungen. Sie ziehen mit einer verständlichen und auch berechtigten Leidenschaft gegen die Verschmutzung der Umwelt zu Felde, die seelische Selbstverschmutzung des Menschen wird dagegen weiterhin als eines seiner Freiheitsrechte behandelt. Darin liegt eine Ungleichheit. Wir wollen die meßbaren Verschmutzungen beseitigen, beachten aber nicht die seelische Verschmutzung des Menschen und die Schöpfungsgestalt, die in ihm ist, damit man menschlich atmen kann, sondern verteidigen mit einem völlig unwahren Freiheitsbegriff alles, was das menschliche Belieben nur hervorbringt.

Solange wir diese Karikatur von Freiheit, nämlich der Freiheit der inneren seelischen Zerstörung, beibehalten, werden deren nach außen gerichtete Wirkungen unverändert weitergehen. Ich glaube, diese Zuwendung muß erfolgen. Nicht nur die Natur hat ihre Ordnungen, ihre Lebensgestalten, die wir achten müssen, wenn wir von ihr und in ihr leben wollen, auch der Mensch in seinem Innen ist ein Geschöpf und hat eine Schöpfungsordnung. Er kann aus sich nicht beliebig machen, was er will. Damit er von innen her leben kann, muß er sich selber als Geschöpf anerkennen lernen und merken, daß es in ihm sozusagen die innere Reinheit seines Geschöpfseins geben muß, die seelische Ökologie, wenn man so will. Wenn dieses Herzstück von Ökologie nicht begriffen wird, wird alles andere zum Schlechten weitergehen.

Der Römerbrief im 8. Kapitel sagt das sehr deutlich. Er sagt, daß Adam, das heißt der innerlich verschmutzte

Mensch, die Schöpfung wie einen Sklaven behandelt, sie zertritt, daß die Schöpfung unter ihm, seinetwegen, durch ihn stöhnt. Und wir hören heute das Stöhnen der Schöpfung, wie man es noch nie stöhnen hörte. Paulus fügt hinzu, daß die Schöpfung wartet auf das Auftreten der Söhne Gottes und aufatmen wird, wenn Menschen auftreten, in denen Gott hindurchleuchtet – und erst dann selbst wieder wird atmen können.

Ein neuer Zukunftsschock steht uns offensichtlich erst noch bevor, nämlich als Reaktion darauf, daß wir mit der Vielfalt und der einschneidenden Qualität der fremdartigen Veränderungen der Welt nicht bruchlos zurechtkommen werden. Die Frage ist, ob sich denn auch heute noch mit dem Grundwissen des Christentums auf all diese neuen Entwicklungen, Herausforderungen und ungeklärten Dinge richtige Antworten finden lassen können.

Natürlich muß dieses Grundwissen auf ganz neue Anwendungsfelder bezogen werden, und das geht nicht ohne Bemühen, ohne gemeinsames Ringen, Erfahren, Erleiden, Erfahrungsaustausch. Aber die großen Grundsichten des Christentums geben tatsächlich die Lösungsrichtungen vor, die sich dann in dem Ringen mit der Erfahrung konkretisieren müssen. Insofern ist Christentum auch immer eine ständige Denk- und Lebensaufgabe, es ist kein fertiges Rezept, das ich einfach anzuwenden brauche. Aber es gibt mir eine Orientierung und ein Grundlicht, in dem ich dann sehen, handeln, erkennen und zu Antworten kommen kann. Indem ich zunächst einmal weiß, der Mensch ist Ebenbild Gottes, indem ich die Grundordnungen weiß, die sich in den Zehn Geboten darstellen, habe ich die wesentlichen Orientierungen, die dann an den neuen Problembereichen konkretisiert werden müssen. Und hier ist die Zusammenarbeit vieler notwendig, ein gemeinsames Suchen, wie das am rechtesten, am unverfälschtesten angewendet werden kann.

Ein »neuer Frühling des menschlichen Geistes« für das 3. Jahrtausend

Am Ende dieses Jahrhunderts sind viele der einst so verheißungsvollen Gesellschaftsentwürfe eingebrochen. Als da sind Marxismus (Marx: »Religion ist Opium fürs Volk«), Psychoanalyse (Freud: »Religion ist eine Neurose der Menschheit«) und auch die Ethik der Soziologen und die Vorstellung davon, es könnte eine Moral jenseits einer Institution geben. Hinzu komen die Reformthesen über die völlige Neugestaltung der Beziehung zwischen den Geschlechtern, die modernen Vorstellungen über Erziehung als antiautoritäres Modell. Sie selbst wagten vor zehn Jahren die Prognose: »Das Neue ist schon im Kommen.« Welche Ahnung hatten Sie von diesem Neuen, wie soll das aussehen? War damit gemeint, daß sich die postmoderne Kultur überleben werde, die Sie einmal als eine »Kultur des Sichentfernens von der Urerinnerung der Menschen« bezeichnet haben, die eine »Erinnerung an Gott« sei?

Diese Hoffnung war darin ausgedrückt. Ich wollte damit sagen, daß die inneren Aporien und Widersprüche, auch die inneren Unwahrheiten solcher Theorien zum Vorschein kommen werden. Und das ist ja auch in großem Maße der Fall. Wir erleben die Entmythologisierung vieler Ideologien, daß also die einfache ökonomische Erklärung der Welt, die Marx versucht hat und die zunächst so logisch, so durchschlagend erschien und deswegen auch so faszinieren konnte, zumal sie ja auch mit einer moralischen Ethik verbunden war, einfach die Realität nicht faßt. Daß der Mensch damit nicht umfassend beschrieben ist. Daß Religion eine Urrealität in ihm ist, ist sichtbar geworden. Und das gleiche gilt gegenüber all diesen anderen Dingen, zum Beispiel ist die antiautoritäre Erziehung dem Menschen nicht gemäß, weil es zu seinem Wesen gehört, daß er Autorität braucht. Und so war die Hoffnung, die ich ausdrücken wollte und die ich nach wie vor hege, daß es gleichsam zu einer Selbstkritik der Ideologien durch die Erfahrungen der Geschichte kommt. Daß dadurch dann eine neue Nachdenklichkeit entsteht, und im Treffpunkt der Selbstkritik der Ideologien durch die geschichtlichen Erfahrungen ein neuer Blick auf das Christliche aufgeht, und dieses wieder neu begriffen werden kann, denn mit allem, was an Wahrheitssplittern in diesen Dingen drinnen war, eröffnet sich auch der innere Reichtum des Christlichen neu.

Wir sehen allerdings, daß aus Scheitern, aus Zerfall, wir haben das schon angesprochen, nicht notwendig der positive Aufbruch hervorkommt. In den exkommunistischen Ländern zum Beispiel vollzieht sich mit der weitergehenden Verschlechterung der wirtschaftlichen und politischen Lage zwar keine Regeneration des Kommunismus, aber es entsteht auch kein großer Aufbruch in dem Sinn, daß man nun sagen würde, wir müssen wieder zu den christlichen Werten zurück. Eher tritt eine weitere Ermüdung der Seelen ein, eine weitere Verflachung, eine Resignation; Hoffnungslosigkeit steigt auf. Aus dem bloßen Versagen vorangegangener Ideologien kommt nicht notwendig die Wiedergeburt des Christlichen, kommen nicht notwendig große, lebendige, positive Bewegungen hervor. Es entstehen Räume der Enttäuschung, die zu weiteren Abstürzen führen können, die aber auch die Offenheit anbieten, daß Menschen von der Kraft des Christlichen berührt werden und damit Regenerationen eintreten. Aber sie entstehen, wie gesagt, nicht gleichsam mit einer naturgesetzlichen Notwendigkeit.

Im Augenblick ist zu beobachten, wie sich das rein wissenschaftliche, das rational-materialistische Weltbild, das dieses Jahrhundert so geprägt hat, zunehmend verbraucht und abgelöst wird. Wird nun der Mensch des dritten Jahrtausends wieder den Mythos in sein Leben miteinbeziehen müssen? Können vielleicht Mythen, die noch vor kurzem als Verschleierung der Wirklichkeit gegeißelt wurden, wieder herangezogen werden, um die tiefere Wirklichkeit, die größeren Zusammenhänge neu zu erkennen? So wie im Mittelalter etwa, als der Mensch in einer Welt voller Zeichen lebte. Nichts existierte so, wie es dastand, alles hatte seine Bedeutung aus dem Jenseits. »Der Mensch lebte in Illusionen«, wußte der große Geschichtsphilosoph Johann Huizinga, »und weil alles Illusion war, begriff er das metaphysische Dunkel.«

Eine neue Suche nach Mythen ist jedenfalls allenthalben zu beobachten, ein Rückgehen auch hinter das Christliche, in die alten Mythologien – in der Hoffnung, Lebensmodelle und Urkräfte wiederzufinden. Aber darin steckt auch viel Romantik. Man kann in der Geschichte nie einfach zurückgehen, nie einfach das Vergangene wieder hervorholen, wenn einem das Gegenwärtige nicht mehr ausreicht. In dieser Beschwörung vorchristlicher Mythen, in dem Umstand, daß man nicht mehr am Christentum selbst sucht – das einem schon zu rational und eben auch zu verbraucht erscheint –, ist vor allen Dingen ein Ausweichen vor dem Anspruch des Christlichen und ein Versuch zu erkennen, möglichst viel an Kräften des Religiösen zu haben und möglichst wenig von sich selbst geben zu müssen, möglichst wenig Bindung eingehen zu müssen.

Ich würde nicht sagen, daß in diesen Mythen nicht wirklich viel verborgen liegt, auf das wir zurückgreifen können. Es sind Visionen, in denen die Menschheit Wahrheit erschaut hat und Lebenswege gefunden hat. Aber wenn wir nur selbst auswählen und sie uns nur zum eigenen Gebrauch zurechtschneiden, werden sie ihre Kraft nicht haben können. Religion, das Wort selber sagt es schon, ohne Bindung gibt es nicht. Wenn die Bindungsbereitschaft nicht da ist und wenn vor allen Dingen die Unterwerfung unter die Wahrheit nicht da ist, dann wird das letztlich alles nur ein Spiel bleiben. Sie haben zuvor einmal das Glasperlenspiel angesprochen. Die neue Suche ist in Gefahr, nicht wesentlich darüber hinauszugehen, und die neuen Kräfte, die man sich erhofft, werden dann nicht kommen. Es wird eher eine Art Träumerei werden, durch die sich die tatsächlichen großen Probleme und Mächte, die die moderne Welt mit sich trägt, nicht bewältigen und nicht auf den richtigen Weg führen lassen. Die Religionssehnsucht ist da, das Verlangen danach, aus ihren Kräften wieder etwas zu empfangen, ist vorhanden, auch das Bewußtsein, daß wir dessen bedürfen und daß wir in einem Zuwenig leben. Das ist sicher etwas Positives, aber es ist noch mit zuviel Selbstherrlichkeit verbunden. Die Demut, Wahrheit zu erkennen, die mich fordert, und die ich mir nicht selbst auswähle, die ist noch weitgehend abwesend.

Könnten Sie sich vorstellen, daß die Menschheit vielleicht gar eine neue Aufklärung erlebt, eine von der Art, welche die guten, freiheitlichen Ansätze miteinbezieht und nun die Enden des gebrochenen Rings wieder zusammenführt, indem sie die Dimension des Glaubens wieder in Leben und Denken miteinbezieht? Der Andreasgraben im Bewußtsein des Menschen sozusagen würde damit vielleicht überwunden werden, die Spaltung des Menschen ginge zu Ende. Das wäre womöglich die Vision von einer neuen Ganzheitlichkeit, einer Ganzheitlichkeit freilich, die auf Gott nicht verzichten könnte.

Solche Hoffnungen wird ein gläubiger Mensch immer haben, daß auf Perioden der Verdunkelung und des Weggehens von der Ganzheit wieder eine neue Rückkehr folgt. Eine Rückkehr nach vorn allerdings, wie ich vorhin schon sagte. Wir können uns nicht in alte Perioden zurückversetzen. Sie sprechen daher auch von einer neuen Ganzheit, einer neuen Aufklärung, eben davon, das Wesentliche wiederzufinden und mit dem Neuen zusammenzufügen. Das ist eine Hoffnung, die allerdings – nach meinem Dafürhalten – in einer ganz nahen Perspektive sich nicht zeigt. Denn noch ist das Auseinanderdriften der geistigen Kräfte zu groß. Auf der einen Seite steht die Faszination, diese Ganzheitserkenntnis haben zu können, auf der anderen die Resignation davor. Auch ist die Furcht vor der Bindung, die es bedeuten könnte, zu groß. Ich glaube, daß wir zunächst eher vor einer längeren Periode der weiteren Verwirrungen stehen werden. Aber der Christ wird das Seinige tun, daß über dieser Fragmentierung der Erkenntnisse, die auch das Leben immer mehr zerfallen läßt, die Ganzheit und Einheit des Menschen, die von Gott her kommt, sichtbar werde und dann sozusagen die Ringe wieder zusammenfügt. Der Versuch, auf solches zuzugehen, muß da sein, die Erwartung, daß es schnell geschehen werde, hege ich nicht.

Allerdings hat Johannes Paul II. in seiner Rede vor den Vereinten Nationen 1995 in New York über die Fundamente einer neuen Weltordnung auch von einer neuen Hoffnung für das dritte Jahrtausend gesprochen. »Wir werden sehen«, so der Papst, »daß die Tränen dieses Jahrhunderts den Grund für einen neuen Frühling des menschlichen Geistes bereitet haben.« Was könnte mit diesem »neuen Frühling« gemeint sein? Eine neue Identität des Menschen?

Das ist ein eigenes Kapitel. Der Papst hegt in der Tat eine große Erwartung, daß auf das Jahrtausend der Trennungen wieder ein Jahrtausend der Einungen folge. Er hat, sagen wir, in etwa die Vision, daß das erste christliche Jahrtausend das Jahrtausend der christlichen Einheit war – es gab auch Spaltungen, wie wir wissen, aber immerhin gab es die Einheit Ost-West –, das zweite Jahrtausend das der großen Spaltungen gewesen ist und daß wir jetzt doch gerade am Ende in einer großen gemeinsamen Besinnung wieder eine neue Einheit finden könnten. Sein ganzes ökumenisches Bemühen steht ja in dieser auch geschichtsphilosophischen Perspektive. Er ist überzeugt, daß das zweite Vatikanum mit seinem Ja zur Ökumene und mit seinem Ruf zur Ökumene in dieser geschichtsphilosophischen Bewegung steht.

Das Aufbrechen der Ökumene im zweiten Vatikanum ist sozusagen schon ein Zeichen eines Zugehens wieder auf eine neue Einheit hin. So ist er von der Hoffnung erfüllt, daß die Jahrtausende ihre Physiognomie haben; daß die ganzen Abstürze dieses Jahrhunderts und seiner Tränen, wie er sagt, dann am Schluß doch aufgefangen werden und in einen neuen Beginn umschlagen. Einheit der Menschheit, Einheit der Religionen, Einheit der Christen müßten neu gesucht werden, damit dann wirklich wieder eine positivere Epoche beginnt. Visionen muß man haben. Dies ist eine Vision, die inspiriert und die zum Hingehen in diese Richtung herausfordert. Die Unermüdlichkeit, mit der der Papst tatsächlich in Bewegung ist, kommt gerade aus der visionären Kraft heraus, die er hat. Es wäre auch fatal, wenn wir uns von einem bloß negativen Kalkül leiten ließen, wenn wir uns nicht von

Visionen führen ließen, die einen positiven, sinnvollen Gehalt in sich tragen und die dann Handlungsrichtungen und Mut zum Handeln geben. Ob die Vision dann eintrifft, müssen wir natürlich ganz in Gottes Händen lassen. Ich sehe es im Augenblick noch nicht nahe auf uns herankommen.

Schwerpunkte kirchlicher Entwicklung

Kirche, Staat und Gesellschaft

Das 19. Jahrhundert hat den Glauben durch die Trennung von Kirche und Staat zu etwas subjektivem, also zu einer Privatangelegenheit erklärt. Viele nehmen an, daß der weiter fortschreitende Prozeß der Säkularisierung den Glauben und die Kirche in ihrem Überleben bedrohen. Daß die Zeit, in der der Staat die Religion verordnete, nun beendet ist, ist dies letzten Endes nicht auch eine neue Chance für Kirche und Glaube? »Es ist dem Wesen der Kirche gemäß«, so stellten Sie selbst einmal das Verhältnis klar, »daß sie vom Staat getrennt ist und daß ihr Glaube nicht vom Staat auferlegt werden darf, sondern auf frei gewonnener Überzeugung beruht.«

Die Idee der Trennung von Staat und Kirche ist überhaupt erst durch das Christentum in die Welt gekommen. Bis dahin gab es nur die Identität von politischer Verfassung und Religion. Für alle Kulturen galt, daß der Staat selbst Sakralität in sich trägt und der eigentliche und oberste Hüter der Sakralität ist. Das galt auch für die alttestamentliche Vorgeschichte des Christentums. In Israel ist zunächst beides verschmolzen. Erst indem der Glaube Israels aus dem Volk heraustritt und zum Glauben aller Völker wird, löst er sich aus der politischen Identifikation und wird zu einem Element, das über den politischen Trennungen und Unterschieden steht. Das ist auch der eigentliche Konfrontationspunkt zwischen Christentum und dem Römischen Reich. Der Staat hat Privatreligionen durchaus geduldet, allerdings nur unter der Voraussetzung, daß sie den Staatskult selbst, den Zusammenhalt des Götterhimmels unter der Ägide Roms, anerkennen und die Staatsreligion als die oberste Klammer über allen Privatreligionen liegt.

Das Christentum hat das nicht akzeptiert, dem Staat die Sakralität genommen und damit die Grundkonstruktion des Römischen Reiches, ja der antiken Welt überhaupt, in Frage gestellt. Insofern ist diese Trennung letzten Endes ein urchristliches Vermächtnis und auch ein entscheidender Freiheitsfaktor. Damit ist nicht der Staat selbst die sakrale Macht, sondern lediglich eine Ordnung, die ihre Grenze findet in einem Glauben, der nicht den Staat anbetet, sondern einen ihm gegenüberstehenden und ihn richtenden Gott. Das ist das Neue. Das kann sich dann natürlich in Gesellschaftsverfassungen verschieden darstellen. In diesem Sinn hat die Entwicklung seit der Aufklärung, mit der das Modell der Trennung von Staat und Kirche in Erscheinung tritt, durchaus seine positive Seite. Negativ daran ist, daß die Neuzeit zugleich die Reduktion von Religion auf das Subjektive mit sich bringt – und damit gibt es wieder eine Absolutsetzung des Staates, die bei Hegel ganz deutlich wird.

Einerseits hat das Christentum sich nie, jedenfalls in den Anfängen nicht, als Staatsreligion sehen wollen, sondern vom Staat unterschieden. Es war bereit, für die Kaiser zu beten, aber nicht, ihnen zu opfern. Es hat andererseits immer einen öffentlichen Anspruch erhoben, eben nicht nur subjektives Gefühl – »Gefühl ist alles«, sagt Faust –, sondern eine Wahrheit zu sein, die in die Öffentlichkeit hineingesprochen ist, Maßstäbe für sie setzt und die in bestimmtem Maße auch den Staat und die Mächtigen dieser Welt bindet. Ich glaube, daß in diesem Sinn die Entwicklung der Neuzeit das Negative der Subjektivierung mit sich bringt, aber das Positive daran ist die Chance der freien Kirche im freien Staat, wenn man es so ausdrücken darf. Darin sind Chancen eines lebendigeren, weil tiefer und freier begründeten Glaubens enthalten, der freilich sich gegen die Subjektivierung wehren muß und der weiter versuchen muß, der Öffentlichkeit sein Wort zu sagen.

Pier Paolo Pasolini sah die Chance der Kirche in der Unterscheidung, in einer radikalen Oppositionsrolle. Er schrieb im Sommer 1977 in einem Brief an Papst Paul: »Im Rahmen einer radikalen, vielleicht utopistischen oder auf die Endzeit ausgerichteten Perspektive ist klar, was die Kirche tun müßte, um ein ruhmloses Ende zu vermeiden. Sie müßte in die Opposition gehen. In einem solchen Kampf, der im übrigen auf eine lange Tradition zurückblicken kann, mit dem Kampf des Papsttums gegen das weltliche Imperium, könnte die Kirche all diejenigen Kräfte zusammenfassen, die sich der neuen Herrschaft des Konsums nicht beugen wollen. Für diese Verweigerung könnte die Kirche zum Symbol werden, indem sie zu ihren Ursprüngen, zur Opposition und zur Revolte zurückkehrt.«

Daran ist viel Wahres. Die Unzeitgemäßheit der Kirche, die einerseits ihre Schwäche bedeutet – sie wird abgedrängt –, kann auch ihre Stärke sein. Vielleicht können die Menschen ja doch spüren, daß gegen die banale Ideologie, von der die Welt beherrscht wird, Opposition nötig ist und daß die Kirche gerade modern sein kann, indem sie anti-modern ist, indem sie sich dem, was alle sagen, widersetzt. Der Kirche fällt eine Rolle des prophetischen Widerspruchs zu, und sie muß auch den Mut dazu haben. Gerade der Mut der Wahrheit ist – auch wenn er zunächst eher zu schaden scheint, eher Beliebtheit wegnimmt und die Kirche gleichsam ins Ghetto zu drängen scheint – in Wirklichkeit ihre große Kraft.

Ich würde allerdings nicht generell den Auftrag der Kirche mit Opposition beschreiben wollen. Sie ist immer wesentlich an einem positiven Aufbau beteiligt. Sie wird immer versuchen, positiv mitzuwirken, daß die Dinge ihre rechte Gestalt haben. Sie wird sich also nicht in eine Generalopposition zurückziehen dürfen, sondern sehr genau sehen müssen, wo muß sie Widerstand leisten und wo muß sie mithelfen, mitstärken und mittragen; wo sie Ja, wo sie Nein sagen muß, um ihr eigenes Wesen zu verteidigen.

Ökumene und Einheit

Sie haben bereits angesprochen, daß für Papst Johannes Paul die Einheit der Christen die große Vision des zu Ende gehenden Jahrtausends ist. Die römisch-katholische Kirche hat hierzu Eröffnungsangebote gemacht, interkonfessionelle Dialoge auf theologischer Ebene ins Rollen gebracht. In der im Mai 1995 veröffentlichten Enzyklika »Ut unum sint« zu Fragen der Ökumene gibt der Papst der Hoffnung Ausdruck, daß »an der Schwelle des neuen Jahrtausends ..., eines außerordentlichen Augenblicks ..., die Einheit zwischen allen Christen bis hin zur Erlangung der vollen Gemeinschaft wachsen möge«. Denn »die Spaltung widerspricht ganz offenbar dem Willen Christi, sie ist ein Ärgernis für die Welt ...« Ist diese Einheit der Christenheit überhaupt möglich? Denn in der eben angeführten Enzyklika heißt es auch, es müsse »jede Form von Verkürzung oder leichtfertiger Übereinstimmung« absolut vermieden werden.

Die Frage nach den Modellen der Einheit ist eine große und schwierige Frage. Zum ersten geht es darum zu fragen: Was ist möglich? Was dürfen wir hoffen, was können wir nicht hoffen? Und zum zweiten: Was ist auch wirklich gut? Eine absolute, eine innergeschichtliche Einheit der Christenheit wage ich nicht zu hoffen. Wir sehen ja, wie gleichzeitig mit den Einigungsbemühungen, die sich heute abspielen, fortlaufend weitere Fragmentierungen vor sich gehen. Nicht nur, daß sich ständig neue Sekten bilden, darunter auch synkretistische Sekten mit großen heidnischen, nichtchristlichen Anteilen, es ist vielmehr so, daß auch die Brüche in den Kirchen selbst größer werden, sowohl in den Reformationskirchen, in denen die Spaltung zwischen mehr evangelikalen Elementen und modernen Bewegungen immer tiefer geht (wir sehen es ja auch im deutschen Protestantismus, wie die beiden Flügel auseinanderdriften), als auch in der Orthodoxie. Hier ist durch die Autokephalien ohnedies immer eine sozusagen weniger starke Einheit vorhanden, aber auch dort gibt es Bewegungen der Teilung, auch dort sehen wir das gleiche Ferment am Werk. Und in der katholischen Kirche selber gibt es ja auch ganz tiefe Brüche, so daß man manchmal förmlich das Gefühl hat, daß zwei Kirchen in einer Kirche beieinanderleben.

Man muß beides sehen, einerseits das Sich-Nähern der getrennten Christenheit, andererseits wie zur selben Zeit weitere innere Brüche entstehen. Man sollte sich vor utopischen Hoffnungen hüten. Wichtig ist, daß wir uns alle immer wieder auf das Wesentliche besinnen. Daß jeder sozusagen versucht, über seinen eigenen Schatten zu springen und gläubig den eigentlichen Kern zu erfassen. Es ist schon viel getan, wenn keine weiteren Brüche eintreten. Und wenn wir begreifen, daß wir in der Getrenntheit einig sein können in vielem. Ich glaube nicht daran, daß wir sehr schnell zu großen »Konfessionsvereinigungen« kommen können. Viel wichtiger ist, daß wir uns in großem inneren Respekt, ja, in Liebe gegenseitig annehmen, als Christen anerkennen, und daß wir in wesentlichen Dingen versuchen, ein gemeinsames Zeugnis in der Welt abzulegen, sowohl für die rechte Gestaltung der weltlichen Ordnung wie für die Antwort auf die großen Fragen nach Gott, nach dem Woher und Wohin des Menschen.

Islam

Der romantisierende Orientalismus hat sich ein Orient- und Islambild zusammengestellt, das den Realitäten nicht immer Rechnung trägt. Es kann jedoch nicht übersehen werden, daß der Islam sich in seinem Selbstverständnis von der westlichen Wertegesellschaft grundsätzlich unterscheidet. Allein die Stellung des Individuums oder die Bedeutung der Gleichwertigkeit zwischen Mann und Frau wird in Orient und Okzident völlig anders bewertet. Der Bombenterror extremistischer Muslime bringt den Islam heute immer wieder in Verruf, und auch in Europa wächst die Angst vor den mörderischen Fanatikern. Daß ein besseres Kennenlernen und eine Verständigung zwischen den Kulturen notwendig ist, wird niemand bestreiten wollen. Auf welcher Grundlage aber könnte sie stattfinden?

Eine schwierige Frage. Ich glaube, man muß zunächst auch hier wieder wissen, daß der Islam keine einheitliche Größe ist. Er hat ja auch keine einheitliche Instanz, deswegen ist Dialog mit dem Islam immer Dialog mit bestimmten Gruppen. Niemand kann für den Islam im ganzen sprechen, er hat sozusagen keine gemeinsam geregelte Orthodoxie. Und er stellt sich, von den eigentlichen Brüchen zwischen Sunniten und Schiiten abgesehen, natürlich auch in verschiedenen Variationen da. Es gibt einen »noblen« Islam, den zum Beispiel der König von Marokko verkörpert, und es gibt eben den extremistischen, terroristischen Islam, den man aber auch wieder nicht mit dem Islam im ganzen identifizieren darf, da würde man ihm auf jeden Fall unrecht tun.

Wichtig ist aber, was Sie auch angedeutet haben, daß der Islam insgesamt eine völlig andere Struktur des Miteinander von Gesellschaft, Politik und Religion hat. Wenn man heute im Westen die Möglichkeit islamischer theologischer Fakultäten oder die Vorstellung von Islam als Körperschaft des öffentlichen Rechtes diskutiert, dann setzt man voraus, daß alle Religionen irgendwo gleich strukturiert sind; daß alle sich in ein demokratisches System mit ihren Rechtsordnungen und ihren Freiräumen, die diese Rechtsordnung gibt, einfügen. Dem Wesen des Islams aber muß das an sich widersprechen. Er kennt nun die Trennung des politischen und des religiösen Bereiches, die das Christentum von Anfang an in sich trug, überhaupt nicht. Der Koran ist ein ganzheitliches Religionsgesetz, das die Ganzheit des politischen und gesellschaftlichen Lebens regelt und darauf aus ist, daß die ganze Lebensordnung eine solche des Islams sei. Die Scharia prägt eine Gesellschaft von Anfang bis zu Ende. Insofern kann er zwar solche Teilfreiheiten, wie unsere Verfassung sie gibt, schon ausnutzen, aber es kann nicht sein Zielpunkt sein, daß er sagt: ja, jetzt sind wir auch Körperschaft des öffentlichen Rechts, jetzt sind wir genauso präsent wie die Katholiken und die Protestanten. Da ist er immer noch nicht an seinem eigentlichen Punkt angelangt, das ist noch ein Entfremdungspunkt.

Der Islam hat eine ganz andere Totalität der Lebensordnung, er umgreift einfach alles, und seine Lebensordnung ist anders als die unsere. Es gibt eine ganz deutliche Unterordnung der Frau unter den Mann, es gibt eine sehr festgefügte und unseren modernen Gesellschaftsvorstellungen entgegengesetzte Ordnung des Strafrechts, der ganzen Lebensbezüge. Darüber muß man sich klar sein, daß er nicht einfach eine Konfession ist, die man auch in den freiheitlichen Raum der pluralistischen Gemeinschaft einbezieht. Wenn man das so hinstellt, wie das heute manchmal geschieht, ist der Islam nach einem christlichen Modell dekliniert und nicht in seinem Selbstsein gesehen. Insofern ist die Frage des Dialogs mit dem Islam natürlich sehr viel komplizierter als etwa ein innerchristlicher Dialog.

Kann man denn auch umgekehrt fragen: Was soll die weltweite Stärkung des Islams dem Christentum sagen?

Diese Stärkung ist ein Phänomen mit vielen Gesichtern. Zum einen spielen finanzielle Gesichtspunkte mit. Die Finanzmacht, die die arabischen Länder erlangt haben, die ihnen gestattet, allüberall große Moscheen zu bauen, eine Präsenz moslemischer Kulturinstitute zu sichern und dergleichen Dinge mehr. Aber das ist sicher nur ein Faktor. Der andere ist eine wiedererstarkte Identität, ein neues Selbstbewußtsein.

In der kulturellen Situation des 19. und frühen 20. Jahrhunderts, also bis in die 60er Jahre hinein, war die Überlegenheit der christlichen Länder industriell, kulturell, politisch, militärisch so groß, daß der Islam wirklich ins zweite Glied gedrängt war und das Christentum, jedenfalls die christlich begründeten Zivilisationen, sich als die siegreiche Macht der Weltgeschichte darstellen konnte. Dann aber ist die große moralische Krise der westlichen Welt ausgebrochen, die als die christliche Welt dasteht. Angesichts der tiefen moralischen Selbstwidersprüche des Westens und seiner inneren Ratlosigkeit – der gleichzeitig eine neue wirtschaftliche Potenz der arabischen Länder gegenüberstand – ist die islamische Seele neu erwacht: Wir sind auch wer, unsere Identität ist besser, unsere Religion hält stand, ihr habt gar keine mehr.

Das ist eigentlich heute das Gefühl der moslemischen Welt: Die westlichen Länder können keine moralische Botschaft mehr verkünden, sondern haben der Welt nur Know how anzubieten; die christliche Religion hat abgedankt, die gibt es als Religion eigentlich gar nicht mehr; die Christen haben keine Moral und keinen Glauben mehr, da sind nur noch Reste irgendwelcher moderner Aufklärungsideen; wir aber haben die Religion, die standhält.

So haben die Moslems jetzt das Bewußtsein, daß doch eigentlich der Islam am Ende als die lebenskräftigere Religion auf dem Plan geblieben ist und daß sie der Welt etwas zu sagen haben, ja, die wesentliche religiöse Kraft der Zukunft sind. Vorher war Scharia und all das schon irgendwie weitgehend abgetreten, jetzt ist der neue Stolz da. Damit ist auch ein neuer Schwung, eine neue Intensität erwacht, den Islam leben zu wollen. Das ist die große Kraft, die er hat: Wir haben eine moralische Botschaft, sie ist ungebrochen seit den Propheten da, und wir werden der Welt sagen, wie man leben kann, die Christen können es sicher nicht. Mit dieser inneren Kraft des Islams, die gerade auch akademische Kreise fasziniert, müssen wir uns natürlich auseinandersetzen.

Judentum

Kommen wir zu dem vielleicht wichtigsten Punkt in dieser Aufreihung. Lange Zeit wurde angenommen, der Konflikt zwischen Judentum und Christentum sei im Innersten der Religion programmiert. Nun konstatierte der Präfekt der katholischen Glaubenskongregation: »Der Stern zeigt auf

Jerusalem. Er erlischt und geht neu auf im Wort Gottes, in der Heiligen Schrift Israels.« Was ist damit gemeint? Etwa auch eine radikal neue Beziehung zum Judentum?

Wir müssen unsere Beziehung zum Judentum zweifellos wieder ganz neu leben und bedenken, und das ist auch voll im Gange. Der Unterschied ist damit nicht aufgehoben, wir werden ihn vielleicht sogar in gewisser Weise stärker empfinden. Aber er muß auf einer Basis der Ehrfurcht voreinander und der inneren Zusammengehörigkeit gelebt werden. Dahin sind wir unterwegs. Ich meine, es war durch die Existenz des Alten Testaments als Teil der einen christlichen Bibel immer eine tiefe innere Verwandtschaft zwischen Christentum und Judentum gegeben. Aber gerade auch dieser gemeinsame Besitz war ein Spaltpilz, weil die Juden sozusagen das Gefühl hatten, wir hätten ihnen eigentlich die Bibel gestohlen – und lebten sie doch nicht. Sie seien die wirklichen Eigentümer. Umgekehrt gab es in der Christenheit einerseits das Gefühl, die Juden lesen das Alte Testament falsch, es wird erst richtig gelesen, wenn es offen, nach vornhin auf Christus gelesen wird. Sie haben es sozusagen in sich verschlossen und ihm damit gerade seine innere Richtung genommen. Insofern hat der christliche Besitz des Alten Testaments Christen auch wieder gegen die Juden aufgebracht, ihnen zu sagen: Ihr habt zwar diese Bibel, aber ihr gebraucht sie nicht richtig, ihr müßt den anderen Schritt tun.

Das andere war, daß es seit dem 2. Jahrhundert im Christentum auch immer wieder Bewegungen gab, die das Alte Testament abstoßen wollten oder es jedenfalls in seiner Bedeutung reduzierten. Auch wenn das nie amtliche Lehre der Kirche geworden ist, so ist doch eine gewisse Geringschätzung des Alten Testaments in der Christenheit sehr verbreitet gewesen. Wenn man natürlich nur die einzelnen Gesetzesvorschriften oder die grausamen Geschichten für sich liest, kann die Idee auftreten, wieso sollte das eigentlich unsere Bibel sein können, und auf diese Weise ist dann auch christlicher Anti-Judaismus entstanden. Als in der Neuzeit die Christen von der allegorischen Auslegung Abschied nahmen, mit der die Väter das Alte Testament "verchristlicht" hatten, ist eine neue Fremdheit diesem Buch gegenüber entstanden; wir müssen neu lernen, es recht zu lesen.

Das Zueinandergehören durch die gemeinsame Abrahams-Geschichte, die unsere Trennung und unsere Zusammengehörigkeit zugleich ist, müssen wir neu leben, im Respekt davor, daß die Juden eben das Alte Testament nicht auf Christus hin lesen, sondern auf den noch Unbekannten, Kommenden hin, daß sie aber damit doch auch in der gleichen Glaubensrichtung stehen. Und wir hoffen umgekehrt, daß Juden dann auch verstehen können, was wir, auch wenn wir das Alte Testament in einem anderen Licht sehen, doch miteinander den Glauben Abrahams zu glauben versuchen und so in einer inneren Zugewandtheit zueinander leben können.

Warum hat es dann so lange gedauert, bis sich der Vatikan zur Anerkennung des Staates Israel entschließen konnte?

Die Gründung des Staates Israel nach dem Zweiten Weltkrieg entsprach einem Beschluß der Vereinten Nationen und einem Recht des jüdischen Volkes auf einen eigenen Staat, auf ein eigenes Land. Aber die Grenzziehung blieb völkerrechtlich umstritten; wie man weiß, haben arabische Flüchtlinge in großer Zahl den neuen Staat verlassen und dann in einer äußerst problematischen und recht unklaren Situation gleichsam zwischen den Staaten leben müssen. Der Vatikan wartet in solchen Fällen immer ab, bis sich rechtlich klare

Verhältnisse herausbilden. So hat er ja auch mit den ehemals deutschen Ostgebieten zugewartet und neue Diözesen dort erst eingerichtet, als die Ostpolitik der Regierung Brandt die strittigen Fragen zwischen Polen und Deutschland geklärt hatte; mit der DDR wurden bekanntlich nie diplomatische Beziehungen aufgenommen. In Israel kam noch das Jerusalem-Problem dazu: Es erschien fragwürdig, ob die Heilige Stadt dreier Religionen Hauptstadt eines einzelnen, religiös geprägten Staates sein sollte. Auch hier waren Klärungen abzuwarten. Schließlich erschien eine präzise Verständigung über die Rechtsstellung der Christen und der christlichen Einrichtungen im neuen Staat wünschenswert.

Mittlerweile ist auch in der Kirche der Satz Allgemeingut geworden, daß Jesus Jude war. Aber müßte man anstatt »Gott ist Mensch geworden« nicht sagen, »Gott ist Jude geworden«? Muß christlicher Glaube das Judentum nicht endlich auch in seiner geschichtlichen Sendung annehmen?

Zunächst ist wichtig, daß klar bewußt wird, Jesus ist Jude gewesen. Ich muß dazu übrigens folgendes sagen. Ich bin in der Nazi-Zeit in die Schule gegangen und habe die Tendenz »deutscher Christen« erlebt, Christus zum »Arier« zu machen: Als Galiläer sei er gar kein Jude gewesen. In unserem Religionsunterricht wie in der Predigt wurde demgegenüber mit Nachdruck gesagt: Das ist Fälschung; Christus war Sohn Abrahams, Sohn Davids, er ist Jude gewesen, das gehört zu den Verheißungen, gehört zu unserem Glauben.

Dies ist zweifellos ein wichtiges Element, an dem Punkt sind wir wirklich als Christen und Juden aneinander gebunden. Deswegen bleibt aber auch der andere Satz wichtig und wahr: Gott ist *Mensch* geworden. Wir haben ja interessanterweise im Neuen Testament zwei Jesus-Stammbäume. Der bei Matthäus geht auf Abraham zurück, und er zeigt Jesus als Abrahams Sohn, als Sohn Davids und so als die Erfüllung der Verheißungen Israels. Der Stammbaum bei Lukas geht bis auf Adam zurück und zeigt Jesus als den Menschen überhaupt. Das ist unbedingt ein ganz wichtiges Element, daß Jesus Mensch ist und daß sein Leben und Sterben allen Menschen gilt. Gerade das Glaubenserbe Abrahams macht das Verheißungserbe zu einem menschheitlichen. Deswegen ist der einfache Ur-Satz, er ist ein Mensch geworden, nach wie vor wichtig. Schließlich, drittens, muß man noch dazunehmen, daß Jesus das Judentum als selbst gesetzestreuer Jude auch überschritten hat und das ganze Erbe neu interpretieren wollte in eine neue, größere Treue hinein. Das ist eben der Konfliktpunkt. Darüber gibt es auch gute Dialoge. Ich denke vor allen Dingen an ein sehr schönes Buch des amerikanischen Rabbiners Jakob Neusner, der einen richtigen Dialog mit der Bergpredigt führt. Er stellt darin ganz hart die Gegensätze heraus, aber er umfaßt sie auch mit großer Liebe und stellt letztlich das gemeinsame Ja zu dem lebendigen Gott heraus. Wir dürfen also die Gegensätze nicht verbergen. Das wäre bestimmt der falsche Weg, denn ein Weg, der an der Wahrheit vorbeiführt, ist nie auch ein wirklicher Weg des Friedens. Die Gegensätze sind da. Was wir lernen müssen, ist, gerade in Gegensätzen Liebe und Frieden zu finden.

Der Holocaust geschah wohl nicht im Zeitalter der Kirche, sondern zu einem Zeitpunkt, als die Kirche endgültig die Macht über die Herzen der Menschen verloren hatte. Nach wie vor aber muß diskutiert und nachgefragt werden, wie denn die Katastrophe auf christlichem Boden überhaupt möglich war. Nun scheint die Stunde nicht mehr fern, in der es in Europa bald weniger Katholiken geben wird als es hier vor dem Krieg Juden gegeben hat, deren Massenmord sie nicht verhindert haben.

Das ist, wie Sie mit Recht angedeutet haben, ein großes und dunkles Kapitel. Und es ist wichtig, daß der Holocaust nicht von Christen und nicht im Namen Christi begangen worden ist, sondern von Anti-Christen und auch als Vorstufe der Austilgung des Christentums gedacht gewesen ist. Ich habe diese Zeiten ja als Kind selber miterlebt. Hier war immer auch vom verjudeten Christentum und der Verjudung der Germanen durch das Christentum die Rede, insbesonders im Zusammenhang mit der katholischen Kirche. In München kam es am Tag nach der Kristallnacht zum Sturm auf das Palais des Erzbischofs. Das Motto war: »Nach den Juden den Judenfreund«. Man kann in den Quellen, im »Stürmer« unter anderem, nachlesen, daß das Christentum, vor allen Dingen in seiner katholischen Gestalt, als ein Versuch der Machtergreifung des Judentums – der »Verjüdelung« der germanischen Rasse, wie das hieß – angesehen worden ist und daß man, um das Judentum ganz zu überwinden, eines Tages sich auch vom bisherigen Christentum endgültig werde freimachen müssen, um zu dem sogenannten positiven Christentum von Hitler zu kommen.

Dieser Umstand, daß die Judenvernichtung durch Hitler auch einen bewußt anti-christlichen Charakter hatte, ist wichtig und darf nicht verschwiegen werden. Aber es ändert nichts daran, daß getaufte Menschen dafür verantwortlich waren. Auch wenn die SS eine Verbrecherorganisation von Atheisten war und auch wenn kaum gläubige Christen unter ihnen waren, so waren sie immerhin getauft. Der christliche Antisemitismus hatte bis zu einem gewissen Grad den Boden dafür bereitet, das kann man nicht leugnen. Es gab christlichen Antisemitismus in Frankreich, in Österreich, in Preußen, in allen Ländern, und auf diesem Wurzelgrund konnte man nun ansetzen. Das ist in der Tat ein Anlaß zur beständigen Gewissenserforschung.

Sind die Juden nach wie vor die Kernfrage für die Zukunft der Welt, wie es in der Bibel heißt?

Ich weiß jetzt nicht genau, auf welche Bibelstelle Sie anspielen. Jedenfalls stehen sie als die ersten Träger der Verheißung – und damit als das Volk, in dem die große grundlegende Phase der biblischen Geschichte sich ereignet hat – zweifellos im Zentrum der Weltgeschichte. Man könnte ja meinen, so ein kleines Volk, das kann wohl nicht so viel bedeuten. Aber ich glaube, es zeigt sich in allen Epochen und sehr deutlich heute, daß es etwas Besonderes ist mit diesem Volk und daß die großen Entscheidungen der Weltgeschichte irgendwie fast immer mit ihm im Zusammenhang stehen.

Ein neues Konzil?

Außervatikanisch scheint ein großes Konzil längst im Gange. Heilsbotschaften werden verworfen, Glaubenssätze werden allerorten offenbar neu definiert. Braucht die Kirche ein drittes Vatikanum zur Klärung und Wegweisung?

Ich wurde sagen, nicht in naher Zukunft. Ich kann da eine Geschichte erzählen. Der Kardinal Cordeiro von Pakistan hat mir mal berichtet, wie man einmal im Synodenrat beieinander war, Kardinal Döpfner war dabei, und irgend jemand hat gesagt, na ja, es wird halt doch ein drittes Vatikanum kommen müssen. Wobei Döpfner mit einem Ausdruck des Entsetzens beide Hände nach oben gehalten habe und gesagt habe: »Not in my lifetime!« Also ihm reichte eine Konzilserfahrung vollauf. Er war offenbar zu der Überzeugung gekommen, daß das Erfahrungen sind, die nur in großen periodischen Abständen eintreten können.

In der Tat ist ein Konzil, wie sich ja zeigt, ein die Kirche im ganzen auf- und umwühlendes Ereignis, das zu seiner Bewältigung lange Zeiträume in Anspruch nimmt. Wir haben das zweite Vatikanum längst noch nicht bewältigt. Ein drittes Vatikanum wäre nicht die Medizin zu seiner Bewältigung.

Was es tatsächlich fortwährend gibt, sind Bischofssynoden. Ich glaube, das ist ein viel angemesseneres Instrument, das ist ein realistischer Maßstab. Hier sind etwa 200 Bischöfe aus allen Erdteilen mit einem entsprechenden Repräsentationsschlüssel versammelt, die die Aufarbeitung der gegenwärtigen Situation miteinander versuchen können und versuchen sollen. Ein ökumenisches Konzil wäre in sich schon, von den Proportionen her, ein fast nicht zu bewältigendes Ereignis. Man müßte mit drei-, viertausend Bischöfen rechnen. Alles das sind Größenordnungen, unter denen eigentlich ein wirklicher Austausch, ein wirkliches Gespräch nicht mehr stattfinden kann. Damit sozusagen heilende Beschlüsse gefaßt werden können, muß das ja von innen her vorbereitet sein. Ein Konzil ist nicht ein Deus ex machina, wo dann plötzlich die richtigen Entscheide gefällt werden, und dann geht wieder alles seinen regulären Gang. Es kann nur das schon Lebendige aufgreifen und in Beschlüsse umgestalten. Insofern ist zunächst einmal die Geduld der Entwicklung, die Geduld der lebendigen Gestaltung der Zeit und der Fragen notwendig, bevor das dann in eine Rechtsform von Beschlüssen und Texten gegossen werden kann.

Ich glaube also nicht, daß man in einem Konzil irgendein Wunderheilmittel sehen kann. Im Gegenteil, ein Konzil schafft gewöhnlich Krisen, die dann natürlich Krisen zum

Heile sein sollen. Im Augenblick sind wir mit der Aufarbeitung des zweiten Vatikanums beschäftigt.

Zukunft der Kirche – Kirche der Zukunft

Herr Kardinal, sind in diesem Jahrhundert von diesem Pontifikat noch wegweisende neue Aussagen und Entwicklungen für die Zukunft der Kirche zu erwarten? Etwa in bezug auf eine innere Reform, um nur ein Beispiel zu nennen. Wenn ja, an welche Schritte denken Sie da?

Ich glaube, daß wir noch eine Reihe von Botschaften seitens des Papstes zu erwarten haben. Es wird gerade ihn, denke ich, die Frage der christlichen Einheit weiter beschäftigen, der Religionsdialog wird ein großes Thema sein. Dann natürlich der ganze Problembereich der sozialen und politischen Ethik. Und vor allen Dingen der Kernbereich des Evangeliums selbst, das ständig verkündet werden muß und das dann leicht verdunkelt wird, wenn man nur das, was die ganze Öffentlichkeit betreffen kann, im Auge hat.

Als nächstes sind eine panamerikanische Synode und eine asiatische Synode geplant. Das werden zwei, glaube ich, ganz wichtige Akzentsetzungen sein. Wenn der Papst bewußt, trotz der Verschiedenheit der beiden Amerika, eine panamerikanische Synode gewollt hat, so will er damit, daß dieser Kontinent in seinen Verschiedenheiten seine gegenseitige Selbstergänzung, seine Selbstkorrekturen und eine gemeinsame Kraft der Evangelisation findet. Dabei wird sowohl die Problematik der lateinamerikanischen Kulturen, die Problematik der Armut, das Problem der alten Kulturen und der eigenen kulturellen Identität zur Debatte stehen, als auch die Frage, wie sie sich mit der angelsächsischen, nordamerikanischen Kultur in der Katholizität finden und wie beide miteinander einen gemeinsamen Weg gehen können. Ich glaube, das ist ein wichtiges Ereignis, vor dem wir stehen.

In der asiatischen Synode stellt sich die Frage, wie kann Christentum in den asiatischen Religionskontext eintreten, wie können die großen Kräfte der asiatischen Religionen sich mit denen der christlichen Religion in der Kraftanstrengung des ausgehenden Jahrtausends miteinander verbinden? Mir scheint, daß eine große Kraft der nun anstehenden Hälfte des Pontifikats diesen beiden Synoden gewidmet sein wird.

Zusätzlich haben wir das Programm der Vorbereitung auf das Jahr 2000 hin mit den drei Jahren, die der Papst proklamiert hat: ein christologisches Jahr, in dem die Christusgestalt ganz nach vorne treten soll; ein theologisches Jahr, in dem einfach der Gottesglaube im allgemeinen dastehen soll; und ein Jahr des Heiligen Geistes. Dies alles wird verbunden mit einem vertieften Taufgedächtnis und einer vertieften Besinnung auf die Eucharistie. Es mündet dann im Jahr 2000 schließlich in die Begegnungen aller christlichen Gemeinschaften sowie in die Begegnung mit Juden und dem Islam, also den monotheistischen Religionen. Ich glaube, daß dieses Programm – die beiden Kontinentalsynoden, dazu die drei Jahre der 2000-Jahr-Vorbereitung als gemeinsames Programm, in dessen Mittelpunkt Gott, der dreieinige Gott steht, und dann die Begegnung derer, die an Gott glauben –, daß dieses Programm schon Akzente setzt, die in die Welt hinauswirken werden.

Noch 1970 sprachen Sie in einem Beitrag über »Glaube und Zukunft« von einer Kirche, die auch neue Formen des Amtes kennen wird. Die etwa auch bewährte Christen, die im Beruf stehen, zum Priester weihen wird.

Ich hatte damals vorausgesehen, wenn man so sagen darf, daß die Kirche klein werden wird, daß sie eines Tages eine Minderheitenkirche werden wird und daß sie dann nicht mehr in den großen Räumen und Organisierungen bestehen kann, die sie hat, sondern sich auf bescheidenere Weise einrichten muß. Dabei hatte ich daran gedacht, daß eben dann – neben jenen Priestern, die als junge Menschen zu Priestern geweiht werden – auch bewährte Menschen aus Berufen aufsteigen können, jedenfalls unterschiedliche Formen des Amtes sich bilden werden. Ich denke, daran war richtig, daß die Kirche sich langsam auf eine Minderheitensituation, auf eine andere Position in der Gesellschaft einrichten muß. Und daran war richtig, daß gerade auch ehrenamtliche Dienste eher einen Zuwachs verzeichnen werden. Wieweit es dann den vir probatus (den »erprobten Mann«, der aus einem anderen Beruf kommt) geben wird, ist eine andere Frage. Ich meine, die ganz alte Kirche hat ja von dem vir probatus gelebt, hat also im allgemeinen, da es ja das Priesterseminar noch nicht gab, Menschen, die vorher einen anderen Beruf gehabt hatten, ins Priestertum gerufen, die allerdings, seit etwa dem 2., 3. Jahrhundert, anschließend auf die Ehe verzichtet haben. Welche Formen sich da herausbilden werden, lassen wir offen. Es bleibt aber bei der Unersetzlichkeit des Priestertums und der tiefen inneren Zusammengehörigkeit von Ehelosigkeit und Priestertum.

Wird mit einer Generationenablösung innerhalb der Kirche auch eine neue Kultur einziehen? Wird es innerhalb der Kirche neue Formen kirchlichen Lebens geben?

Damit rechne ich. Jede große kulturelle Wende hat auch neue Lebensformen in der Kirche und neue Formen einer Kultur des Glaubens hervorgebracht. Denken Sie an die Romanik, an die Gotik, an die Renaissance, an Barock und Rokoko, an die kirchliche Kultur des 19. Jahrhunderts, an die neuen Formen kirchlichen Lebens, die in der Jugendbewegung aufbrachen. Was nach dem Zweiten Vatikanischen Konzil geschehen ist, könnte man schon beinahe als Kulturrevolution bezeichnen, wenn man an den falschen Übereifer denkt, mit dem Kirchenbauten ausgeräumt wurden und Klerus wie Orden ihr Gesicht änderten. Solche Voreiligkeiten werden schon heute von vielen wieder bereut. Aber in einer lebendigen Kirche werden sich ganz sicher neue Ausdrucksformen bilden. Diese Bewegung ist in vollem Gang. Spreu und Weizen werden dabei wie immer in einem Prozeß des Ringens geschieden werden müssen, der dem Apostelwort folgt: »Löscht den Geist nicht aus ... Prüft alles. Das Gute behaltet« (1. Thess. 5,19.21).

Glauben Sie, daß das Papsttum bleibt, wie es ist?

In seinem Kern wird es bleiben. Das heißt, daß ein Mensch notwendig ist, der als Nachfolger des heiligen Petrus dasteht und eine personale Letztverantwortung trägt, die kollegial abgestützt ist. Zum Christentum gehört ein personalistisches Prinzip, es verflüchtigt sich nicht in Anonymitäten, sondern es stellt sich im Pfarrer, im Bischof dar und hat eben in der Einheit der Gesamtkirche noch einmal einen personalen Ausdruck. Das wird bleiben, die vom Vatikanum I und II umschriebene Lehrverantwortung für die Einheit der Kirche, ihres Glaubens und ihrer sittlichen Ordnung. Formen der Ausübung können sich ändern, werden sich sicher ändern, wenn bisher getrennte Gemeinschaften in die Einheit mit dem Papst eintreten. Im übrigen ist die Pontifikatsführung des jetzigen Papstes – mit den Reisen quer um die Welt – ganz anders als bei Pius XII. Welche konkreten Variationen auftreten, kann ich mir und will ich mir auch gar nicht ausdenken. Wie das genau aussieht, können wir jetzt nicht voraussehen.

Kann es auch neue theologische Entdeckungen geben, die die Kirche verändern und den Glauben wieder verständlicher machen können oder, auch umgekehrt, die den Glauben noch schwerer machen könnten?

Das alles ist möglich. Wir haben in diesem Jahrhundert theologische Entdeckungen erlebt durch Menschen wie Lubac, Congar, Danielou, Rahner, Balthasar und so weiter. Hier sind ganz neue Perspektiven in der Theologie aufgebrochen, ohne die das Vatikanum II nicht möglich geworden wäre. Da der Glaube in so tiefe Dimensionen geht, verbergen sich auch immer neue Ausblicke in ihm. Und daß uns andererseits auch ganz neue Probleme überfallen können, auch das haben wir in diesem Jahrhundert erlebt; mit dem Voranschreiten der historisch-kritischen Methode, dem Hereinbrechen der Humanwissenschaften in die Theologie etc. Mit solchen Ereignissen müssen wir immer rechnen. Der Glaube kann schwerer, er kann aber auch leichter, unmittelbarer zugänglich werden.

Eines der neuen Probleme könnte sein, daß auch von theologischer Seite immer dringender danach gefragt wird, wie man es begründen solle, daß Gott sich nur in der Person Jesu inkarniert habe und nicht auch zum Beispiel in Gottgestalten Asiens. Wie es möglich sei, daß eine einzelne Person im geschichtlichen Prozeß die absolute Wahrheit sein kann?

Zunächst muß man sagen, daß es in der Religionsgeschichte wirkliche Parallelen zum christlichen Glauben an die Gottheit des Menschen Jesus von Nazareth nicht gibt. Die Gestalt, die sich ihm am ehesten annähert, die hinduistische Gottheit Krishna, die als »Avatara« (Abstieg Gottes) Vishnus verehrt wird, geht in unterschiedlichen Variationen durch die indische Religionsgeschichte, ist aber völlig anders konzipiert als der christliche Glaube an die endgültige Vereinigung des einen Gottes mit einem bestimmten historischen Menschen, durch den er die ganze Menschheit an sich zieht. Der christliche Glaube ist in den jüdischen Glauben an den einen Schöpfergott der Welt eingebettet, der mit den Menschen Geschichte macht, sich selbst an diese Geschichte bindet und in ihr unwiderruflich für alle handelt. Die Wahl besteht also nicht zwischen Christus und Krishna oder etwaigen anderen Gestalten. Es gibt nur die Wahl zwischen einem Gott, der sich selbst unverwechselbar als der eine Gott aller zeigt und sich an den Menschen bis in seine Leiblichkeit bindet, und einem anderen Religionsverständnis, in dem die Gottheit in verschiedenen Bildern und Gestalten erscheint, deren keine endgültig ist: Durch sie hindurch bezieht sich der Mensch auf das immer Unnennbare. Es ist ein jeweilig anderes Verständnis von Wahrheit, Gott, Welt, Mensch. Dabei kann der Christ in den religiösen Bildern der Weltreligionen durchaus tastende Versuche erkennen, die auf das Christentum zugehen. Er kann auch ein geheimes Walten Gottes dahinter finden, der durch die anderen Religionen hindurch die Menschen anrührt und sie auf den Weg bringt. Aber es ist immer derselbe Gott, der Gott Jesu Christi.

Ein Teil der neuen Fragen und Gefahren für die Kirche zeichnet sich schon deutlich ab. Wir haben bereits von dem Vorwuf des Fundamentalismus gesprochen, der besagt, die Kirche stemme sich in Wirklichkeit gegen die demokratische Gesellschaft, sie verhindere Meinungs- und Glaubensfreiheit und arbeite auf die Errichtung eines Gottesstaates hin. Die inhaltliche Substanz des biblischen Glaubens wird ja ohnehin mehr und mehr unterminiert. Kreuzestod, Himmelfahrt und Erlösungsbotschaft werden grundsätzlich angezweifelt. Die Jünger hätten lediglich Visionen gehabt, nicht mal die Bergpredigt habe es gegeben. Und da gibt es eine wachsende Anhängerschaft für die Forderung nach einer Selbstaufhebung der Kirche zugunsten einer nachchristlichen Religiosität.

Dem allem steht die Glaubenskraft von Millionen Gläubigen entgegen, die auch heute im Glauben der Kirche den Weg zum rechten Menschsein finden. Der christliche Glaube wurde in den großen Diktaturen unseres Jahrhunderts mit gewaltigem Aufwand und großer Gebärde totgesagt; nur noch Unbelehrbare und Unverbesserliche blieben bei ihm – hieß es. Nach dem Sturz dieser Potentaten sehen wir, daß die geächteten Gläubigen die wahren Zeugen der Menschlichkeit gewesen sind und daß sie den Weg für den Wiederaufbau frei gemacht haben. Der christliche Glaube hat viel mehr Zukunft als die Ideologien, die ihn zur Selbstaufhebung einladen.

Vom Wiederauffinden der Mitte –
Visionen der neuen Kirche

Man hat dem Papst oft vorgeworfen, er wolle eine reine Rückwärtsbewegung einleiten, er ignoriere die Ergebnisse des letzten Konzils. Nun fordert Johannes Paul II., »die beste Vorbereitung auf die Jahreswende 2000« sei die »möglichst getreue Anwendung der Lehre des zweiten Vatikanums auf das Leben jedes einzelnen und der ganzen Kirche«.

Er war immer ausgesprochen ein Papst des zweiten Vatikanums, für ihn war das ein Schlüsselerlebnis. Er ist als junger Bischof dort hingekommen. Erst während des Konzils ist er, wenn ich mich recht erinnere, Erzbischof geworden. Er war dann sehr konstruktiv an der Ausarbeitung der Konstitution Gaudium et spes (»Freude und Hoffnung«) über Kirche und Welt beteiligt. Seine große Konzilserfahrung war wohl gerade die Mitarbeit an diesem Text, worauf er durch sein philosophisches Denken sehr gut vorbereitet gewesen ist. So ist dieses Dokument, das wohl der dynamischste und am meisten nach vorn weisende Text des Konzils überhaupt ist, für ihn geradezu zu einer Art Lebensmaxime geworden. Er ist von der providentiellen Bedeutung des Vatikanums zutiefst überzeugt, eben davon, daß der Heilige Geist hier der Kirche neue Aufträge gegeben hat – von der liturgischen Bewegung über die ökumenische bis zu Religionsfreiheit, Religionsdialog, Judendialog und Begegnung mit der modernen Welt. Ich kann mir eigentlich schwer jemanden vorstellen, den das zweite Konzil so ergriffen und so geprägt hat, für den es so sehr zur Wegweisung seines persönlichen Lebens geworden ist wie ihn. Deswegen war es immer eine absurde Behauptung, er wolle hinter das Konzil zurückführen. Der Papst ist weit über das für einen Katholiken Notwendige hinaus von der besonderen Bedeutung dieser drei Jahre überzeugt, die er miterlebt und mitgestaltet hat. Und er spürt natürlich auch zusehends, daß es unterschiedliche, gegenläufige Auslegungen des Konzils gibt. Von daher sagt er, »zu ihm in Treue stehen«, natürlich in einer dynamischen Treue. Nicht das, was wir möchten, daß das Konzil es gesagt habe, muß unseren Weg bestimmen, sondern das, was das Konzil wirklich gesagt hat.

Braucht es in der Überlieferung des Glaubens auch einen neuen Ton, einen neuen Klang?

Ich denke ja, denn daß so viel Müdigkeit, jedenfalls in Europa, unter Christen herrscht, zeigt ja wohl, daß ein neuer Klang notwendig ist. Ich habe da eine Geschichte von einem orthodoxen Priester gelesen, der gesagt hat: Ich habe mich so bemüht, aber die Leute hören mir einfach nicht zu, sie schlafen ein oder sie kommen gar nicht. Also muß es irgendwie schlecht gesagt sein. Das ist exemplarisch für Erfahrungen, die auch andere machen. Das Wichtige ist, daß der Prediger selbst ein inneres Verhältnis zur Heiligen Schrift, zu Christus aus dem lebendigen Wort hat und daß er als ein Mensch dieser Zeit, in der er lebt und die die seine ist, aus der er ja nicht flüchtet, den Glauben innerlich verarbeitet. Und dann, wenn er ihn wirklich aus einer persönlichen Tiefe sagen kann, dann kommt der neue Klang ganz von selbst.

Sind speziell in der Dritten Welt neue Anstöße zu sehen, die, wie Sie es einmal ausdrückten, einem »europäischen Provinzialismus« entgegenwirken? Wird die Kirche der Zukunft afrikanischer sein oder asiatischer oder amerikanischer, auf jeden Fall weniger europäisch?

Das ist sicher. Denn auch rein zahlenmäßig verlagert sich das Schwergewicht immer mehr von Europa auf die anderen Kontinente. Das eigene Kulturbewußtsein der anderen Kontinente wird stärker. Es gibt eine bescheidene Parallele zu dem, was wir vorhin vom Islam sagten. So wie der Islam durch die Krise der europäisch-amerikanischen Kultur einen neuen Stolz erlangt hat, so hat diese Krise auch dazu geführt, daß die großen anderen Kulturwelten ein neues Kulturbewußtsein, einen neuen Stolz auf ihre eigene kulturelle Vergangenheit gefunden haben: Wir haben etwas einzubringen, das neu und bereichernd sein wird. Bei den Afrikanern ist ein starkes Bewußtsein vorhanden, einerseits, daß sie noch auf dem Weg sind, daß sie noch Lernende sind, aber auch, daß sie etwas zu geben haben mit der Frische ihres Glaubens, die ja wirklich bewundernswert ist, mit der Heiterkeit, die von ihnen ausgeht. Sie wissen, daß in ihrem kulturellen Erbe Schätze sind, die noch der Konkretisierung harren. Sehr stark ist dieses Bewußtsein in Südamerika zu bemerken, sehr stark auch in Asien. Man kann also mit Sicherheit sagen, daß die kulturelle Vielgestalt in der Kirche spürbarer werden wird und daß der Beitrag der anderen Kontinente ihre Zukunft wesentlich mitgestalten wird.

Die Vorstellung, daß ein Bischof aus Afrika oder Lateinamerika auf dem Heiligen Stuhl Platz nimmt, ist längst nicht mehr fremd.

Nein. Jeder, jedenfalls im Kardinalskollegium, könnte sich vorstellen, daß wir einen Afrikaner wählen oder jemanden aus einem nichteuropäischen Land. Wie weit das die europäische Christenheit schon schlucken würde, ist eine andere Frage. Denn bei allen Bekundungen der Rassengleichheit und der Verurteilungen der Rassendiskriminierung gibt es doch noch ein bestimmtes europäisches Selbstbewußtsein, das dann in kritischen Augenblicken hervorbricht. Aber die Kardinäle werden, denke ich, ganz einfach fragen, wer ist der am meisten Geeignete, und dabei wird die Frage der Hautfarbe und der Herkunft keine Rolle spielen.

Ist es auch vorstellbar, daß gewisse Dogmen oder gar Sakramente wieder zurückgebildet, umgebildet oder jedenfalls reformuliert werden, weil sich zeigt, daß die Logik der Kirche eine andere geworden ist?

Was wirklich gültige Aussage des Glaubens, »Dogma« geworden ist, kann nicht hernach wieder falsch werden, wie ja auch in der Wissenschaft das einmal richtig Gefundene gültig bleibt, aber vielleicht in ganz andere Zusammenhänge gerückt wird und damit in veränderter Bedeutung erscheint. Genauso ist es hier. Was wahr ist, bleibt wahr, aber es können neue Perspektiven auftauchen, die es in ein anderes Licht rücken. Zweifellos bleiben die Sakramente, die ja in ihrer Siebenzahl der Logik des menschlichen Lebens entsprechen, aber sie werden in verschiedenen Zeiten verschieden gelebt. Noch vor hundert Jahren gingen auch sehr fromme Menschen nur etwa drei- bis viermal im Jahr zu Beichte und Kommunion. Heute ist die tägliche Kommunion üblich. Das Bußsakrament hat sehr viele Wandlungen in der Geschichte durchschritten. Die Sakramententheologie des Konzils von Trient (1545-1563) wie auch seine Gnadenlehre (Streit um die Rechtfertigung mit der Reformation!) ist nicht falsch geworden, kann nicht falsch werden, aber sie hat sich weiterentwickelt. Insofern sind Beständigkeit und Beweglichkeit durchaus vereinbar, wie die ganze Geschichte zeigt.

Es deutet sich am Anfang des dritten Jahrtausends ein neues religiöses Verständnis an. Es ist durchdrungen von Inhalten und Facetten der großen Kulturen, von Elementen des Buddhismus, Atheismus, Kulten der Naturvölker. Kann es auch für die Kirche eine neue Befruchtung geben durch aktuelle Weltströmungen oder durch andere Religionen?

Der Dialog mit den anderen Religionen ist im Gang. Wir sind, glaube ich, alle überzeugt, daß wir zum Beispiel von der Mystik Asiens etwas lernen können, und daß gerade die großen mystischen Traditionen auch Begegnungsmöglichkeiten eröffnen, die in der positiven Theologie nicht so deutlich sind. Insofern hat das Erbe eines Meister Eckart, der ganzen mittelalterlichen Frauenmystik oder vor allem auch der großen spanischen Mystik heute im Religionsdialog eine wesentliche Bedeutung. Sie liegt darin, daß man einerseits das Gemeinsame des Mystischen (die negative Theologie) in ihrer Bedeutung neu ausmißt – ohne daß das Unterscheidende zwischen buddhistischer und christlicher Mystik dabei ausgeklammert werden kann und werden wird. Daß auch aus Inhalten des Mythos und aus Inhalten der religiösen Philosophie Asiens ganz neue Elemente in das theologische Denken einströmen können, das zeigt sich jetzt schon – wenn auch die bisherigen Bewältigungsversuche nicht sehr überzeugend sind. Aber da kommen Möglichkeiten auf uns zu, die neue Chancen des theologischen Denkens und der religiösen Lebensgestalt eröffnen.

Zur Weitergabe des Glaubens und zur christlichen Erziehung gehörte fast 1500 Jahre lang das Stützkorsett einer christlichen Umwelt. Heute gibt es in Schulen, in den Medien, in Einrichtungen der Gesellschaft diese Umwelt nicht mehr. Die Werte der Kirche und die Vorstellungen der modernen Welt scheinen immer weiter auseinanderzuklaffen. Wie soll es künftig überhaupt noch möglich sein, mit den Lebens- und Heilsentwürfen der Kirche durchzudringen?

Sie haben sehr richtig gesagt, es gehört eine christliche Umwelt dazu. Ich würde es so ausdrücken: Christ kann man nie allein sein, Christ-sein bedeutet Weggemeinschaft. Auch ein Einsiedler steht doch in einer Weggemeinschaft und ist von ihr mitgetragen. Deswegen muß es die Sorge der Kirche sein, Weggemeinschaften zu schaffen. Die gesellschaftliche Kultur Europas und Amerikas bietet diese Weggemeinschaft nicht mehr an. Das führt uns zu den vorigen Fragen zurück, wie die Kirche in dieser zusehends entchristlichten Gesellschaft leben wird. Sie wird eben neue Weisen der Weggemeinschaft bilden müssen, die Gemeinden werden sich stärker gegenseitig miteinander tragend und im Glauben lebend gestalten müssen.

Das bloße Umfeld der Gesellschaft reicht heute nicht mehr aus, eine allgemeine christliche Atmosphäre ist nicht mehr gegeben. So müssen Christen sich wirklich untereinander stützen. Und hier gibt es ja jetzt schon andere Formen, "Bewegungen" verschiedener Art, mit denen Weggemeinschaften gebildet werden. Unerläßlich ist eine Erneuerung des Katechumenats, in dem eine Einübung, ein Kennenlernen des Christlichen möglich ist; ein Sichanhängen an Mönchsgemeinschaften wird ein Weg sein, um dort Erfahrungen des Christlichen zu machen. Mit anderen Worten, wenn die Gesellschaft in ihrer Ganzheit nicht mehr christliche Umwelt ist, so wie sie es ja auch in den ersten vier bis fünf Jahrhunderten nicht gewesen ist, muß die Kirche selber Zellen bilden, in denen das Sichstützen, das Sichtragen und das Miteinandergehen, also der große Lebensraum der Kirche im Kleinen erfahrbar und praktisch wird.

Wie soll denn nun das Gegenmodell zur Volkskirche, die ja offensichtlich in weiten Teilen Europas nicht mehr zu halten ist, konkret aussehen? Wie sollen diese aktiven Gemeinschaften gestaltet sein? Lassen sich da auch christliche Kibuzze in Deutschland vorstellen?

Warum nicht? Das wird sich zeigen müssen. Ich glaube, es wäre verfehlt, ja, anmaßend, jetzt ein mehr oder weniger fertiges Modell der Kirche von morgen zu entwerfen, die deutlicher als heute die Kirche einer Minderheit sein wird. Aber ich denke, daß sich viele Menschen mehr oder weniger an sie anlehnen werden, die sozusagen von außen her und irgendwie doch auch in ihrem Inneren mit ihr mitleben. Trotz aller erwartbaren Änderungen wird meiner Überzeugung nach die Pfarrei die wesentliche Zelle des gemeindlichen Lebens bleiben. Aber man wird kaum das ganze jetzige Pfarrsystem aufrechterhalten können, das ja zum Teil auch ziemlich jungen Datums ist. Das Zueinandergehen wird gelernt werden müssen und wird eine Bereicherung sein. Wie fast immer in der Geschichte wird es daneben Gruppierungen geben, die durch ein bestimmtes Charisma, durch eine Gründerpersönlichkeit, einen spezifischen geistlichen Weg zusammengehalten werden. Zwischen Pfarrei und »Bewegung« ist fruchtbarer Austausch notwendig: Die Bewegung braucht die Verbindung mit der Pfarrei, um nicht sektiererisch zu werden, die Pfarrei braucht »Bewegungen«, um nicht zu erstarren. Schon jetzt haben sich neue Formen des Ordenslebens mitten in der Welt gebildet. Wer zusieht, kann heute eine ganz erstaunliche Vielgestalt von christlichen Lebensformen finden, in denen die Kirche von morgen schon recht deutlich mitten unter uns ist.

»Rein, rein, rein« – Die spirituelle Revolution

Die Welt der Kirche heute: bürokratisch, ängstlich, menschlich planend. Braucht sie wieder mehr intuitives Denken gegen die Überbetonung der Vernunft? Gilt es, einen Mangel an Kontemplation und die lange Zeit betriebene Vernachlässigung der spirituellen Werte wettzumachen? Der frühere Kardinal von Paris, Kardinal Veuillot, sagte einmal: »Alles muß rein sein – rein, rein, rein. Was wir brauchen, ist eine wirkliche spirituelle Revolution.« Und ist es nicht auch so, daß die Kirche nur dann wieder neue Nachkommen haben kann, wenn sie wirklich rein, wenn sie jungfräulich ist?

Irgendwo ist Ihre Frage ja auch schon eine Antwort. Ich habe sehr oft gesagt, daß ich denke, wir haben zuviel Bürokratie. Insofern werden Vereinfachungen auf jeden Fall notwendig sein. Es darf nicht alles über Gremien laufen, es muß auch immer wieder die persönliche Begegnung geben. Und es kann auch nicht alles rational bewältigt werden. So sehr das Christentum auf die Vernunft Anspruch erhebt und zu ihr sprechen will, gibt es die vielen anderen Dimensionen der Wahrnehmung von Wirklichkeit, die wir auch brauchen. Wir haben gerade vom Religionsdialog und von der Mystik gesprochen – und diese Dimension der Sammlung, der gesammelten Innerlichkeit ist in einer hektischen Welt besonders notwendig geworden. Es gibt ein bekanntes Wort von Karl Rahner, »der Christ der Zukunft wird ein Mystiker sein oder er wird nicht sein«. Solche großen Ansprüche würde ich nicht stellen, denn die Menschen bleiben immer gleich. Wir bleiben immer auch gleich schwach, wir werden also nicht alle zu Mystikern werden. Aber richtig daran ist, daß das Christentum zum Ersticken verurteilt sein würde, wenn wir nicht etwas von Verinnerlichung erfahren, in der der Glaube persönlich in die Tiefe des eigenen Lebens hinabsinkt und in ihr mich trägt und erleuchtet. Bloße Aktion und bloß intellektuelle Konstruktion reichen nicht aus. Besinnung auf Einfachheit und auf Innerlichkeit und auf die außer- und überrationalen Wahrnehmungsformen von Realität ist sehr wichtig.

Würde diese Erinnerung des Spirituellen nicht auch bedeuten, man müsse sich gerade wieder des einfachen Glaubens erinnern, der den Grundelementen des Christentums entspricht?

Manchmal scheint es so kompliziert, daß man glaubt, nur

Gelehrte könnten es überblicken. Die Exegese hat uns sehr viel Positives geschenkt, aber sie hat auch den Eindruck entstehen lassen, daß ein normaler Mensch die Bibel gar nicht lesen kann, weil das alles so kompliziert ist. Wir müssen wieder lernen, daß sie jedem etwas sagt und daß sie gerade den Einfachen geschenkt ist. Da gebe ich einer im Schoß der Befreiungstheologie entstandenen Bewegung recht, die von der Interpretacion popular spricht. Danach ist das Volk der eigentliche Besitzer der Bibel und daher der eigentliche Ausleger. Das ist im Kern richtig, sie ist gerade den Einfachen gegeben. Die brauchen nicht alle kritischen Nuancen zu wissen, können den Kern verstehen, worum es geht. Die Theologie mit ihren großen Erkenntnissen wird nicht überflüssig werden, sie wird im Weltdialog der Kulturen sogar noch notwendiger werden. Aber sie darf nicht die letzte Einfachheit des Glaubens verschatten, der uns einfach vor Gott stellt und vor einen Gott, der mir nahe geworden ist, indem er Mensch geworden ist.

Können Sie sich vorstellen, daß nach quantitativen Einbußen, dem Abfall von Gläubigen, die kein geistiges Interesse mehr mit dem Christentum verbindet, bald eine neue Qualität von Christentum die Inhalte des Glaubens konservieren und konzentrieren wird? Kardinal Lustiger sagt, die zeitgenössische Kultur besiegelt nicht das Ende der Religion und also des Christentums. Sie schlage vielmehr Skizzen und Entwürfe vor, um Anfänge vorausahnen zu lassen. »Die Menschheit wird nur leben, wenn sie es will«, so Lustiger, »in jedem Augenblick steht sie nun vor einem jüngsten Gericht.« Aber so groß, wie die Freiheit geworden ist, das Leben auf dem Planeten aus eigener Macht heraus zu zerstören, so groß ist nun auch die Freiheit, Christ zu sein, ohne es zu müssen. Nun gehe es erst richtig los, interpretiert der Kardi-

nal, man stünde »vor den Anfängen des christlichen Zeitalters«. Können Sie diese Auffassung teilen?

Ich würde nicht zu sagen wagen, wir stünden vor den Anfängen des christlichen Zeitalters. Denn was ist schon genau ein christliches Zeitalter? Was ich aber wirklich teilen kann, ist dies, daß das Christentum immer wieder die Chance eines neuen Anfangs hat. Ich habe einmal geschrieben, das Christentum ist immer zugleich Senfkorn und Baum, es ist immer gleichzeitig Karfreitag und Ostern. Der Karfreitag ist nie einfach hinter uns, der ist immer da, und die Kirche ist nie ein fertig ausgewachsener Baum, dann würde sie nämlich auch irgendwann vertrocknen und aufhören, sondern sie ist immer wieder auch in der Senfkorn-Situation. In diesem Sinn stimme ich ihm ganz bei, daß wir eigentlich wieder vor einem neuen Anfang stehen und daß das auch die Hoffnungen eines Anfangs in sich enthält. Die Aufgabe, ganz aus Freiheit und in Freiheit zu glauben und im Zeugnis gegen eine marode Welt zu glauben, trägt auch neue Hoffnungen, neue Möglichkeiten eines christlichen Ausdrucks in sich. Gerade ein Zeitalter eines quantitativ reduzierten Christentums kann eine neue Lebendigkeit dieses bewußteren Christentums hervorbringen. Insofern steht wohl auch eine neue Art von christlichem Zeitalter vor uns. Ich wage nicht, hier Zeitprophezeiungen zu geben, ob das langsam oder schnell gehen kann. Was ich aber wirklich unterstreiche: Es gibt im Christentum immer den neuen Anfang. Solche Anfänge gibt es jetzt schon und wird es weiter geben. Und sie werden neue kraftvolle Lebensgestalten des Christlichen hervorbringen.

Vor Jahren äußerten Sie die Hoffnung, es zeichne sich so etwas wie eine »pfingstliche Stunde in der Kirche« ab. Es gebe Gruppen junger Menschen mit einer unverkrampften Ent-

scheidung für den ganzen Glauben der Kirche, die »volle ungeteilte Katholizität«. Braucht es neue Christen, die wieder mutiger, stolzer sind? Sie forderten einmal, heutzutage brauche die Kirche nicht neue Reformer, sondern eher neue Heilige, die aus der inneren Vitalität des Glaubens selbst kommen und von daher den Reichtum des Glaubens und seine Unabdingbarkeit neu entdecken.

Um zunächst bei dem Stichwort Reformer/Heiliger anzuknüpfen: Jeder Heilige ist in dem Sinn ein Reformer, daß er die Kirche neu belebt und sie auch reinigt. Aber man versteht ja unter Reformer häufiger Leute, die strukturelle Maßnahmen durchführen und die sich gleichsam im Bereich der Strukturen bewegen. Und da würde ich sagen, die brauchen wir in der Tat im Augenblick nicht so dringend. Was wir wirklich brauchen, sind Menschen, die vom Christentum innerlich erfaßt sind, die es als Glück und als Hoffnung erleben, die dadurch zu Liebenden geworden sind, und das nennen wir dann Heilige.

Die echten Reformer der Kirche, durch die sie wieder einfacher geworden ist und zugleich Zugänge zum Glauben geöffnet hat, waren immer die Heiligen. Man muß nur daran denken, daß Benedikt am Ausgang des Altertums die Lebensform schafft, durch die das Christentum dann durch die Völkerwanderung hindurchgeht. Oder wenn Sie an Franziskus und Dominikus denken – da ist in einer feudalistischen, erstarrenden Kirche ein ganz neuer Aufbruch einer evangelistischen Bewegung, die die Armut des Evangeliums, seine Einfachheit, seine Freude lebt und die dann eine wahre Massenbewegung auslöst. Oder erinnern wir uns an das 16. Jahrhundert. Das Konzil von Trient war wichtig, aber es konnte als katholische Reform nur durchschlagen, weil es Heilige wie Theresa von Avila, Johannes vom Kreuz, Ignatius von

Loyola, Karl Borromäus und viele andere gegeben hat, die einfach wieder vom Glauben innerlich getroffen wurden, die ihn originell auf ihre Weise gelebt haben, ihm Formen geschaffen haben, durch die dann auch die Reformen eingetreten sind, die die notwendigen und die heilenden waren. Deswegen würde ich auch sagen, jetzt kommen die Reformen bestimmt nicht von Foren und Synoden, die auch ihr Recht und manchmal auch ihre Notwendigkeiten haben, sondern sie werden von überzeugenden Persönlichkeiten kommen, die wir Heilige nennen dürfen.

Neue Chancen durch die Kirche für die Welt

In seinem apostolischen Schreiben zur Jahrtausendwende betonte der Papst, däß »die Kirche ... mit ihren Zweigen ein Dach für die ganze Menschheit zu bilden vermag«. Mir scheint hier folgendes wichtig: Im Erkenntnis- und Entscheidungsnotstand unserer Zeit sind glaubwürdige Ratgeber gefordert, Persönlichkeiten, aber noch mehr Institutionen als übergeordnete Instanzen, die in Zeiten der Erschütterungen unerschütterlich bleiben. Die offene Gesellschaft, die wir im Grunde behalten wollen, ist dabei, uns zunehmend zu überfordern. Sie läßt uns allein mit ihrem Überangebot an Möglichkeiten, die wiederum Entscheidungszwänge zur Folge haben, den Freiheiten, die oft nutzlos oder schädlich sind und die wir nicht mehr bewältigen können. Um die Chancen der offenen Gesellschaft zu bewahren und uns gleichzeitig vor einem Abgleiten in diktatorische Systeme zu schützen, muß man die Demokratie vermutlich zunehmend durch geschlossene Subsysteme absichern, also durch Modelle, deren Bestand und Urteilskraft nicht auf Tagesmeinungen oder zufälligen Abstimmungen beruhen.

Da schneiden Sie die Frage an, wie steht die Kirche in der Freiheitsordnung der Gesellschaft, welchen Stellenwert hat sie, wo ist sie angesiedelt, was kann sie für sie bedeuten. Ich glaube, Sie haben damit schon etwas sehr Wichtiges ausgedrückt. Die Kirche ist nicht eine Organisation unter anderen oder eine Art Staat im Staate, der ja dann genau wie dieser nach den gleichen demokratischen Spielregeln gebildet sein müßte. Sie ist etwas anderes, sozusagen eine geistige Kraft. Sie hat ihre soziale und organisatorische Form, aber im wesenlichen ist sie ein Kraftquell, der das liefert, was der Staat aus sich selber nicht haben kann. Es gibt ja diesen berühmten, schon zum Sprichwort gewordenen Satz von Böckenförde: Die demokratische Gesellschaft lebt von Kräften, die sie nicht selber hervorbringen kann; Sie haben das mit dem Wort von den Stützsystemen angedeutet.

Das ist meiner Meinung nach auch ein wichtiger Einstieg in die Frage, die wir jetzt nicht weiter betreiben wollen, nach der Demokratie in der Kirche. Wenn man dabei denkt, daß die Kirche eine Nachahmung des Staates sein sollte, ist das Wesen der Kirche selbst verkannt. Denn wir wissen ja, daß die Demokratie selbst, sagen wir, ein gewagter Versuch ist, daß das Entscheiden nach dem Mehrheitsprinzip nur einen bestimmten Rahmen menschlicher Dinge richtig regulieren kann. Es wird zum Unding, wenn es auf Fragen der Wahrheit, des Guten selbst ausgedehnt werden würde, und auch zum Unding, wenn dadurch ständig eine vielleicht sehr große Minderheit nur gehorchen müßte und dann dadurch doch wieder eine Art von Oligarchie, von Herrschaft einer Gruppe entstehen würde. Insofern ruft die Demokratie selbst nach ergänzenden Realitäten, die ihren Mechanismen Sinn geben und die dann wiederum ihrerseits so gebaut sind, daß sie ihrem eigenen, inneren Auftrag entsprechen.

Für die Kirche ist es daher sehr wichtig, daß sie sich nicht primär als einen Selbstverwaltungskörper versteht, der bestimmte Dienstleistungsangebote macht, sondern daß sie aus dem Nicht-Selbergemachten lebt, dieses treulich, dynamisch lebt, und damit dem ganzen Körper der Menschheit das gibt, was er aus eigenem Entscheiden gar nicht haben kann. Sie kann der Welt keine Befehle geben, aber sie kann in der Ratlosigkeit Antworten bereithalten. Mit den biblischen Bildern vom Salz der Erde, vom Licht der Welt, ist etwas davon angedeutet, daß die Kirche eine Stellvertretungsfunktion hat. Salz der Erde setzt voraus, daß nicht die ganze Erde Salz ist. Die Kirche hat als Kirche eine Funktion für das Ganze, in das Ganze hinein, und ist nicht einfach eine Kopie des anderen, ist noch nicht einmal ein Staat. All dies muß in ihrem Leben gegenwärtig sein. Sie muß sich ihrer ganz spezifischen Sendung bewußt sein, gleichsam der Ausbruch aus dem Eigenen der Welt in das Licht Gottes hineinzusein und den frei und offenzuhalten, damit die Atemluft in die Welt hereindringen kann.

Müßte Kirche als integrative, sinnstiftende Kraft dann aber nicht auch ihren Widerstand gegen die Macht verstärken, gegen die Diktatur der Moden und auch gegen ein kapitalistisches Gesellschaftssystem, dessen auch verheerende Auswüchse längst unübersehbar sind? Müßte sie nicht auch ihre Anstrengung verstärken, quasi als Avantgarde zur Bewahrung der Schöpfung zu wirken? Das wäre dann Orientierung durch eine auch von Tradition und Weisheit gespeiste Institution, hinter der ja obendrein noch Gott selbst steht.

Wir kommen damit wieder auf die Frage: Wieweit muß die Kirche einerseits offen sein für das Neue und sich vor einer Sklerose hüten, in der sie sich ins Gewesene einigelt? Wieweit muß sie gleichsam mitgehen mit der Modernität, und wo beginnt der Punkt, wo sie den Mut des Widerstands haben muß – prophetische Opposition, all diese Stichworte. Daraus ergibt sich aber zweitens dann die Frage: Wer oder was ist eigentlich die Kirche? Zweifellos müssen alle, die im Namen der Kirche sprechen, also das Lehramt auf all seinen Ebenen, diesen Mut des Widerstands praktizieren.

Aber man darf jetzt das Wort »Wir sind die Kirche« in seinem richtigen Sinn nicht aus den Augen verlieren. Nicht nur die Amtsträger, nicht nur das Lehramt ist die Kirche. Dieses Wort kann wirksam und glaubwürdig in die Welt nur hineingehalten und zu einem Tatwort werden, wenn es nicht bloß Lehre bleibt, wenn es nicht bloß in römischen Papieren oder in Hirtenbriefen vorkommt, sondern wenn das Wort des Lehrenden eine gemeinsame Stimme der lebendigen Kirche ist. Deswegen scheint mir ganz wichtig zu sein, daß solche Worte nicht einfach allein Verordnungen von oben sind, daß vielmehr die Christen selber miteinander lernen, daß sie in vielem eine Kraft des Widerstands sein müssen.

Das Lehramt kann glaubhaft und wirksam nur aussagen, was auch in der Kirche im ganzen anwesend und lebendig ist. Und umgekehrt natürlich: die lebenden Gemeinschaften der Kirche brauchen immer wieder den Zuspruch, der sie ihrer Identität versichert und durch den sie dann selber wieder den Ansporn bekommen, das zu leben, was sie sind. Wenn wir sagen: »Kirche muß Kraft des Widerstandes sein«, dann sollte gerade diese gemeinschaftliche Verpflichtung der Christen im ganzen und nicht bloß des Lehramtes im Blick stehen und, wie gesagt, auch die Unterscheidung der Geister – nicht alles, was modern ist, ist schlecht, und nicht alles, was modern ist, ist gut – ist, glaube ich, eine ganz wichtige Tugend, ohne die die Kirche ihr Wort und ihren Dienst nicht richtig tun kann.

Ich möchte noch einmal auf unser augenblickliches westliches Wirtschaftssystem zu sprechen kommen. Glauben Sie denn, daß dieses System, das nur die Wichtigkeit des Marktes kennt, die nächsten zehn Jahre, so wie es jetzt ist, überleben wird und kann?

Dafür verstehe ich jetzt tatsächlich von der wirtschaftlichen Situation der Welt zu wenig. Aber daß es nicht auf die Dauer so weitergehen kann, das ist offenkundig. Da ist zunächst schon der innere Widerspruch der Verschuldung der Staaten, die ja in einem paradoxen Zustand leben, daß sie einerseits Geld ausgeben und überhaupt der Garant des Geldwertes sind, auf der anderen Seite aber eigentlich bankrott sind, von den Schuldenzahlen her. Da ist natürlich auch das Schuldengefälle Nord-Süd. Das alles zeigt, daß wir in einem ganzen Netz von Fiktionen und Widersprüchlichkeiten leben und daß dieser Prozeß nicht ins Unabsehbare fortgeführt werden kann.

Wir haben gerade jetzt (Frühjahr 1996) in Amerika diese seltsame Situation erlebt, daß plötzlich der Staat nicht mehr zahlungsfähig ist und als Betrieb sozusagen schließen, seine Beamten in Urlaub schicken muß, was ein schreiender Widerspruch ist, denn der Staat trägt ja die Verantwortung für den Zusammenhalt des Ganzen. Der Vorfall hat auf drastische Weise gezeigt, daß in unserem System grobe Fehler enthalten sind und daß es einer wesentlichen Anstrengung bedarf, um die korrigierenden Elemente zu finden. Aber man wird sie, das möchte ich hinzufügen, nicht finden, wenn nicht eine gemeinsame Fähigkeit des Verzichtens wieder zustande kommt. Denn diese Korrekturen können nicht einfach durch Verordnungen von Regierungen geschaffen werden. Das ist die große Zerreißprobe der Gesellschaften. Wir müssen lernen, daß wir nicht alles haben können, was wir möchten, daß wir auch von dem Standard, den wir erreicht haben, wieder ein Stück weit herunter müssen. Wir müssen über den Besitzstand, über die Verteidigung der eigenen Rechte und Ansprüche wieder hinausfinden. Und diese Umwandlung der Herzen, die dazu notwendig ist, um der Zukunft und um der anderen willen verzichten zu können, das wird die eigentliche Bewährungsprobe unserer Systeme sein, denke ich.

Herr Kardinal, zeichnet sich heute bereits eine historische Einschätzung dieses Pontifikats ab? Was wird das Ende dieser Periode für die Kirche und für die Welt einmal bedeuten? Wird mit diesem Papst mehr als eine Ära zu Ende gehen? Endet mit Johannes Paul II., der ja die abendländische Welt verkörpert, dereinst auch die Alte Welt?

Da sind wir wieder bei Zukunftsperspektiven, bei denen ich sehr vorsichtig bin. Der Papst selber hat als Papst aus Polen schon eine sehr starke Verschiebung der Perspektiven eingeleitet. Mit Polen ist ja die Grenze des Abendlandes immerhin schon weit in den Osten hinausgeschoben. Der Horizont öffnet sich in weitere östliche Dimensionen hinein. Johannes Paul II. hat gerade auch durch seine Reisen die Überschreitung des abendländischen Raumes sehr nachdrücklich in das kirchliche Leben hereingerufen. Ich denke aber auch, daß trotzdem das abendländische Erbe, wenn wir es so nennen wollen, sein großes Gewicht in der Geschichte behalten wird. Denn nicht nur in der Kunst ist von der alten Kirche – über Romanik, Gotik, Renaissance, Barock und so weiter – der Menschheit Großes und Bleibendes zugewachsen, sondern es sind auch Denkgestalten und Lebensgestalten mit den großen Heiligen aufgebrochen, in denen das Christliche sich groß und gültig ausgesagt hat und damit auch der Mensch mehr

Mensch geworden ist. Von wesentlichen Bestandteilen dessen wird die Menschheit keinen Abschied nehmen können, sondern es nur integrieren können und dürfen in weitere und neue Horizonte hinein.

Die wahre Geschichte der Welt

Von der Fülle der Zeit

In dem apostolischen Schreiben »Tertio Millennio Adveniente« an die Bischöfe, Priester und Gläubigen zur Vorbereitung auf das Jubeljahr 2000 spricht der Papst von der »Fülle der Zeiten«. Es heißt darin, der Begriff Zeit habe im Christentum »eine fundamentale Bedeutung«. Mit dem Kommen Christi nämlich habe bereits die »Endzeit« begonnen, die letzte Stunde. Hier beginne »die Zeit der Kirche, die bis zu seiner Wiederkunft dauern wird«. Wie legen Sie dieses aus? Ist das Drama also längst zu Ende geschrieben, haben wir uns endlich erschöpft?

Das ist ein biblisches Kapitel am Anfang dieses Rundschreibens. Der Begriff »Fülle der Zeit« ist aus dem heiligen Paulus entnommen. Und der Gedanke, daß dies die »Endzeit« sei, die letzte Phase der Geschichte, steht ganz klar in der Bibel. Das Lukasevangelium hat dann allerdings schon in erstaunlich weitschauender Weise diese Endphase gedehnt, indem es sagt: »Jerusalem wird von den Völkern zertreten werden, bis deren Zeiten erfüllt sein werden« (Lk. 24,24).

Die Väter haben das aufgegriffen, sie haben die Geschichte mit einem Menschenleben verglichen, das sechs Lebensphasen durchläuft. Auch die Geschichte der Menschheit sei nun gleichsam in das sechste und letzte Lebensalter eingetreten. Geändert hat sich dieses Bewußtsein erst in der Neuzeit. In der Renaissance kommt die Idee schon zum Durchbruch, jetzt geht's erst richtig los. Was bisher war, war nicht etwa das sechste Zeitalter, sondern ein Mittelalter, jetzt fahren wir wieder in der richtigen Geschichte fort, und jetzt geht's erst wieder vorwärts. Das hat sich dann mit der Entdeckung verbunden, daß die Weltzeiträume viel größer sind. Daß die Welt und auch die Menschengeschichte nicht etwa 6000 Jahre, sondern unmeßbare Zeiten alt ist. Damit hat sich dann natürlich auch der »Endzeit«-Begriff irgendwo verflüchtigt und die Zeit sich sozusagen ins Ungemessene ausgedehnt.

Die biblische Sicht und die Sichtweise der Väter – der das alte überschaubare Schema der sechs Zeitalter zugrunde liegt, die ungefähr je einem Jahrtausend entsprechen – muß in einem solchen kulturellen Zusammenhang neu bedacht werden. Die biblisch gültige Grundidee, daß mit Christus die Geschichte in ihre endgültige und definitive Phase eintritt, müssen wir in diesem Kontext doch ganz neu verstehen lernen. Ich würde sagen, daß die Entwicklung der letzten Jahrzehnte mit der Beschleunigung der Weltgeschichte und mit ihrer wachsenden Bedrohung die Idee des Endes der Zeit wieder stärker ins Blickfeld hat treten lassen. Nicht nur das. Wir verstehen auch wieder neu, daß tatsächlich mit der christlichen Bewegung –, die von Anfang an auf die Vereinigung der Welt, auf die Trennung von Staat und Kirche in irgendeiner Art abzielt und durch die Entgötterung der Welt eine gewisse Autonomie einleitet – daß mit dem Christentum tatsächlich eine neue und irgendwo endgültige Geschichtsphase begonnen hat. Diese Geschichtsphase steht nun unter dem Bewußtsein, das Ende der Geschichte naht heran, nicht nach Jahrtausendberechnungen, aber doch so, daß Geschichte auf einem Weg ist und daß Christus dabei sozusagen das begonnene Ende ist und sich die Welt von ihm entfernt und doch wieder auf ihn zubewegt.

Um diese Fragen geht es in dem Papstwort; darum, daß Christus die entscheidende Markierung in die Weltgeschichte selbst hereinbringt und er in den Fraglichkeiten des geschichtlichen Weges, die ja immer dramatischer werden, nicht nur der Ausgangs-, sondern auch der Zielpunkt bleibt. Auf ihn gerichtet gehen wir auf ein Ende zu. Ein Ende, das nicht einfach Zerstörung, sondern das Vollendung ist, das die Geschichte zu einer inneren Ganzheit kommen läßt.

In dem eben erwähnten apostolischen Schreiben hält der Papst außerdem fest, daß es sich nach dem Glauben der Kirche beim Jahr 2000 eben nicht um ein x-beliebiges Datum handelt, das nur durch die Tatsache des Jahrhundert- und Jahrtausendwechsels besonders interessant ist, sondern um ein ganz spezielles »Gnadenjahr des Herrn«. Was bedeutet das? Wird es hier besondere Erscheinungen geben, werden uns besondere Gnaden erwiesen werden? Das Jubeljahr soll ja der Wiederherstellung auch der sozialen Gerechtigkeit dienen, es soll ein Jahr des Erlasses der Sünden und der Strafen für alle Sünden sein, ein Jahr zur Versöhnung zwischen den Gegnern, ein Jahr vielfältiger Bekehrungen und sakramentaler und außersakramentaler Buße. – Oder stellt sich die Kirche auf noch etwas anderes ein? Die Kirche, so heißt es vieldeutig, könne »nicht die Schwelle des neuen Jahrtausends überschreiten, ohne ihre Kinder dazu anzuhalten, sich der Reue von Irrungen, Treulosigkeiten, Inkonsequenzen und Verspätungen zu reinigen«.

Ich glaube, es ist wichtig, zu klären, was dieses Datum bedeutet und was es nicht bedeutet. Man muß zunächst einmal alle magischen Erwartungen davon abräumen. Es ist nicht so, daß da automatisch nun irgendwelche großen kosmischen oder auch kulturellen oder religiösen Ereignisse eintreten werden. Man muß auch die Nüchternheit haben, zu sehen, daß das pure Datum seine Zufälligkeiten in sich trägt. Dionysius Exiguus hat sich bei der Berechnung der Geburt Christi, auf der unsere Zählung beruht, um ein paar Jahre verrechnet; in Wirklichkeit ist Christus wohl etwa 7 v.Chr. geboren. Insofern würde dann das 2000-Jahr-Gedächtnis auch entsprechend früher fallen. Das heißt also zunächst einmal, man darf es nicht mit irgendwelchen magischen Geschichten belasten.

Aber die Geschichte hat dieses Faktum anerkannt ...

Diese Datierung hat sich eingespielt, und wir leben mit ihr. Aber sie steigt nicht aus einer metaphysischen Notwendigkeit auf, nicht einmal aus einer streng historischen. Also, das ist der erste Punkt: Die magischen Erwartungen müssen abgebaut werden. Die zweite Frage ist: Was ist es dann aber? Da sagt der Papst mit Recht, es ist zunächst einmal ein Erinnerungsdatum. Es ruft unser Gedächtnis auf, es ist Erinnerung an die Geburt Jesu Christi, die ein solcher Einschnitt war, daß sie sich als die Zeitrechnung der ganzen Menschheit, im wesentlichen wenigstens, durchsetzen konnte. Es ist also zunächst Erinnern an das, was geschehen ist, aber Erinnern nicht einfach an einen Vergangenen, sondern Erinnern in das Innere unserer selbst, Erinnern an IHN selbst als gegenwärtige, uns betreffende Gestalt. Und eben als Erinnerungsdatum und als Gedächtnis des Gegenwärtigen – nicht nur des Vergangenen – und des Zukünftigen ist es dann eine Chance und eine Herausforderung, dieser Erinnerung gerecht zu werden und uns an dieser Erinnerung zu messen.

Dazu bietet der Papst zum einen Hilfen an, wie die Menschheit, jedenfalls die Christenheit, durch diese Gedächtniserfrischung selbst sich erneuern kann, eben durch den schon besprochenen Drei-Jahres-Schritt, der ein einziges Bemühen um das Hineintreten in das Innere unseres Gedächtnisses und in die in uns verborgene Erkenntnis und Wahrheit sein soll. Das ist das eine, der Papst bietet sozusagen einen Weg an, damit Erinnerung tatsächlich stattfinde und Gegenwart und Zukunftskraft sich tragen.

Das zweite ist: Er greift die alttestamentliche Figur des Jubiläums auf, die vorsah, daß alle 49 Jahre, also sieben mal sieben Jahre, die Geschichte neu beginnt. Es werden alle Eigentumsverhältnisse aufgehoben, man fängt wieder neu an, und darin ist sozusagen auch immer die universale Vergebung, die Rückkehr in den Ursprung gegeben. Der Papst sagt, wenn es je ein Jubiläum in diesem Sinne gegeben hat, sollte gerade 2000 für uns auf die uns mögliche Weise ein solches Jubiläum sein, mit dem wir in den Ursprung zurückzukehren versuchen, der Christus heißt. Mit den Figuren des Alten Testaments ist dann auch eine Herausforderung gegeben, alte Schulden abzutragen, wirklich uns von der Last etwa auch gerade dieser gefrorenen Wirtschaftssysteme und so weiter zu befreien und einen Neuanfang zu versuchen.

Das alles ist nicht etwas, was sozusagen aus kosmischen Mächten einfach niedersinkt, sondern was als Auftrag und Möglichkeit an unser Gedächtnis oder aus diesem Gedächtnis ergeht. Ich würde sagen, man muß also irgendwo nüchtern bleiben bei dem Grundgedanken Erinnerung/Gedächtnis. Man muß aber aus der Nüchternheit nicht Bedeutungslosigkeit schließen, sondern sie in ihrem Anspruch erkennen und versuchen, die stützenden Kräfte zu entbinden, damit möglichst viel von diesem Erinnern als neuer Anfang wirksam werden kann.

Aber der Papst geht doch sehr weit im Angesicht dieser bevorstehenden Jahrtausendwende. Er sagt: Reinigt euch, tut

Buße, und er sagt, zuletzt bei seiner Reise in Australien, man müsse vielleicht wirklich in die Wüste gehen, um von dort die Wiederkunft des Herrn zu erwarten.

Ich kenne diesen Text nicht, aber sicher will er nicht sagen wollen, im Jahr 2000 kommt der Herr wieder. Denn das würde ja auch dem widersprechen, daß wir nun Zeit und Stunde nicht wissen. Er kommt sozusagen wieder, wenn das Gedächtnis sich wieder öffnet, und in diesem Sinn gibt es immer wieder, die Geschichte hindurch, Wiederkünfte Christi, wo er wieder neu in der Geschichte da ist. Die Frage also, wann endgültig die Geschichte bei ihm angekommen ist, wann er sie endgültig in die Hand nimmt und sie aus den Angeln hebt, die lassen wir völlig offen, die verbinden wir nicht mit irgendwelchen Zeitkalkülen. Was wir aber erbitten und worauf wir uns vorbereiten sollen und wollen, ist, daß er in diese Zeit wieder neu hereintreten kann, eben durch das geöffnete Innere. In dem Sinn muß man das, glaube ich, verstehen und auch das »in die Wüste gehen«. Das kann für einzelne auch wörtlich genommen sein. Aber im ganzen bedeutet es, daß wir uns in diesen Zeiten sozusagen um dieses Heraustreten aus dieser übermöbelten, vollgemöbelten Welt in eine innere Freiheit und Wachheit und in Buße, ohne die es den Neuanfang nicht geben kann, wirklich mühen sollten.

Fieberhaft suchen Soziologen, Zukunftsforscher und Kulturkritiker nach einer Deutung und einer begrifflichen Fassung für jene Zeit, die vor uns ist. Wir hatten die Moderne, die Postmoderne, ja sogar schon die Postpostmoderne, so daß es schwerfällt, hier noch einmal ein »post« hinzuzufügen. Vielleicht entscheidet die Sehnsucht darüber, was kommen wird, und vielleicht wird diese Sehnsucht auch den neuen Begriff für die Zeit finden. Welchen Namen soll man ihr geben? Hätten Sie einen Vorschlag zu machen?

Für einen Namen habe ich keinen Vorschlag. Ich war immer dagegen, vom Ende der Neuzeit, von der Postmoderne zu sprechen. Das sind alles zu voreilige Einteilungen. Man kann erst aus einem gewissen Abstand die Periodenbrüche sehen. Sicher, die Renaissance hat den Begriff »Mittelalter« formuliert, um zu sagen, da war etwas hereingekommen, was jetzt aufhören muß, und hat mit dieser Periodisierung sich selbst als etwas Neues gedeutet und dann auch irgendwo recht behalten. Daß auch jetzt, in der Beschleunigung der Geschichte, sich ein Umbruch vollzieht, der etwas anderes heraufkommen läßt als die hinter uns liegenden 400 oder 500 Jahre Neuzeit, das sieht man. Aber wir werden vielleicht die ganzen Periodisierungen irgendwo neu bedenken müssen, die als solche natürlich auch wesentlich abendländischer Natur sind. Denn die indische, chinesische Geschichte kann man in diese Periodisierung schwer hineinzwängen, auch wenn es Parallelen gibt. Jaspers hat auf die sogenannte Schwellenzeit hingewiesen, die quer durch alle Kulturen hindurchgeht. Jedenfalls denke ich, wir sollten nicht jetzt schon einen Namen erfinden für das, was wir noch nicht kennen. Wir sollten dagegen wach sein für die Umbrüche und versuchen, darin die richtigen Steuerungselemente bereitzuhalten – damit auch diese neuere Zeit, die die bisher neue und schon alt werdende ablöst, eine Menschenzeit und eine Gotteszeit bleibt.

Um hier eine letzte Frage anzuschließen: Was, Herr Kardinal, ist die wahre Geschichte der Welt? Und: Was will Gott wirklich von uns? Sie haben einmal geschrieben: »Die Geschichte ist gezeichnet durch die Auseinandersetzung zwischen Liebe und der Unfähigkeit zu lieben, jener Verödung der Seelen, die eintritt, wo der Mensch nur noch die quantifizierbaren Werte überhaupt als Werte und als Wirklichkeit anzuerkennen vermag ... Diese Zerstörung der Liebesfähigkeit gebiert die tödliche Langeweile. Sie ist die Vergiftung des Menschen. Würde sie sich durchsetzen, so würde der Mensch und mit ihm auch die Welt zerstört.«

Ich habe mich da angelehnt an Augustinus, der wiederum auf die vorausgehenden christlichen, katechetischen Überlieferungen zurückgreift, welche die ganze Geschichte als Streit zweier Staaten, zweier Bürgergemeinden dargestellt hat. Goethe hat das aufgegriffen und gesagt, die Geschichte sei als Ganze Kampf zwischen Glaube und Unglaube. Augustinus hat das etwas anders gesehen und gesagt, sie sei ein Kampf zwischen zweierlei Liebe, zwischen der Gottesliebe bis zum Selbstverzicht und der Selbstliebe bis zur Gottesverleugnung. Er hat also die Geschichte als Drama des Kampfes von zweierlei Liebe geschildert. Diesen Gedanken habe ich noch etwas zu präzisieren versucht, indem ich sagte, die Gegenbewegung ist nicht eigentlich eine andere Liebe, sie verdient den Namen Liebe gar nicht, sondern es ist die Liebesverweigerung. Die Geschichte ist im ganzen der Kampf zwischen Liebe und der Unfähigkeit zu lieben, zwischen der Liebe und der Absage an die Liebe. Was wir ja durchaus auch heute wieder erleben, wenn die Unabhängigkeit des Menschen dahin getrieben wird, daß er sagt, ich will gar nicht lieben, weil ich mich dann abhängig mache, und das widerspricht meiner Freiheit.

Liebe heißt in der Tat, von etwas abhängig sein, was mir vielleicht entzogen werden kann, und bringt daher ein ungeheures Leidensrisiko in mein Leben herein. Von daher kommt dann die ausgesprochene oder unausgesprochene Verweigerung: Lieber will ich, bevor ich dieses Risiko ständig trage, bevor ich in meiner Selbstbestimmung begrenzt werde, bevor ich von mir Unverfügbarem abhänge und damit plötzlich ins Nichts stürzen kann, keine Liebe. Während der Entscheid, der von Christus ausgeht, ein anderer ist: Ja zur Liebe, denn sie allein, gerade mit ihrem Leidensrisiko und mit ihrem Risiko des Selbstverlustes, bringt den Menschen zu sich selbst und macht ihn zu dem, was er sein soll.

Ich denke, daß das wohl wirklich das eigentliche Drama der Geschichte ist, daß sie sich in der Vielfalt der Fronten, die einander gegenüberstehen, letzten Endes auf diese Formel zurückführen läßt: ja oder nein zur Liebe.

Und was will Gott wirklich von uns?

Daß wir Liebende werden, dann sind wir nämlich seine Ebenbilder. Denn er ist, wie uns der heilige Johannes sagt, die Liebe, und er möchte, daß es Geschöpfe gibt, die ihm ähnlich sind und die dadurch aus der Freiheit ihres eigenen Liebens heraus wie er werden und mit ihm zusammengehören und damit sozusagen das Leuchten seiner selbst ausbreiten.